新时代大学生责任意识培养研究

罗朝安　著

北京工业大学出版社

图书在版编目（CIP）数据

新时代大学生责任意识培养研究 / 罗朝安著. — 北京 ：北京工业大学出版社，2025.7重印
ISBN 978-7-5639-6893-0

Ⅰ. ①新… Ⅱ. ①罗… Ⅲ. ①大学生－社会责任－责任感－研究－中国 Ⅳ. ①G641.7

中国版本图书馆 CIP 数据核字（2019）第 145866 号

新时代大学生责任意识培养研究

著　　者：罗朝安
责任编辑：张　贤
封面设计：点墨轩阁
出版发行：北京工业大学出版社
（北京市朝阳区平乐园 100 号　邮编：100124）
010-67391722（传真）　bgdcbs@sina.com
经销单位：全国各地新华书店
承印单位：三河市元兴印务有限公司
开　　本：710 毫米 ×1000 毫米　1/16
印　　张：12.75
字　　数：255 千字
版　　次：2021 年10月第 1 版
印　　次：2025 年 7 月第 4 次印刷
标准书号：ISBN 978-7-5639-6893-0
定　　价：35.00 元

版权所有　　翻印必究

（如发现印装质量问题，请寄本社发行部调换 010-67391106）

前 言

21 世纪，随着科学技术的飞速发展和市场经济的不断完善，全球化、信息化时代的到来使我们的生活方式发生了巨大变化。科技理性追求经济增长，人与自然的关系高度紧张，资源枯竭、环境污染、生态失衡等问题给人类的生存和发展带来许多隐患；市场经济带来了丰富的物质生活，但人与人之间的关系却因对金钱和利益的追求而变得冷漠；信息化的发展，促进了价值的多元化，使人们原有的道德观念面临着严峻的挑战。人们的生活水平虽然有了大幅提高，但是人类的道德精神却趋于失落。道德冷漠、诚信缺失、环境污染等充分表明人类缺乏应有的道德责任。主要表现为：缺乏自我责任，得过且过、游戏人生；缺乏家庭责任，家庭暴力、情感纠纷、遗弃亲人；缺乏职业责任，贪污腐败、玩忽职守；缺乏社会责任，只讲索取不讲贡献、只要利益不履行义务；缺乏环境责任，乱砍滥伐、任意妄为、不计后果。这些现象表明：道德的冷漠和责任的缺失已经成为危及人类自身生存和发展的突出问题。

责任是人的本质的内在规定和人生存发展的内在需要。马克思认为："人的本质并不是单个人所固有的抽象物，实际上，它是一切社会关系的总和。"人们总是处于一定的社会关系中，处于特定的社会位置上，而社会关系的客观存在决定了人要承担自己应有的责任。马克思说过："作为确定的人，现实的人，你就有规定，就有使命，就有任务，至于你是否意识到这一点，那是无所谓的。"其中，"确定的"和"现实的"就是指人在劳动和交往中形成的社会关系，而"使命"和"任务"就是社会关系对人的责任要求。人的社会属性决定了人在社会中要扮演一定的社会角色，就意味着要承担一定的职责和任务，要为他人和社会服务。这既是个人的生存手段和社会发展的必要条件，又是维系人与人之间、人与社会之间最基本的纽带。可以说，责任无处不在，责任无时不在，它贯穿于生产、生活和每个人的生命之中，是对每个社会成员应当承担的职责、义务、使命等的规定。例如，作为父母，有抚养子女的责任；作为子女，有赡养老人的责任；作为教师，有教书育人的责任；作为学生，有尊师重教的责任；作为军人，有保家卫国的责任；作为

医生，有治病救人的责任；作为个体，有热爱集体的责任；作为集体，有爱护个人的责任等。可见，人们只有切实承担起自己的责任，社会才能得以正常发展，人才能成为真正意义上的人。

目 录

第一章　责任概述

随着全球化时代的到来，科学技术和市场经济飞速发展，社会生活中不断涌现出许多新问题炙烤着人们的心灵，困扰着人们的判断与抉择。全球化使人们的活动范围更加广泛，社会关系更加复杂，人们的自由进一步发展，同时也带来了诸如人口、恐怖、环境、资源枯竭等全球性的问题，需要有全球性的道德标准和规范加以约束。随着高科技的发展，人类不仅可以控制自然，还可以控制人的社会行为，同时也带来许多无法预知的后果；市场经济的发展，扩大了人们的自由空间，也增加了价值多元、利益主体多元的风险，人与人之间的关系变得冷漠、仇视；特别是移动互联网时代的到来，使大量信息真伪难辨，为不法分子传播犯罪、暴力、色情信息提供了便利，恶意软件、病毒的攻击事件等表明责任的缺失已经危及人类自身的生存、安全与发展。

社会生活实际上是由不同的责任板块区组成的，每个人一生中都有不同功能区的责任承担，当然也会发生多种责任冲突的问题。受个人能力和经济实力的局限，每个人不可避免地会出现承担某些责任时而必须要放弃其他责任的行为。因此，责任问题自古就有，只不过在近现代社会中，责任问题越来越突出。为此，本书从学校责任教育的角度来分析大学生责任教育的现状，为提升大学生责任素养奠定坚实的理论基础。

第一节　责任的含义

在现代生活中，责任是一个使用频率较高的词。责任无处不在、无时不在，总是与我们生活的各个方面密切相连。同样，责任也是心理学、哲学、伦理学、社会学、政治学等学科共同研究的对象，不同时期学者们对责任一词有不同角度的解析，使责任呈现出不同的内涵。

在西方文化中，“责任”是一个古老的研究话题。苏格拉底（Socrates）把责任解释为任何一个善良公民为国家和人民服务应具备的本领和才能；柏拉图（Plato）的《理想国》，把人分成不同的等级，不同等级的人分别承担不同的责任；伊壁鸠鲁（Epicurus）认为，责任是人应该对自身选择的行为产生的后果负责；康德（Kant）将责任解释为是人的一种自我强制和约束。虽然不同学科对责任有不同的解析，但“责任”一词的词根来自西方的拉丁语“respond”，意思是“我作答”，即一个事件可以对另一个事件做回答。责任最早用于西方宗教领域中，主要用于接受或拒绝上帝的召唤。“人行善就是指他充当答应上帝召唤而负责任的人……就我们回答上帝对我们的启示而言，我们的行为是自由的……因此人的善总是在于责任。”这里把责任与善联系在一起，用责任来解释善。

责任在《现代汉语词典》中有两层含义：一是分内应做的事，二是没有做好分内应做的事，因而应当承担的过失。《伦理百科辞典》中侧重于探讨道德责任、道德义务，认为“责任是指人们对自己行为的善或恶所应承担的责任，它表现为对他人或社会应尽的道德义务①”。

从以上西方对“责任”语义的界定与分析中可以看出，责任的概念具有多义性，即在不同情境中，侧重点不同，涵义也不同。有的强调道德责任，有的强调法律责任，有的强调因果责任，有的强调能力责任。

责任是社会关系和社会生活对人的现实要求，社会关系决定了社会中的每个人处在一定的社会关系中，有不可推卸的责任。个体只有主动承担自己应尽的责任，才能成为社会关系的总和，才能成为真正社会意义上的人，同时拥有了作为人的尊严和价值，社会才能正常运行。

第二节　责任的起源

社会生活中，我们经常听到大家谈论责任，对于责任是如何产生的，学界主要有以下几种观点②。

一、因身份赋予责任

这种观点认为，个体的责任与身份紧密相连，责任来自自身身份的确认。

随着社会的发展，早期人类同吃同住、平均分配的生活方式，无法满足人类的生存需要。为了提高生产效率，促进社会的发展，实行了社会分工。从分工的角度来看，每个人从事不同的工种，必然要履行与这个工种相应的规范，即责任。没有责任，就无法体现分工的优越性，也不利于人类的生存

① 徐少锦，温克勤. 伦理百科辞典［M］. 北京：中国广播电视出版社，1999：656.

② 闫爱红. 大学生的责任意识及其培养［D］. 郑州：郑州大学，2007：3.

和社会的发展。在相当长的一段历史时期内，社会成员都按照社会分工选择了自己的角色和身份，同样也选择承担相应的责任。

二、因契约赋予责任

随着封建社会等级制度的解体，人们开始追求平等和自由。法律上对独立和自由的确认代替了身份和等级的确认，而这种确认就是一种契约关系。这种法律上的契约关系，意味着个体选择享受国家赋予的权利和自由，相应地确认了这种契约的存在和效力。如果有破坏契约的行为，必然要受到相应的惩罚。实际上，在现代社会中，我们能自由平等地参与某项社会活动，前提之一就是默认这项活动的要求与规范的存在，并愿意接受监督。这是一种契约的承认，是责任的开始。

三、因自然赋予责任

中国传统生态哲学认为，人与自然是一个共生共存的有机体，人与自然都不是有机体的中心，但是人与自然之间相互作用、相互影响、相互制约，整个生态系统的有效运行来自人和自然的各司其政，各负其责。西方学者认为，人类的责任来自人类的本性，是先天赋予的。斯多葛学派和自然法派有不同的认识。斯多葛学派认为，世界万物包括人都是为他人而生的，按照自然的意旨，人都要为他人尽到一份责任。自然法派认为，自然法是符合人类本性的普遍价值规范和行为准则，个体拥有平等自由的权利来自个体承担了相应的义务和责任。这是自然法的要求。

四、因依存产生责任

该理论认为，责任来自人与人之间的社会依存，是特定社会对个人思想和行为的规定。因为人与人之间相互依存，就需要对个体有思想和行为的规范构建，其核心就是社会责任。对个体来说，责任就是社会或群体对个人行为和思维方式的一种应然的规定，体现了人的社会必然性，任何人都不可推卸。这些社会的外在规定经过社会化的过程，内化为个体的思想态度和行为方式，成为一种自我规定，即“自我责任”。

从上述观点可以看出，人总是存在于自然和社会中，必然要与自然和社会发生某种关系，这种关系既是人类生存发展的必要条件，也是社会发展的基本纽带。每个人生活在现实世界中，必然扮演一定的社会角色，这种角色在某种程度上是受社会历史条件和自然规律等客观条件制约的，并不是随心所欲可以支配的，同时意味着承担这个角色相应的义务和责任。在原始社会，

如果人们不采用部落群体合作、分工的方式，就无法保证物质资源的供应，甚至会面临死亡；在现代社会，如果人们不按照自然规律办事，不履行保护自然的职责，大自然就会以恶性循环的后果报复人类，甚至威胁人类的生存。

然而，随着社会的发展，我们已经认识到，社会体系实际上是由不同板块的责任区域组成。整个社会的和谐发展依赖于每个人都必须完成自己的使命，承担起应尽的责任。当然，我们每个人承担的责任不是先天就有的，而是需要具备相关的前提条件。不同的前提条件会产生不同的责任，没有相关的前提条件就不会产生相关的责任。例如，作为中国公民，就必须遵守我国相关的法律法规，这就是其中一种责任，不需要对别国的法律法规负责；你要组建家庭、走入婚姻，就要对配偶负有责任，如果没有结婚就谈不上对配偶负责；你参加工作，就有对本职工作负责的责任，如果没有工作，就不存在工作责任。

责任就是相关行为产生的结果，无论是有目的行为、无目的行为还是过失行为，对于绝大多数人来说，责任都是来自某种利益。可能是物质利益、精神利益，也可能是直接利益、间接利益，或者短期利益、长远利益。利益才是行为的最终目的，责任是利益的成本，是行为的结果。当然，不承担责任也是一种特殊行为，这会导致再次产生更多的责任或者一系列责任。

第三节　责任的特点

一、责任的客观性与主体性

社会历史是由主体的人来创造的，所以主体的人对历史的发展负有不可推卸的责任。但历史不是主体随心所欲创造的，它有一定的客观规律。责任不是上帝赐予的，也不是个人意愿能决定的，它是由社会历史的客观存在决定的。黑格尔说过："每一个在道德上有价值的人，都要有所承担，不负任何责任的人，不是人而是物。"所以，责任是人之为人的本质规定，是社会对人的一种规定和使命。马克思指出："作为确定的人，现实的人，你就有规定，就有使命，就有任务，至于你是否认识到这一点，那就是无所谓的。"这里提到的规定、使命和任务，就是社会生活和社会关系赋予每个人必然要承担的不可推卸的责任。人们在社会实践中，客观上必然具有一定的任务、使命和规定，这是社会发展对现实中的人的客观要求，因为社会发展需要遵循客观规律，个体需要在尊重客观规律的前提下主动参与。康德认为："责任就是出于对规律尊重的行为的必要性；而规律是先天的，并且是至高

无上的尊严。人的一切都来自规律毋庸置疑的权威，来自对规律无条件的尊重[①]。”可见，这种责任是客观存在的，不是由个人主观意愿决定的。

责任的主体性表现在两个方面。其一，责任主体具有独立人格。因为人格的独立性，才能使主体具有独立选择行为的能力，并对行为选择的结果承担应有的责任。当然对于那些法律上认定的无民事行为能力的人或者限制民事行为能力的人，不具备独立人格的条件，就根本谈不上对自己的行为负责。从这个角度说，任何责任都是由某一主体承担的，都是某一主体的责任。脱离主体的责任是不存在的，否则就会陷入唯心主义。

其二，责任是对主体行为的自主管控。责任的主体性表现为人要对自己的行为选择负责。因为人有自主管理能力、自觉认知能力、自我决定能力，可以主动规范个体活动目标的方向性以及实现目标过程中的科学性，避免因违反客观条件和规律而造成负面影响或不良后果。可见，人在自觉承担责任的过程中使人成为行为的主体，使人成为主体的人，也印证了黑格尔的一句话：“有什么样的行为就会有什么样的个人[②]。”

二、责任的社会性与实践性

马克思主义认为，人的本质在其现实性上是社会关系的总和，所以人是社会性的。处在一定历史条件下和一定社会关系中的人，必然要受到客观条件的制约，体现出社会对人的客观要求与规定，而这种客观要求与规定就是我们所说的责任。人是社会性的人，不能脱离社会而存在。责任是社会对人的客观要求，任何人都要有一定的责任承担，社会性就成为人和责任的内在规定性。

责任与实践紧密相连。美国哲学家艾伦·格沃斯（Alan Gewirth）曾说：“只有当且仅当具有某种责任的人同意承担该责任时，有关行为才能有相关人的责任。也就是说，只有当有关人通过直接的、间接地或隐含、心照不宣的方式自愿地接受了这种责任的时候，有关行为才能构成责任。”在马克思看来，人不仅是生物意义上的人，而且是文明的、历史的、社会化的人，人类社会关系的形成离不开人类的生产实践，所以责任是现实的人的责任，不同的社会生活有着不同的复杂的社会关系，就有了个体不同责任的承担。责任来源于人们的生活实践，责任的理论研究也是为了完善责任制度和提高人们的责任感。

---

① ［德］康德. 道德形而上学原理［M］. 苗力田译. 上海：上海人民出版社，2005：33.

② ［德］黑格尔. 精神现象学［M］. 贺麟等译. 上海：商务印书馆，1979：213.

从中国古代传统伦理可以看出，人伦关系规定了人的具体责任，特别重视个人践履的重要性，体现出责任具有明显的实践性；亚里士多德（Aristotle）认为，只知道德性是不够的，需要通过现实活动使我们变得善良；康德认为，责任来自尊重规律而产生的行为的必要性，德性的力量，就是把责任的“应该”变成“现实”的力量[①]。可见，责任与实践是联系在一起的。

三、责任的选择性

马克思主义认为，价值是一个关系范畴，是客体与主体需要之间的利益关系，归根到底探讨的是客体对主体的有用性，所以价值完全依赖于人的内在需求，离开了人，就无价值而言。价值观是关于价值的根本观点和看法，是人们处理价值问题时表现出来的态度、观点的总和。人们的责任行为要受到个体价值观的指导，能否履行责任、承担责任的大小等问题都要受到价值观的影响，而且价值观的正确与否，也影响到责任承担的状况。正确科学的价值观会使人积极履行责任，而错误的价值观会让人消极怠慢而逃避责任。所以，能否承担责任取决于主体的价值取向，责任行为就是主体的价值选择，因而，责任具有个体独特的选择性。

在人的生命历程中，为了实现一个个目标，人们总是面临各种各样的选择，每一次选择都需要理性指导，其中责任在理性中发挥着重要作用。它总是指导人们在实现目标的过程中不断修正自己的行为方向。我们平常所说的“过犹不及”，其实就体现了人总是根据不同的时间和境遇作出适当的调整和选择。康德认为，生活本身是责任的承担，人的责任就是来自人的自由意志的选择，自由选择又设定了人的道德责任，所以人的责任来自生活中个体自由意志选择的结果，体现了责任的选择性特征。个体有明确的责任意识，在采取行动前对行为可能导致的后果有初步的预测，可以适度调整行为，避免不良后果的产生。

四、责任的强制性与自律性

责任是社会外在规范对个体或群体提出的要求，并不是任何个体都能自觉认同并自愿遵守的。责任的强制性是指主体作出的行为选择是来源于外部规范（包括道德规范和法律规范）对自身的制约，具有外在强制性，属于他律范畴，主要通过内容约束、制度约束以及追究或惩罚不负责任的行为表现出来；而自律性是指主体自觉、自愿地接受外部规范的条件，并主动把外部

① ［美国］格沃斯．新不列颠百科全书［M］．美国：美国不列颠百科全书公司，1980：510.

要求内化为自觉的行动，属于自律范畴，表现为自觉、自愿做应当做的事，而不以谋取相应的报偿为条件的行为。

责任的强制性与自律性既对立又统一，是一个矛盾的统一体。责任的自律性指必须对外部社会规范有一定的认知，才能实现自觉遵守或认同社会规范，把被动的服从变成主动的律己，把外部的规范变成自主的行动；如果没有外部的社会规范和要求，主体就谈不上对行为负责，导致责任感缺乏或者放弃责任；如果责任的强制性离开责任主体对外部规范的认同与自觉遵守，就无法得到落实。

第四节　责任的分类

由于对责任内涵的理解不同，不同时期对责任的解释不同，不同学科对责任的侧重也不同，责任的划分类型也就不同。

一、根据承担的内容分为法律责任、道德责任

法律责任与法律义务是同义词，是人们依法应承担的义务以及未尽义务或违法行为而被迫承担后果。其特点是被迫付出代价。它是由国家立法机关制定的，由国家司法机关保证实施的，具有强制性。如果不履行法律规定的责任，就要受到相关法律的惩罚或制裁。例如，在《宪法》对公民的基本权利和义务的规定中，父母抚养子女的义务以及子女赡养老人的义务就属于法律责任。

道德责任是在社会道德规范要求下应尽的道德义务以及因未尽义务或行为过失而受到的道德谴责，其特点是自愿付出代价。道德责任主要依赖于主体对道德规范的自觉认知和行为的自觉选择，强调自觉性。相比较而言，道德责任的范围要大于法律责任，它来自社会普通大众共同遵守的风俗、习惯和行为方式。法律往往调节那些较为重大的利益关系，生活中并非所有的利益关系都需要法律来规定，很多利益关系需要风俗、习惯等道德规范来调节，包括公共道德、职业道德和婚姻家庭道德等。例如，公共场所给老弱病残让座，并不属于法律规定的责任行为，但是属于道德调节的范畴。

随着社会的发展，法律责任逐步进入社会大众的视线，成为公民最基本的道德底线，设定了公民的基本道德责任与义务。日常生活中道德责任和法律责任往往是重叠交叉的。履行了法律责任的同时，也履行了道德责任。凡是法律禁止或制裁的行为，都是道德要谴责的行为；凡是法律要求和鼓励的行为，也是道德要倡导的行为。在道德责任不起作用的时候，法律责任显得

尤为重要。当法律责任得到长期有效贯彻时，就会养成良好的行为习惯和社会风尚，法律责任也就转变为了道德责任。尤其是法制不完备的时期，更需要道德的力量来管理社会。

二、根据承担动机可分为客观责任、主观责任

根据心理学家皮亚杰（Piaget）的儿童道德发展论，客观责任是指依据行为的物质后果或者行为是否满足规则的程度来评价主体的道德行为，并非依据行为的动机，在性质上是他律的。例如，儿童对成人命令和道德规则的绝对服从就是一种典型的客观责任。主观责任是依据行为者的主观动机来评价道德行为，在性质上是自律的。当个体的道德判断能力达到一定水平，并把道德规范内化为一种自觉的行为选择时体现出来的就是主观责任。从儿童道德发展理论来看，个体道德责任的产生是从客观责任到主观责任、从他律到自律的连续发展过程。

三、根据责任范围可分为有限责任、无限责任

生活中承担责任的范围与大小有有限与无限之分，有限责任是指个体只承担一定范围限制的责任，当责任范围超出个体应该承担责任的能力范围时就不再承担超出部分的责任。例如，登记注册的有限责任公司，其股东和董事会应承担明确规定的有限责任。无限责任是指个体承担的责任没有任何限制。生活中大部分责任都是无限责任。

四、根据责任的权属形式分为基本责任、升华责任

基本责任就是人们分内应尽的义务以及未尽义务而承担的后果，这是每个人最基本的行为准则。所以基本责任的内容和范围比较明确，也便于考核。例如，工作中基本责任一般与薪水对等，承担的责任与获得薪水是对等的；家庭中基本责任与一般的最低道德要求相对应。

升华责任是指承担了基本责任之后自愿承担“超额”的任务[①]。承担升华责任完全依靠个人的主动性和自愿性，没有任何外在的强制要求。基本责任一般与自己的利益、处罚是对等的，有某种程度的强制性；而升华责任是主动自愿的任务行为，付出与自己的利益不一定对等，是自身综合素质的体现。例如：员工完成公司分配的工作任务就是承担了基本责任，有了应得的薪水；如果员工又超额完成了工作任务，就有了升华责任，但奖励不一定与薪水对等。

---

① 金安．责任［M］．成都：四川大学出版社，2005：16-23.

五、根据责任的追究分为原始责任、转承责任

原始责任是指人们对自己的行为以及经命令或授权后下属所作行为承担的责任。转承责任是人们对自己行为以外的行为所承担的责任。例如，在建筑工地桥梁垮塌伤人的事件中，既有工程施工方的责任，又有负责项目管理的承办方的责任，其中施工方对受害者承担原始责任，而承办方对受害者承担转承责任。通常情况下，先追究原始责任，再按照规定追究上级单位的转承责任。

六、根据责任的履行类型分为角色责任、自然责任

角色责任是个体从自己所扮演的角色、所承担的任务以及所认可的协议中分配得来的责任。这是近代社会以来最常见的履行道德责任的方式。个体在社会生活中总是扮演不同的角色，需要承担不同的责任，所以角色责任是一种外在的、强制性的、必为性的责任。在家庭中，有父母养育子女、子女赡养父母的责任；在工作中，医生要救死扶伤、教师要教书育人、军人要保家卫国、官员要服务大众的职业责任等。每个人正是通过角色责任来获得社会的认可，并获得相应的社会地位以及角色资格。如果不负责任来挑战社会规则，就会失去扮演某种角色的资格与权利。

自然责任是个体作为社会存在承担与个人能力相当的责任。这是作为人的一种自然能力责任，是不可取消的、不受社会制度影响的、个人应当承担的责任，如助人、行善、仁慈等。它主要依赖于个体主动、自觉、自愿的努力，属于美德伦理。而角色责任是由协议、契约产生的具有外在强制约束力的制度伦理。自然责任具有道义力量，是角色责任的根源，角色责任是自然责任的具体化。

七、根据责任的指向分为自我责任、家庭责任、社会责任、未来责任

自我责任是个体对自身所负有的职责和义务；家庭责任是指家庭成员为了家庭生活的和谐稳固发展所应承担的责任，包括安全责任、情感责任和伦理责任等；社会责任是指在社会生活中每个社会成员对国家、社会或其他社会成员所应承担的一定职责和义务；未来责任是指我们要对未来负责，包括确保未来人类的存在以及对后代人生活质量负责。德裔美籍哲学家汉斯•忧纳斯（Hans Jonas）曾提出：我们有责任在自己的需求与未来人的生存之间把握一个正确的尺度，有责任为后代人留下一个可以生存、居住的环境，更

重要的是为未来人具有责任能力负责。

一直以来，学者对责任的类型划分都没有固定的标准，都是从不同角度和方法上进行思考。它们之间都是从某个角度来体现责任的性质和特点，既有一定的相似性或重合性，又体现出独特性。随着人类生活领域的扩大，生活方式在变化，责任的内涵也在变化，责任的类型更加细致复杂。笔者认为，根据责任指向的对象来分类，有自我责任、他人责任、家庭责任、社会责任以及生态责任。

第五节　责任与利益、职责、义务、良心

任何行为都会产生两个结果：一个是利益，另一个是责任。责任是利益的成本，利益是行为的目的。实际上，任何个体有意识的行为都会有直接或间接的利益产生，有时是正利益，有时是零利益或负利益。而责任就是个体行为为了获取利益应该付出的成本代价，是利益支付，永远属于负利益①。当我们承担了应有的责任时，就获得了相应的利益，而推卸责任往往是只想获得利益而不想付出代价的行为，实际上最终失去了更多的利益。虽然任何行为都可以产生利益和责任，但是利益和责任并不是完全对等的，往往是以最小的责任换来最大的利益，所以，能否承担责任关键要看需要付出多大的利益代价。

责任与职责虽然意思相近，在实际生活中有时混为一谈，但经过仔细区别会发现，责任的范围比职责要更广泛，职责仅仅是对从事一定职业活动的从业人员来说的，是他们在一定的职业领域内应尽的义务和应该承担的后果。

责任与义务的内涵有相同之处，但是他们的性质却不同。义务是生活在一定社会中的人时常感受到的对他人、对社会的一种职责、任务和使命，是由一定社会关系的客观要求决定的，对主体的行为具有一定的约束力，义务具有他律性；当义务从他律转为自律时，即把这种外在的客观要求内化为主体的主观道德自觉意识或内在道德理性时，就成了责任。义务偏重于外在的道德理性，责任偏重于道德意识等内在的道德理性。义务肯定是一种责任，但是责任不一定都是义务。因为义务属于无偿行为，而责任有时表现为有偿行为，有时是无偿行为。例如，赡养老人是我们的责任，也是我们的义务；完成一项有薪水的工作，是有偿责任，而不是义务。

良心是一个古老而复杂的道德概念，是评价他人行为是否履行了道德责

---

① 金安．责任［M］．成都：四川大学出版社，2005：28-32.

任的主要方式，是人们在履行责任的过程中道德知识、道德情感、道德意志、道德信念等心理因素在个体意识中的综合体现。良心也是道德规范由他律转化为自律的最集中的表现形式。良心和道德责任都属于伦理学的重要概念，良心就是善良之心，是个体履行道德义务和承担道德责任的一般心理基础，所以更倾向于内心体验。而道德责任更倾向于行为。在现实生活中，评价他人“讲良心”，往往是指自觉承担应有义务的同时尽到了自己应有的责任，而没有责任心的人，很难评价其是“讲良心”的人。

第六节 承担责任的动力因素

行为是责任产生的前提条件，承担责任也要付出时间、劳动、财富等成本代价。当然也需要一些动力因素的参与。

一、制度因素

在社会中，人们之间的竞争很大程度上归结为利益之争，所以承担责任也是来源于利益因素，很少有人去主动承担毫无利益的责任。大多数人倾向于在获取利益不变的情况下，尽可能去承担较少的责任，甚至有人会借各种原因推卸责任。为了维护社会的正常运行和发展，应避免那些不负责任行为的出现，当然要有一套制度或规则来约束公众承担起应尽的责任，所以制度在社会中是最有效的督促大家主动承担责任的方法。尤其是法律制度，凭借其强制性，规范了人们的行为，保证了责任的承担。例如，在职场中如果不遵守工作制度，就要受到工作单位的惩罚，最终还是利益受损；在生活中如果不遵守法律法规，也要受到法律的制裁。

二、利益因素

在社会生活中，人们认识到利益与责任的相关性，但对二者的关系仍然不能正确对待。多数人认为承担责任是获取利益过程中不得不做的附加行为。承担一定的社会责任，企业需要付出一定的成本，虽然比那些逃避社会责任的企业暂时付出的成本要高，但是从长远发展的眼光来看，企业要想获得良好的社会形象，提高品牌价值，最终获得最大的经济效益，必须积极维护企业的信誉。即使企业为了社会信誉在维护职工权益、吸收社会劳动力、参与公益事业或者保护生态环境等方面付出了一定的成本，但是最终获得了群众对企业的信任和忠诚，从长远来看，有利于发展经济利益。责任是个体或企业自觉地履行义务的行为，获取利益需要以履行责任为前提，承担的责任越大，获取的社会利益越多。虽然追求利益最大化是企业一直追求的目标，承担责任会付出一定的成本，暂时会牺牲一些眼前的利益，却可以降低未来的风险，无视责任承担最终会以丧失经济利益为代价。

例如，超市的经营者都希望在有限的营业面积内不断提高盈利水平，丰富的商品、低廉的价格最能吸引消费者，但是货架摆放情况、通道宽窄等安全隐患是最容易被忽略的地方。如果只注重经营，无视消费环境的安全，也就是无视消费者的安全，任何一次失误都容易导致无法疏散的伤亡事件发生，这一切损失都将由超市来承担。不仅消费者的损失需要超市赔偿，超市自身的长远利益也会受到严重影响。可见，承担责任是获取利益的有力保障，也是追求利益最大化的有效途径。

三、情感因素

情感是行为选择的动力和依据，影响着人们的判断，并伴有痛苦或愉快的体验，是促使人们主动承担责任的自发的力量因素。情感因素包括两方面：一是对人的情感因素，二是对责任内容的情感因素。其中，对人的情感因素包括因业缘结成的朋友关系、同事关系；因血缘结成的家庭成员、亲戚等；因地缘结成的同乡关系。这些关系中都有人与人之间的亲情、友情和爱情为力量，促使人们主动地自发地去承担因对方而产生的相关责任。例如，朋友或同事委托的事情，我们有责任主动完成；亲戚朋友生病了，我们有责任去探望、关心他；家庭中任何一个成员有特殊事情，我们都有责任去主动帮助并努力解决，这些都是依靠人的情感自发产生的力量。

对责任内容的情感主要来自对承担的内容有兴趣和激情，愿意主动去承担相关的责任。例如，如果我们对助人为乐的事情感兴趣，就会在任何时候碰到需要帮助的人或事，都会主动去承担责任，分忧解难，不需要任何报酬。聪明的老板为了吸引员工，懂得如何对员工进行情感投资。例如，某公司老板帮助员工尽孝心，每月给员工的父母寄去一定金额的生活补贴，减少员工的家庭负担，增强员工的忠诚和责任心，促使员工一心一意为公司服务。可见，情感力量同样无须任何外力强迫，会促使人们自觉自愿地承担责任。

四、习惯因素

习惯是个人对客观现实持有的稳定态度和与之相适应的行为方式。它是经过重复练习或强化后形成的自动化的行为。我们经常说：“行为养成习惯，习惯养成性格，性格决定命运。”这是我们常教育学生的惯性思维。

每个人都有自己的行为习惯，有责任心的人，不会因为利益或其他因素

而改变，总是主动去承担责任。例如，责任心较强的员工会一心扑在工作岗位上，无人督促也能主动完成任务。

责任总是促使我们主动采取行动，决定了个体的行为动向和行为能力。曾有这样一篇文章：一群小男孩在玩军事游戏，其中一个男孩负责站岗。游戏结束后，其他孩子都已回家，却忘记告诉他。此时尽管天黑无人，他仍坚守岗位……还有个故事：两个战士在战场上约定，谁先死了另一个人就负责帮他照顾家人。这样一个不为人知的约定，活着的那位战士为他朋友坚守了30多年，到了古稀之年，还替那个已在天堂的朋友守墓。可见当负责任成为一种习惯时，人们会从尽职尽责中获得别人的尊重、肯定和赞赏。

当然，影响个体承担责任的动力因素通常不是单一的，而是多种因素的混合影响。只有制度因素是由外部的强制力量来促使个体承担责任，其他因素都是主动的自觉的影响。所以，要想促使个体主动承担应尽的义务和责任，需要从利益、情感以及习惯等各方面考虑，激发个体自觉、自愿地产生负责任的行为。

五、责任的实现机制

负责任的内涵包括应当和必须，应当的角度表明既依赖于自觉、自愿的内部控制，又依赖于外部的制约机制。单从积极负责的角度看，责任的实现既依赖于主体对责任的认知以及对自己行为的内部控制，也依赖于社会化过程中外在的规范，包括舆论、习俗、制度、法律等外部条件的制约。所以责任实现取决于责任行为，而责任行为的形成依赖于内在的心理机制和外部的制约机制。

（一）责任实现的心理机制

责任表现为个体对某种责任情境的行为或事件的感知、判断、情感以及行为反应，是多种心理因素综合作用的结果，包括责任认知、责任情感、责任意志和责任行为。

1. 责任认知

责任认知是指个体对特定情境下应承担事件的内容、意义及其结果等的正确感知、判断和评价的过程。它是责任行为产生的前提和基础。一般情况下，个体对社会赋予的责任认知越清晰明了，越能激发个体强烈的责任感，最后才有责任行为的产生。有一定的责任认知，才会产生相应的责任行为，不能进行正常责任认知的人不可能形成相应的责任信念和责任动机，即使偶尔发生的责任行为也不具有道德意义。责任认知包括责任知识和责任认知能力。

责任知识是个体对特定情境下的人与人、人与社会、人与自然等社会关系的认识以及对个体作为社会成员而应承担义务的认识。首先，个体对国家、社会、集体的职能要有正确认识。认识到责任与义务是调整社会关系、维护社会秩序、实现共同利益的体现，认识到人与自然和谐相处依赖于人要遵循自然规律等。其次，个体对自身不同角色承担义务的正确认识。表现为：对自身，有维护身体健康、谋求生存的责任；对他人，有帮助他人、尊重他人、信守诺言的责任；对家庭，有赡养父母、抚育子女、夫妻恩爱、关心兄弟姊妹、邻里和谐的责任；对工作，有尽职尽责、敢于奉献的责任；对社会，有遵纪守法、爱护公共财物、维护公共利益的责任等。个体的责任行为离不开责任知识，并以一定的责任知识为必要条件。当个体充分认识到，每个人都处在特定的社会关系网中，都要扮演一定的社会角色，承担特定角色相应的具体责任时，才能促进个体理性的、稳定的、持续的责任行为的产生。

责任认知能力是基于一定情境下的责任知识基础，个体对责任内容和意识的认识以及对责任行为的感知、判断和评价的能力。它能帮助个体认识责任的意义以及自己应该承担的具体责任。主要包括：一是对责任情境的评估和推断能力。个体对责任情境的起始原因、情境的类型以及情境的可能结果或预期结果的推断和评估，这是选择责任行为的必要条件。二是对于社会关系的理解和估价能力。主要表现为对自我和其他相关人对情境的影响力分别作出估价后，对责任动机、责任行为的自觉性有深刻的影响。三是对责任自觉性的评价能力。在某特定的责任情境中，不同的人对责任承担的自觉性的认知和评价不同，承担责任的行为表现也不同。有的人自觉主动去承担，有的人认为责任来自他人的转嫁而消极应对或推诿，有的人认为责任与自己无关而直接选择放弃承担。四是对行为选择结果的预知能力。个体基于对情境以及相关关系的认知，会对可能结果或既成结果有初步的预期和判定，对行为结果有正确的预见更能体现个体的高度责任心；反之，后果严重只能归咎于个体没有足够的认识，甚至玩忽职守所造成的。五是对行为选择的反思。个体如果能经常反省自身的行为，并不断借鉴他人的经验，就可以避免失责行为的发生。

2. 责任情感

责任情感是个体对自己的行为选择以及后果能否满足内心需要或者是否符合自己的价值取向而产生的情感体验，是一种既成的心理准备状态或心理倾向性。情感来源于认识，随着认识的发展，情感也不断丰富，丰富的情感又能强化责任认识，扩大责任的深度和广度。责任情感是责任行为产生的动

力机制，对行为选择具有激发、鼓舞和评价的作用。人一旦在责任认知的基础上激发出某种责任情感，就会对责任行为有一个迅速而持久的定向作用，使个人的某种行为加速或延缓、中断或持续。责任情感比较丰富复杂，可分为正向情感和负向情感。

正向情感是指个体的行为选择满足了内心需要或符合自己的价值取向所产生的积极的情感体验。包括爱与友谊、义务感、满足感、成就感等。

爱与友谊是个体社会关系最为直接和密切的关系之一，是个体私人生活空间最常表现的行为方式。例如，家庭中亲情关系、长辈照料、邻里关系维护等都体现出在爱和友谊的支持下去主动承担责任，从承担责任的行为中更能凸显爱和友谊的伟大。

义务感是个体对自己所承担的义务和责任产生的情感体验。它带有一定的强制性。人明确了自己的义务之后，就会产生强烈的与履行义务有关的情绪体验。个人履行了义务，会产生满意、心安的情绪体验；没有履行义务，就会产生内疚、不安、痛苦和自责的情绪体验。义务与责任感在道德范畴既有联系又有区别。义务偏重于外在的客观要求，具有道德规范他律性的特点；而责任更偏重于外在的客观要求内化为主观的道德意识，具有道德规范自律性的特点。通常认为义务是低层次的道德规范，责任是在义务的基础上升华为自律性质的规范。在一定认识的基础上，义务感会内化为个体的道德责任感。

满足感是指个体在履行责任的过程中，来自自我和他人对自身责任行为评价所产生的内心体验。当行为的结果满足内心需要或者符合自己的价值取向时，个体就能产生强大的内心满足感，同时如果能获得他人对自身行为的正面评价会增强个体的满足感。

成就感是与价值感有很大一致性的正向情感体验。通常我们说的成就，其实来自个体价值的实现。当行为结果符合内在的价值需求或者达到预设目标时，个体就会有强烈的成就感。

负向情感是个体的行为选择未能满足内心需要或者不符合自己的价值取向时所产生的消极情感体验。负向情感包括焦虑、生气、内疚感、羞耻感等[①]。

焦虑是·种弥散性的紧张状态。个体对情境认知的偏差导致对行为选择的预期结果不确定而产生的紧张或者不安的主观体验。通常个体对责任情境的认知和评估不确定性越大，个体对预期结果产生的紧张焦虑越大，就越会

① 况志华，叶浩生．责任心理学［M］．上海：上海教育出版社，2008：122-124.

降低个体承担责任的积极性。

生气是指个体对某事物或现象的预期结果向相反方向发展时所产生的消极情感体验。通常个体知道事件应该发展的方向或者与应得的结果大相径庭时，容易使认知者生气。

内疚感是个体对某种行为选择因认知偏差或疏忽大意造成的消极后果所产生的懊悔、负罪感，这是典型的事后责任体验。面对责任行为的消极结果，个体对结果的评估如果更多来自个体的道德意识层面时，内疚感会更强烈。

羞耻感也是羞耻心，通常是指个体对行为过失或未尽义务造成有损于他人利益的结果产生的难为情、丢自尊、惭愧、自我谴责等消极情绪体验。羞耻感的产生有两种情况：一是将自己的行为与已有的道德要求相对照，从而认识到自己的行为不符合道德标准，没有尽到责任，损害了他人的利益而产生羞耻感；二是由于自己没有履行责任而遭到他人谴责或者想象到他人要谴责自己的行为时，觉得对不住他人或丢了自己的面子而产生羞耻感。羞耻感的情绪体验有助于个体自我反省，制约自己的行为，降低不负责任行为的发生。

3. 责任意志

责任意志是个体做出责任行为选择时克服困难和阻碍所需要的毅力和自控力。这是责任行为产生所需要的强有力保障。通常情况下，因为遇到各种阻碍或干扰因素，导致责任行为选择受阻，最终行为没有坚持到底，半途而废。可见，责任意志在责任认知、责任情感转化为责任行为的过程中起着非常重要的作用，选择责任行为最终依赖于责任意志的调节。责任意志从正反两方面保障和维护责任行为的产生。从正面来说，可以使个体主观上集中精力、认真考察特定情境。正如康德说过的一句话，意志就是一道绝对的命令，要求个体必须去履行责任；从反面来说，意志就像一道栅栏，对妨碍个体做出正确责任行为选择的某些欲望起到屏蔽作用[①]。所以责任意志主要表现为抗诱惑力、抗挫折力和忍耐力。当个体做出行为选择时，既容易受到外部社会不良因素、亲朋好友不理解等消极因素的影响，又受到自身私念、情绪的干扰和影响，需要个体客观理性地分析与判断，主动调节自身情绪，抵抗各种诱惑，培养个体坚忍不拔的意志。

4. 责任行为

责任行为是在一定责任认知的基础上，在责任情感的支配下，对某种责

① 谢军. 责任论［M］. 上海：上海人民出版社，2007：204.

任情境发生的事件所做出的能力反应。它是责任认知、责任情感、责任意志的综合体现，也是判断一个人是否有责任心或者责任感强弱的重要标志。责任品质的培养，最终要把责任认知、责任情感和责任意志转化到责任行为中，形成一种经常性的、持续的、自觉的行动。这个过程也是由低到高不断向前发展的。最低层次就是依靠外在约束而被迫做出的强制性行为，较高层次是依靠责任认识、情感以及意志力做出的自制行为，最高层次就是不需要外部和内部制约而出现的经常性的、自然而然的习惯行为，也体现了责任教育的目的。

从心理学角度看，行为的产生一定有其行为动机，同样责任行为的产生也依赖于责任动机。既有来自个体内在的价值观、信念或精神需求等对社会规范的内化和自觉遵守的内部动机，也有来自外部的规范、命令、行政指令等社会控制力量被动选择责任行为的外部动机。当动机与个体内在需要符合时，表现出积极主动履行责任；相反，动机与个体需要不符合时，表现出消极承担责任或者放弃责任。从这个角度看，责任教育就是责任行为训练的过程。通过这个过程，个体可以接受和学习这种积极的责任行为方法。积极的责任行为又会不断渗透到个体的思维结构中，形成行为无意识。当再次面对责任情境或责任事件时，个体行为会无意识地发挥作用，从而自觉地实现责任行为。

从心理学角度看，责任认知、责任情感、责任意志和责任行为彼此相互依赖、相互作用，共同构成责任行为产生的心理机制。通常来说，个体首先要对特定情境下发生的责任行为、责任事件以及结果进行感知、评估和归因，并对当事人是否以及多大程度上负有责任作出推断，也就是“责任认知”；然后责任认知的结果影响到当事人对事件的态度和体验，即“责任情感”；在“责任意志”的调节下就会产生行为反应，即“责任行为”；同样，随着行为的不断发展，个体对情境和事件都有了更深刻的认识和情感体验，增强了对情境的判断和评估能力。这四方面形成一个整体，相互渗透、相互促进。在教育过程中，任何将四方面拆分开来单列对学生进行的责任教育都是片面的、机械的、不科学的。

（二）责任实现的制约机制

责任的实现虽然很大程度上依赖于责任主体的责任认知和责任感，但是仍然要受到社会外部条件的制约。我们把外部条件的制约分为强制性制约和非强制性制约。强制性制约包括法律规范、规章制度；非强制性制约包括社会舆论、风俗习惯等道德规范。

1. 强制性制约机制

责任实现的强制性制约机制是从外在规范强制约束社会成员履行义务承担责任，也为社会成员提供了最基本的行为准则。

法律规范是由国家制定和认可并以国家强制力保证实施的行为规范的总称。法律规范以国家强制力为后盾，不管人们主观愿望如何，全体社会成员必须遵守，否则就要受到法律的制裁。所以法律的强制性，是法律规范区别于其他社会规范最为显著的特征。例如，法律规定不得生产销售假冒伪劣产品、不得抢劫、不得故意杀人等条文，实际上是对公民最基本的行为准则的要求，也是公民必须履行的责任，同时也意味着如果违反法律规定就要受到相应法律的制裁或惩罚。

规章制度是职能部门为了保证本部门人员尽最大努力完成岗位要求的任务而制定的工作要求规范，它把工作责任、职务权利以及相应的经济利益相结合。一方面，规定了部门人员本应履行的责任行为；另一方面，对不履行责任的行为给予明确的赏罚规定，与个体的直接利益相连。这样，可以避免职能部门互相扯皮推诿，抵制办事效率低下的官僚主义和形式主义工作作风，有助于部门岗位责任的具体落实，增强相关工作人员的责任感。

2. 非强制性制约机制

与法律规范的强制性相对应的非强制性规范就属于道德规范的范畴。道德规范是依靠社会舆论、传统习惯和内心信念来维系的，是调节人与人之间、人与社会之间行为规范的总称。道德规范主要依赖于外在的行为规范内化为个体主动自觉的力量，取决于一种内在的自觉性，而非外部的强制力，所以道德和法律是社会生活中调节人们行为规范的两种手段，二者相辅相成，相得益彰。道德是法律的基础，法律是道德的屏障。没有道德的支撑，道德沦丧，社会秩序混乱，法律容易陷入瘫痪；没有法律的支持，道德约束力明显下降，有了法律公正严明的支持，就进一步增强了道德的约束力。

社会舆论是依据一定的社会价值标准，通过一定的传播媒介对人们的行为进行善恶评价的精神力量，以此来鼓励或者制约人们的行为。人作为社会中的人，总是处于某种社会关系中，每个人都有被集体或社会接纳的心理需求，都不愿意脱离集体，大家都会有意按照社会的价值标准去衡量和评价自己及他人的言行。当行为受到赞扬时会给个体一种精神鼓励，使个体继续朝这个目标努力；当行为受到舆论的谴责时会产生一种心理压力，迫使个体不断调整或改正，促进责任行为的实现。

风俗习惯是在日常生活中形成的习以为常的生活习惯和行为倾向。由于

风俗习惯源远流长，深入人心，又常常与民族情绪、历史文化、群众心理等联系在一起，具有很强的群众性、稳定性和持久性的特点。风俗习惯调节社会成员在特定生活范围内的责任行为。风俗习惯不同，责任实现的方式和作用也不同。例如，我国一些落后地区“养儿防老”“重男轻女”的传统思想，虽然我国法律明文规定，子女满 18 周岁就是成年人，但是按照我国的风俗习惯，大多数父母都会自发地对子女提供尽可能的帮助。可见，风俗习惯对人们责任行为调节的广泛性与稳定性，是法律等强制手段无法比拟的。

第二章　大学生群体与责任意识培养的关联

大学生是祖国的未来和民族的希望，他们责任素质的高低不仅影响个体的发展，还影响国家的前途和命运。探讨大学生责任教育，提高大学生责任素养，不仅有助于把他们培养成合格的社会主义建设者和接班人，还有助于提升整个社会的道德风尚。

第一节　大学生群体的特点

大学生是比较特殊的社会群体，他们有较高的文化素养，个性鲜明，充满青春活力，但又不断追求社会的接纳和归属。他们思维敏捷、活跃，比较关注社会问题与社会现象，有时表现出相当的自主意识和公民责任意识。作为有知识、有能力、有活力的社会公民，大学生是国家宝贵的人才资源，不仅要承担起作为公民的基本的道德责任，还要承担推动社会发展和进步的重任。大学生群体的特点如下。

一、主流思想健康向上，但道德修养水平有待提高

大学生群体的思想主流是积极的、健康向上的。他们经常关注国家大事，有深厚的爱国之情，有较强的民族自尊心、自信心和自豪感。比如在汶川地震那样重大的灾难面前，他们能够积极面对，勇于奔赴一线救灾，尽最大可能为灾区人民贡献出自己的一份力量。他们积极参与义工、三下乡等志愿服务活动，能自觉遵守法律和道德要求规范，基本能正确处理个人与集体之间的利益关系。绝大部分大学生懂得权利与义务的关系、个人与社会的关系以及责任与自由的关系。

大学阶段，学生除了上课之外，自由支配的时间较多，部分自我管理能力较差的学生，容易放纵自己。在过去长期应试教育的影响下，过分注重分数的思想让部分大学生更容易关注专业理论知识的学习，把高校思想政治理论课程放在边缘，忽视个体思想道德修养水平的提高，没有正确的思想理论、

价值观的引导，容易造成部分大学生政治参与意识不强，缺乏政治生活的参与热情，不能公正客观地评判社会事件，社会责任意识淡薄。

二、自我价值的实现程度

有部分大学生不愿意轻易接受别人的观点，也不愿意接受老师的正面教育，个体的自我意识较强。随着个人主义、享乐主义等多元思潮的不断侵入，个体的价值判断陷入迷茫和困惑。责任意识逐渐淡漠、纪律观念淡化、合作意识降低，这是弱化思想道德教育的结果。

随着市场经济的发展，受经济成分、利益主体越来越多元化的影响，西方多元化思潮不断地涌入我国。大学生的知识较为丰富，思想较为活跃，但是社会阅历较浅，价值判断能力有限，又不重视日常思想政治素质的提高，容易受到功利思想的影响，只关注个人眼前利益，价值取向功利化，容易滋生拜金主义、个人主义、享乐主义的不良思想。

三、好奇心强，情绪容易波动

当代大学生接受能力较强，对外界充满好奇，思想较为开放，也容易接受新观点和新事物。兴趣爱好特别广泛，也富有创新激情和创新意识，随着思维能力的提高和个体独立性增强，开始用批判的眼光来认识、评判事物，遇到问题也愿意尝试用新的方法去解决。

同时，大学生群体正好也处于青春中期，他们的情绪变化幅度较大，容易出现两极化倾向。与中学生相比，他们有着较为稳定的情绪调节能力和自我管控能力，但是与成人相比，情感又比较丰富，情绪容易激动，变化幅度较大。特别是面临学习、生活、人际交往等实际问题时，可能不能很好地处理情感和理智之间的关系，情绪化比较突出。情绪高涨时，热情奔放、豪情满志、信心十足、勇往直前；情绪低落时，悲观失望、意志消沉，甚至处理一些事情时容易不计后果、盲目冲动，造成无法挽回的后果。

当然这些情绪变化与所处的生活环境、以往的人生经历、个体的心理素质以及道德修养水平都有一定的关系。

四、学习能力较强，抗挫能力较弱

信息技术的发展和互联网时代的到来，使信息传播的途径与方式越来越快捷、多样，学生获取信息的渠道也越来越多。大学生思维比较活跃，视野比较开阔，接受知识的能力较强，但是实际操作能力较弱。

当代大学生成长环境比较顺利，没有经历过艰难的岁月，大多数学生在

衣食无忧的平静生活中长大，日常受到长辈的照顾较多，缺乏独立生活的能力，心理抗挫折能力较弱。在大学阶段，遇到学业、生活、人际、恋情、就业等方面的困惑时，如果不能很好地调节和适应，就容易选择逃避或者放弃。有些学生面对很难承受的困难和挫折时，有的选择沉迷于网络的虚拟空间，寻找暂时的精神解脱；甚至有的学生无法自拔而采取自杀等结束生命的方式来解决问题。这些表明，部分大学生存在心理素质较差、抗挫折能力较弱的缺点。

第二节　大学生责任缺失的表现及原因

联合国教科文组织在《学会生存》中指出："人类发展的目的在于使人日臻完善；使他的人格丰富多彩，表达方式复杂多样；使他作为一个人，作为一个家庭和社会的成员，作为一个公民和生产者、技术发明者和有创造性的理想家，来承担不同的责任。"可见，承担责任是大学生在社会中生存和发展的必要条件。《关于进一步加强和改进大学生思想政治教育的意见》中明确指出："要使大学生正确认识自己的社会责任，大学生要肩负起全面建设小康社会和中华民族伟大复兴的光荣使命，大学生是社会主义现代化的建设者和接班人，是社会的坚强力量，是民族的希望、国家的栋梁。"党的十七大报告明确指出："大力弘扬爱国主义、集体主义、社会主义思想，以增强诚信意识为重点，加强社会公德、职业道德、家庭美德、个人品德建设，发挥道德模范作用，引导人们自觉履行法定义务、社会责任、家庭责任。"

一、大学生责任缺失的表现

大学生思想状况的主流是健康向上的，多数大学生有理想信念的追求，学习勤奋认真，生活勤俭节约，工作积极主动，富有同情心和责任感。但是由于各种原因，当前大学生部分群体中出现了责任意识缺乏、推卸责任、逃避责任的行为，足以引起教育界的重视。

1. 自我责任的缺失

自我责任最基本的是对自己的生命健康负责。其中，生命权是个体最重要和最基本的权利，如果生命权利得不到保障，那么其他权利都无从谈起。生命承载着重要的责任和使命，不能轻易放弃生命，放弃生命就是逃避责任。此外，我们需要对自己的身体健康负责。只有身体健康，身体的其他机能才能协调工作，否则都不能保证正常的学习、生活和工作，更难以承担应有的

责任。

对于大学生来说，学习仍然是他们的主要任务，但是部分大学生进入大学后，自由支配的时间比较多，以为进入了享乐世界，自我约束力较差，开始放纵自己，学习不认真，厌学、上课补觉、逃课、为应付作业而抄袭、为考试过关而作弊；对生活漠不关心，整天萎靡不振、稀里糊涂，对一切都没兴趣、无所谓，遇到困难想方设法逃避，毫无责任可言。

（1）身心健康意识淡薄

大学阶段是身强体壮、朝气蓬勃的人生的黄金期，但是当前针对大学生的体质监测发现，部分大学生体质逐步下滑，健康状况不容乐观。

一方面，部分学生对身体健康极不负责。有的学生晚上熬夜聊天、打游戏、酗酒、吸烟、打麻将、打扑克，睡眠长期不足，容易疲劳、健忘、免疫力逐步下降；有的学生饮食不规律，不重视早餐营养，因各种理由而放弃吃早餐，午饭吃得过饱，晚上喜欢吃夜宵、吃零食，饮食不规律，营养不良导致体质下降。有调查显示：有 27.34% 的学生认为“经常通宵上网打游戏、看电影甚至夜不归宿只是大学生个人生活方式的选择，与是否浪费生命、荒度时光无关”，丝毫没有认识到通宵上网等违背了人体生物钟的正常规律，是损害身体健康的行为。“50% 以上的女生每周平均不到一次业余体育锻炼，40% 的大学生不吃早饭是经常的事”①，可以看出，部分大学生并没有保持良好的作息和饮食习惯，不能真正做到对自己身体健康负责。

另一方面，部分大学生心理健康问题频发。大学生的心理正趋于成熟阶段，面对学业、感情、人际交往、就业以及生活压力，长时间得不到及时地调整，容易造成各种倾向的心理障碍。有的学生生活独立能力较弱，不适应大学生活，没有信心接受未来生活的挑战；有的学生对学习漠不关心，动力不足，目标不明确；有的学生人际关系不良；有的学生面对亲情、友情、爱情等关系处理不妥当，容易冲动，感情用事；甚至有的学生愿意出卖自己的人格尊严来换取金钱。这些现象如果得不到及时调整和指导，学生容易出现不同程度的抑郁、焦虑、狂躁等情绪障碍，不利于学生人格的完整和谐，也不利于其身心健康发展。

（2）生命责任意识淡漠

自我责任指要对自己的生命负责，对自己生命负责也是对他人、家庭和社会负责的前提和基础。然而，逐渐走向成熟的大学生，虽然富有理想，却把未来幻想得过于美好，对将来可能会遇到的困难和挫折缺乏充分的心理准

---

① 刘静. 大学生责任意识培养研究［D］. 上海：复旦大学，2011：25.

备，再加上他们对社会缺乏了解，人生经历比较单一，应对挫折的承受力较差。遇到学业、感情、人际交往和就业等方面的困扰和挫折往往采取逃避、抱怨的方式，灰心丧气、失望沉沦，部分学生认为生命是自己的，别人无权干涉，甚至用放弃生命的方式来解决问题。近年来，大学生自残、自伤、自杀等现象时有发生。他们面对死亡、面对生命表现出来的冷漠，着实让人震惊。

大学生作为成年人，本应该珍惜自己的生命，回报父母含辛茹苦的抚养之恩。然而，有的大学生却因为大学生活适应不良、人际关系不好、恋爱受挫、考试挂科等小事就选择结束自己的生命。据报道，中国社会调查所曾对北京、上海、广州、南京、武汉等地高校 1000 名大学生展开了一项针对“大学生心理”方面的问卷调查，结果显示，超过 1/4 的被访者曾经有过自杀念头。

2. 他人责任的缺失

对他人负责是指一个人对他人的生存与发展所承担的职责和使命。因为有他人的存在，个人才能够在社会中生存。如果没有他人的存在，社会就不能称为社会，个人也就不能存在。个人的生存也必须依赖于他人对其负责；个人的发展和进步既依赖于自己的努力，也依赖于他人的帮助以及他人对其负责，同样个人获取知识和能力也依赖于他人的帮助和教化。可见，任何人都有责任帮助他人发展和进步。其中，对他人负责最关键的一点是要尊重和爱护他人的生命。

当前大学生一部分是独生子女，从小养尊处优、娇生惯养，容易滋生自私、懒惰、冷漠的倾向。处理事情很少能站在他人的角度去思考问题，总是一味地以自我为中心，对与自己无关的人和事反应非常冷漠，甚至漠视他人的存在。有些大学生遇事不够冷静、情绪容易激动、做事不考虑后果，在摧毁自己生命的同时也伤害了他人。

（1）侵犯他人的生命权

每个人的生命都是其独特存在的价值之一。有些大学生缺乏自我约束力，在感情和理智发生冲突时，无法用理智来控制自己的感情，成为情绪的奴隶，不分场合不顾结果地发泄情绪，甚至会出现意想不到的后果或者悲剧。当前校园内因人际关系、恋爱受挫等打架斗殴、群殴、伤害他人身体健康甚至生命的事件时有发生。有些院校短短一个学期内就会发生四五起跨系部学生之间的群殴伤害事件，严重侵犯了他人的生命健康权。

（2）失诺、违约

失诺是指没有按照事先答应或同意的方式去做。部分大学生在这方面主要表现为拖欠银行贷款、不按时缴纳学费等。据北京、上海、天津等大城市

对大学生助学贷款信用状况的调查显示，有 56.7% 接受过国家助学贷款的大学生毕业后不能主动提供工作去向，有 42% 的贷款毕业生不能按期还贷而违约，甚至有报道称，某一大学教授出于同情心借钱给学生交学费，而学生毕业后一直不还借款，教授不得已把学生告上法庭才追回借款①。违约是指未能按照预先订立的双方共同遵守的条文去做。部分大学生主要表现为择业方面缺乏诚信、随意违约。目前大学生就业择业需双向选择，有的学生为了选择机会同时与几家用人单位签约，导致违约行为出现；有的学生为了户口问题与大城市的用人单位签约，户口解决后立即跳槽违约；有的学生入校前与用人单位签署委培协议，毕业后反悔违约等现象，这些现象说明学校对大学生诚信教育淡化，导致部分学生诚信意识薄弱。

3. 家庭责任的缺失

对家庭负责，是指家庭成员对家庭所承担的各种责任以及承担任务的自觉性。对家庭负责是维系一个家庭必要的条件，在家庭中身份不同，责任就有所不同。家庭是社会最基本的单元，家庭成员要扮演好自己的角色，承担应尽的责任，孝敬父母就是其中之一。

孝道是一切道德之本，孝敬父母是中华民族的传统美德，也是调整家庭成员关系最基本的道德准则。它的主要含义：一是指思想情感上要热爱和尊敬父母，子女应有发自内心对父母的生育之恩的敬重和感激之情。二是指行为态度上，恭敬有礼，虚心接受父母的忠告和教诲；在生活上能体贴照顾父母，为父母分忧解难。不管我们出生在哪个家庭，父母给予了我们生命，并将我们抚育成人，所以我们应该懂得报答父母的赋予生命之恩和养育之恩，学会对自己的父母、对家庭负责。

然而，现实生活中不知道父母生日、从来不帮父母做家务的大学生不在少数，他们缺乏对父母最起码的感恩，更谈不上对家庭负责。据调查显示：有 27% 的大学生不知道自己父母的生日；有 31% 的大学生只知道父母其中一人的生日；81% 的大学生称没有给父母庆祝过生日；当被问及平时在家是否有做家务活、自己会干几项家务活时，有 11% 大学生称自己从来不做家务活，更不会做家务②。作为大学生，懂得体恤父母的艰辛抚养、勤俭节约，努力学习，就是对父母、对家庭负责的最充分表现。而当前部分大学生却缺乏对父母、对家庭的责任意识。主要表现如下。

---

① 曾天德．大学生健康人格塑造导论［M］．北京：中国社会科学出版社，2008：9.

② 梁小花，陶浪平．“90后”大学生感恩现状及感恩模式探讨［J］．长沙民政职业技术学院学报，2009，16（02）:38-40.

（1）漠视父母的艰辛，生活消费无节制

部分大学生在生活上一味与他人攀比，自私任性，追求生活时尚、高端，追逐享受，无节制地向家人索要钱物，拿着父母挣来的血汗钱来玩游戏、谈恋爱或者摆阔绰，甚至有的学生为了骗取更多费用，谎报学费数额、增加实习费用等，完全无视家庭经济负担和父母的辛劳。

（2）混日子，学业荒废

父母艰辛地供养孩子上大学，孩子对父母最好的回报就是好好学习，尽最大努力提升自己的才能和完善自己的人格。然而部分大学生离开父母的监督后，全然忘记或抛弃了父母对自己的殷切期望，学习无目标、无动力，缺乏对学习的求索精神和斗志。有的学生热衷于上网聊天、打游戏、看电影，逃课、抄袭作业、考试作弊等现象时有发生；有的学生热衷于拉关系、走后门、编织关系网、做生意盼发财，专业学习只求混个及格等，缺乏青年应有的进取精神。中央电视台《东方时空》栏目于 2016 年 12 月 20 日播出了一期《高校网患调查之一：退学风波》的节目，报道了东北某高校对该校 113 名 8 门以上功课不及格的学生作退学处理，并对 6 名 4 门功课不及格的学生作留级处理。这些被处罚的学生绝大多数因沾染网瘾而导致学业荒废，丢失了自己的梦想，打碎了父母的美好愿望，这是对父母、对家庭极大的不负责任①。

（3）重过程轻结果的错误恋爱观

恋爱不再是一个神秘的话题，从严令禁止到允许结婚，大学生谈恋爱已经成为大学生活的一部分。大学生虽然达到了法定婚龄，但缺乏对爱情、婚姻的深刻理解与认识，尚未有对将来组建家庭的责任意识，甚至持有一种错误的爱情婚姻观。据调查，20.3% 的学生把谈恋爱作为大学期间消磨时间的一种方式，16.2% 的学生认为恋爱就是跟着感觉走②。“只求曾经拥有，不求天长地久”“只注重过程，不看重结果”的恋爱观念，使婚前性行为比较普遍，大学生生子、堕胎现象时有发生。这说明部分大学生思想不够成熟，又无力承担责任的问题。当前大学生一部分是独生子女，从小娇生惯养，比较任性、自私，感情变化快，思想不稳定，没有认识到恋爱是婚姻的前奏，爱情需要互相关心爱护，相互体谅帮助。只图自己享受、不顾她人健康的恋爱，是不负责任的恋爱，难免会草率处理恋爱婚姻问题，对双方以及未来的家庭都没有好处。

---

① 张敏．大学生责任意识教育研究［D］．重庆：西南大学，2008：11.

② 许海元．当代大学生生命责任意识现状及培养对策——基于大学生生命意识现状的调查［J］．道德与文明，2009（03）：96-99.

4. 社会责任的缺失

公民是社会化的人，公民在社会生活中，需要有社会意识，有关心他人、爱护儿童、帮助弱势群体的观念。随着社会生活领域的不断扩大，人与人之间的交往也越来越多，社会责任意识成为公民的内在要求。每个公民都有义务和责任维护社会秩序的稳定，都有责任去帮助那些需要帮助的人。马克思主义认为："全部人类历史的第一个前提是个人生命的存在。"但是同时又认为："个人不是独立自主的存在，而是社会实践的产物。"既然如此，个人与社会的关系，就不应当是分裂、对抗的关系，而应当是相互依存、相互生成的关系。离开了个人的生存和发展，社会便失去了存在的理由；离开了社会，个人也就失去了生存和发展的依托。如果人人都不对社会负责，到头来谁的利益也不能得到保障。这就是说，必要的合理的社会责任或义务，作为社会规律在现实关系中的具体规定，是个人生存和发展不可以逾越的前提。

中华民族五千多年的历史发展过程中，涌现出成千上万为了祖国统一、祖国名誉和荣誉的爱国人士，大学生应当继承光荣的爱国主义传统，时刻心怀祖国，以国家利益为重，将自身的前途命运和祖国的前途命运联系起来，自觉地承担起维护国家和平统一、服务国家的责任和使命，用所学的知识技能建设祖国、报效祖国。当前大学生虽然有强烈的爱国热情和高度的社会责任感，但是当个人利益和社会利益发生矛盾和冲突时，部分大学生表现出明显倾向于个人利益的特点。

（1）过分看重个人利益与得失

大学生主观上并不否认承担社会责任的必要性和重要性，可一旦涉及具体利益时，往往首先考虑个人的得失。部分大学生对他人的疾苦不闻不问，对集体活动、社会公益事业漠不关心，对自己有利的事就做，对自己无利的事则不干。根据杨琼对河南四所高校调查显示，对班集体感情"比较不热爱"和"非常不热爱"的占 45.2% 和 1.6%，13.8% 的学生表示不清楚；对学校组织的活动"非常主动"和"比较主动"的仅占 10.4% 和 30.9%。这些数据说明大学生参与集体活动的热情不高[①]。谈到社会理想和历史使命，许多学生认为个人在其中的作用和价值微不足道，他们已经把"为国家作贡献""增强事业心、责任感"等排除在自己的动力以外，基本上把与个人相关的因素作为学习发展的主要动力。在学习上，重技术而轻基础，重知识而轻能力，重自然而轻人文；"考证"之风盛行；在入党、当干部、交友甚至恋爱方面

---

① 刘静. 大学生责任意识培养研究［D］. 上海：复旦大学，2011：27-28.

都显现出明显的功利化色彩；择业中往往对工作的报酬、单位性质以及工作是否稳定等诸多实际利益的考虑多于对事业发展和满足社会需要的考虑。据中国青少年研究中心对大学生择业动向的调查显示，大学生择业时，86.4%的人最关心经济收入；70.24%的人最关心权力、地位的升迁机会；65.88%的人希望工作舒适、薪水高。绝大多数毕业生愿意选择在经济发达地区和大城市就业[①]。当社会利益与个人利益发生冲突时往往更看重个人利益。据部分问卷调查显示，愿意参加青年志愿者活动的占24.3%，在如何处理个人利益与集体利益关系时，26%学生选择了“视具体情况而定”，有56%的同学主张“合理利己主义”“主观为自己，客观为别人”的观点[②]。这些学生不能把社会责任和个人责任统一起来，摆不正个人利益与集体利益的关系，个人功利心较重，导致责任意识狭隘。一旦遇到自己暂时的要求或愿望不能实现或者遭遇不公平的事件，不是从自己身上寻找、分析原因，而是过分谴责社会，把问题归结于社会不公平、机会不均等。

（2）公德行为失范

社会公德规范是对社会所有公民公共场所行为的要求，体现社会的文明程度和个人的道德修养水平。有些大学生在满足个人需要时，不爱护公共财物。在课桌上乱涂乱画、乱扔垃圾、浪费水电、过马路闯红灯、跨越护栏、不给老弱病残让座等现象经常可见；部分大学生在宿舍生活中，白天宿舍没人电灯照常亮着，中午午休时间大声喧哗，晚上不睡觉，网聊打游戏；有的学生不注意个人卫生；舍友之间缺乏关爱，人情冷漠，缺乏对集体宿舍的责任心。在学习生活中，部分学生不尊重老师，上课迟到早退、无故旷课；课堂秩序不良，随意接打电话、上网聊天，干扰教学秩序；教室的桌椅墙壁几乎成了随意涂鸦的画板，并有粗俗的语言出现。虽然这些不道德的行为只存在于部分大学生身上，但是影响了大学生群体的整体形象。

5. 生态责任的缺失

随着科学技术的进步，人类对自然资源无节制的开发和掠夺，带来了暂时的经济繁荣，也给人类以及未来造成了前所未有的生态危机。工业文明的发展，使人类对自然的索取越来越多，全球生态环境遭到严重破坏。

海洋本来是自然界的聚宝盆，却因工业文明的发展遭到严重污染，海洋生物物种濒临灭绝。生态学家曾说过，我们现在正处于一个物种大灭绝时代，

① 刘静. 大学生责任意识培养研究［D］. 上海：复旦大学，2011：28.

② 戴斋环. 当代大学生自我教育探析［J］. 赤峰学院学报（汉文哲学社会科学版），2009，30（09）：119-120.

每小时都在消灭一个或更多的物种，这是人类自己一手造成的，人类过度使用化石燃料，释放出的有害气体和粉尘对大气造成了严重污染，雾霾天气增多。大气污染和水污染严重影响生物的生存环境，森林、湿地面积减少，荒漠化日益严重，虽然并不会马上影响人类的起居生活，但是这种污染破坏了水土原有的保持功能，侵犯了野生动物的栖息地，使整个生态平衡遭到严重破坏，影响人类和生态的可持续发展。而这一切都是源于人类掠夺欲望的无限膨胀，人类理性的极度张扬，是对科技发展不加控制的结果，这是人类极不负责任的行径。

环境是大家共有的，但是大学生对生态环境的保护责任意识比较淡漠，缺乏规则意识。某课题组对 7 所高校 1200 名大学生的问卷调查中显示，对于环境污染，有 83.4% 的大学生认为“人人有责”，但其中仅有 30.6% 的大学生经常关注，20.2% 的学生有保护环境的具体行动，73.6% 的大学生承认有过污染环境的行为①。

“生态文明”被写入党的十七大报告，这表明党和政府对生态的重视程度加强。生态意识是指对人们生存环境的认识，包括生存责任意识、环保责任意识和环境责任意识。生存责任意识是对人们生存环境状况的认识和了解。环境责任意识是对环境状况的认识和了解，以及对环境保护自觉性的认识。环保责任意识是在环境责任认识的基础上产生的保护环境的自觉性。只有处理好人与自然的关系，自然才会给我们提供良好的生存环境，人与自然才能和谐共存。

当前高校的思想政治教育也倡导节能意识和环保意识，甚至大学生社团也经常组织节能和环保宣传的公益活动，但是在组织实践活动中缺乏应有的训练，导致环保宣传没有起到应有的作用。一方面，环保宣传没有让学生在头脑中形成科学的环境保护和资源利用的科学认知，没有形成主动自觉的获取环保和资源利用的科学方法；另一方面，日常生活中破坏环境、浪费资源的行为没有得到应有的惩罚，没有形成自觉保护环境和节约资源的道德行为。甚至在大学校园里，有一些破坏环境、浪费公共资源的行为出现，且没有引起大部分学生的注意和监督。可见，大学生有参与环保的意识，但缺乏应有的自觉性。

二、大学生责任缺失的原因分析

马克思主义认为，世界万物都处于相互联系之中。任何事物的出现必然

① 许海元．当代大学生生命责任意识现状及培养对策——基于大学生生命意识现状的调查［J］．道德与文明，2009（03）：96-99．

有其缘由。大学生责任品质的缺失既有外部原因，也有内部原因；既与学生接触的环境和所受的教育有很大关系，也有学生自身的影响。

1. 社会因素

社会存在决定社会意识，社会意识是对社会存在的反映。当前大学生责任品质缺失也有社会大环境的影响。

（1）市场经济的负面影响

随着我国市场经济体制的建立，改革开放进一步扩大，西方多元化的价值观念和不良思潮不可避免地对大学生的思维方式、意识观念、行为选择等造成冲击。大学生的价值观还没有稳固建立，思维活跃，容易接受新事物，也容易受到不良思想的影响。其一，市场经济是一种以个体为本位、关注自身利益、以追求个人利益最大化为特点的经济运行机制。追求个体利益最大化是市场经济机制中经济发展的最主要动力，它在运行中所产生的价值取向，强调个人利益。其二，市场经济的另一个特点是其运作核心原则是等价交换。它要求人们在交换过程中必须等价，而且是建立在个人利益之上的等价交换，这种机制对人的思维形成也会产生重要影响。反映在实际的工作、生活中，就是事事讲利益对等、讲竞争、讲效率，而不是对人民、对社会发展负责的为人民服务的献身精神和追求社会认同的道德行为。这样，大学生容易更多关注个人规划与努力，以个人利益出发寻求利益最大化，很少去关注他人或社会的整体利益。

（2）社会不道德行为的泛滥

面对市场经济残酷竞争、优胜劣汰、机遇与风险并存、利益最大化原则等特点，我国的现行法制还不健全，人们的伦理道德约束受到了一定的挑战，容易滋生各种各样的不道德行为。由于我国法制还不健全，上述失范行为没有得到及时的惩罚，也严重影响了部分大学生的价值认同。

随着社会关系越来越复杂多变，道德抉择环境也复杂多样，大学生缺乏对庞杂信息的筛选和辨别能力，容易被那些负面信息蒙蔽。他们感到困惑、迷茫，这些信息严重干扰了大学生的责任选择和承担。当自主意识、独立意识和功利意识超过一定理性控制时，实用主义观念就会增强，大学生就会更多关注自己的利益，社会责任意识淡漠。上大学的目的不是报效祖国，而是自己将来能获得一份稳定而收入较高的工作；参与工作是为了将来更好地实现自己的个人价值，而不考虑为他人和社会多做贡献；追求人生理想，也不是为实现人类的根本利益和长远利益，而更多关注收入的多少与生活的幸福程度。

（3）西方文化思潮的影响

随着改革开放的步伐，西方社会的不良文化思潮随之进入我国。一方面，西方资本主义强调个人主义的道德原则，崇尚个人利益，凡事以个人利益为中心，把追求个人利益作为个体行为的出发点和落脚点。在处理个人与社会关系时，强调为了实现个人利益，任何行为都是合理的，社会仅仅是实现个人利益的手段或者工具而已，个人利益可以凌驾于社会利益、集体利益和他人利益之上；另一方面，西方的存在主义思潮强调从主观唯心主义出发，个人首先是存在的，然后个人按照自己的意志自由选择了自己的本质，所以强调个人有权力只对自己负责，不对他人和社会承担责任。这样对意志力和判断力较弱的大学生来说，就为自己的自私、懒惰、享受找到了合理的借口，淡化了对他人和社会的责任。

在不同文化的冲突中，部分大学生开始盲目崇拜西方文化，对西方的消费观、民主制度、价值取向表示认同，开始对国内民生状况的改善和生活水平的提高视而不见。西方文化误导了大学生的价值取向，淡化了学生的责任意识。

（4）网络技术的影响

网络技术给我们的生活和工作带来便利的同时，也给我们带来了难以预测的不良影响。网络信息实时传送速度之快是其他媒介无法比拟的。信息传递方便快捷和丰富多彩、鱼龙混杂的内容吸引了大学生的眼球。手机、平板、电脑几乎成为大学生的生活必需品，上网也成为大学生活的部分内容。一方面，网络信息的开放性，突破了原有传媒的地域管辖与限制，高度自由的虚拟空间，容易让人放纵自己，降低道德标准，淡化个人的责任感；另一方面，网络空间的隐蔽性，让人可以不用担心真实身份被暴露，可以发布一些不良信息，西方社会也利用网络平台传播一些不正确的价值标准和意识文化，对我国大学生群体造成了强烈的腐蚀作用，影响了大学生责任意识的形成。

2. 学校教育因素

一个人责任意识和能力的培养在很大程度上依赖于学校教育的正确引导。针对大学生责任品质缺失的现象，主要有以下几方面原因。

（1）责任教育重视不够

学校教育长期受应试教育的影响，重视知识忽视德育，重视成绩忽视能力，重视理论轻视实践，造成学校教育过多注重学习成绩的提高，忽略了对学生个性、心灵的提升。虽然高校开设思想政治教育课程，但教学内容政治性过强，过于理想化、神圣化，不能满足多层次的教育需求，未能打动学生，

无法引起学生的共鸣，很难起到应有的教育效果。有的学生认为社会责任与自己无关；有的学生愿意承担责任，但不知道哪里有责任；有的压根不清楚什么是责任；有的抱有“一心只读圣贤书”的观念，对班级、学校等集体活动缺乏爱心和责任心，忽略了责任意识的培养。

（2）责任教育缺乏实效性

目前部分高校即使有责任教育的内容，但仍然沿用政治理论灌输的教育方式，强调个体对国家、对社会的责任，而忽视了学生个体成长的需求。一方面，责任教育的理论内容过于宽泛，没有结合学生的实际生活，对社会中的一些不良现象和社会问题避而不谈，只是从正面对学生提出条条框框的要求，缺乏针对性和实效性，无法打动学生的心灵；课堂理论多半是被动灌输，内容枯燥无味，学习效果不好；即使开展一些团队活动，也是流于形式，学生参与性不高，活动针对性不强，教育意义不大。另一方面，思政教师个人的理论功底薄弱，不能将理论知识进一步延伸和升华，无法调动学生的学习兴趣。讲课内容缺乏时代性、实效性，不能贴近学生实际，起不到应有的激励作用，责任教育的效果不理想。

（3）部分教育者缺乏责任感

在学校教育过程中，教师对学生的影响不仅包括责任理论知识的传授，他的言行举止也会潜移默化地影响学生。然而，现实生活中，有些教师不负责任的行为与责任教育理论形成鲜明对比。如果教师都像在汶川地震中的“范跑跑”那样，遇到紧急情况只顾自己先逃脱，而不顾他人的安危，这种教师很难培养出责任感强的学生；有的教师工作中敷衍了事，不认真备课、上课，不认真批改作业，课后不辅导答疑，对本职工作极不负责等行为给正面的责任教育造成了不良影响。

3. 家庭因素

家庭是社会最基本的构成单位，也是孩子成长的首要环境。家庭教育是个体接受的第一教育，家长是孩子的第一任老师，家庭的氛围和家长的教育方式对子女的成长有潜移默化的作用，对个体的个性形成、能力培养、品德陶冶以及责任感的形成至关重要。中国传统家庭伦理关系中的“父慈子孝”等孝悌思想，也体现了家庭成员的责任分担。但是当前独生子女家庭越来越多，子女成为家庭的核心，家庭教育也发生了一定的畸变，导致责任教育品质的缺失。

（1）家庭成员缺乏责任分担

当前家庭许多是独生子女家庭，部分家长对子女过度的保护和溺爱，父母承担了本不该他们承担的责任，剥夺了孩子本应承担的角色和义务，对于子女的情感需要和精神需求很少过问，更多体现在物质条件的最大满足。父母为子女所做的一切付出和牺牲，被子女看成是理所当然的，导致孩子越来越不懂得感恩和回报，只懂得享受。子女作为家庭的主要成员之一，生活琐事都由父母代劳，习惯被呵护和照顾，很难意识到自己所应该承担的家庭责任，以及应该为家庭所做的力所能及的事。逐步形成了只顾享受不懂付出的思想意识，甚至当子女犯错后认为父母帮其承担责任是理所当然的事，缺乏应有的承担责任的勇气和信心。

（2）家长教育方式不当

面对激烈的就业竞争，高学历、高文凭成为人们找工作的必备硬件。有些家长功利思想比较严重，过分注重孩子成绩的提高，对学习情况非常关注，对子女的兴趣爱好、日常行为、情绪波动等不了解、不清楚，忽视了子女的兴趣爱好、道德品质的培养，淡化了家庭的育人功能。遇事动辄破口大骂、拳脚相加，这种棍棒式教育忽略了对孩子内心的了解，使孩子感受不到家庭的温暖，容易造成孩子撒谎、逃避、离家出走等行为的出现。有些家长采用溺爱式的教育方式，事事大包大揽，剥夺了孩子“负责任”的机会，众星捧月、养尊处优的环境容易助长孩子自私、任性、依赖以及缺乏责任感的个性。有些家长采用放任式教育方式，由于日常工作繁忙无暇照顾孩子，与孩子交流太少，因而从物质上过度满足孩子来弥补情感上的不足，缺乏对孩子的正常监管，影响了孩子责任品质的发展。

（3）家长素质的影响

家长的言行举止对孩子的教育有潜移默化的影响。如果家长在教育孩子的过程中缺乏应有的以身作则的示范，就容易影响孩子责任心的培养。如果家长对上孝顺老人，对下关心、爱护孩子，兄弟、姐妹之间和睦相处，与邻居、同事之间关系融洽，在这种家庭环境下成长的孩子，无论在学习、生活、工作以及与人交往中，都会很负责任；相反，如果家长对工作不负责任，私心较重、爱占便宜，不能廉洁自律，在这种环境下成长的孩子很难做到对他人负责。

4. 朋辈群体的影响

朋辈群体或同辈群体，往往是由一群年龄、兴趣爱好、价值观、社会地位等相近或相似的人组成的一类关系比较密切的群体。在青少年时期，朋辈群体对一个人的成长有着非常重要的影响。因为他们活动频繁、凝聚力超强，互相有很大的影响。当学校和家庭的影响失去其垄断地位时，朋辈群体发挥

了其独特甚至超乎想象的影响力。他们年龄相仿、兴趣爱好相同、阅历相似、学习任务和时间一致，相互之间容易理解并获得支持，容易形成较强的心理认同感；他们之间的交往互动容易对某一现象或问题达成共识，形成自己特定的价值标准和行为规范；朋辈群体中总会有自己崇拜的偶像人物，他的个性、品行、能力会对其他成员造成一定的影响。

积极影响就是容易满足他们情感交流的需要，使其获得一些校外的生活经验，加速个人价值观形成的影响。消极影响就是容易受到群体中某个核心人物失范行为的影响。当他的行为偏离了正常的轨道，群体其他成员容易受其影响而发生偏离，做出道德失范行为；群体内如果出现矛盾冲突，因缺乏理性指导，会出现暴力、斗殴等反社会行为。

5. 个体自身因素

多数大学生虽然知识水平较高，但是社会阅历较浅，缺乏辨别是非、适应社会的能力，理性思辨能力较弱，不能正确地认识自己与社会的关系以及大学生的社会地位与社会角色，也不能正确认识社会赋予他们的历史使命。因此，部分大学会在意识到自己责任的同时，不能把它升华为一种自觉的内心信念和责任感，往往容易受不良社会环境和不良信息的影响，责任认知不够明确稳定。

（1）缺乏深刻的责任认知

当前部分大学生对承担应尽的社会责任的认知较为明晰，但是对承担社会责任的角色定位过于微观，基本集中于对自己的将来发展做准备，少有为祖国建设和国家发展承担责任的社会理想。部分学生进入大学后，摆脱了中学繁重的课业负担，没有明确的奋斗目标，感到茫然不知所措，心里有莫名的空虚和无聊。学校毕竟不是社会，大学生对社会的接触和了解较少，不能正确地看待社会问题，容易把生活问题简单化和理想化，缺乏危机感和责任感。他们不能全面理解个人与社会、现实与理想、社会的光明面与阴暗面、琐事与事业之间的关系，在认识和处理问题时容易感情用事，不能正确认识自己的地位和社会角色，行为容易失去方向，人生不能准确定位，更易随波逐流。例如，大学实行“学分制”，有的学生认为学习自己喜欢的内容，认为学习成为自己的事；大学自由支配的时间较多，有的认为干与不干也是自己的事，找自己喜欢或感兴趣的工作也是自己的事，至于承担责任似乎与自己无关。部分大学生的错误认知，忽略了个人与社会、个人与他人之间的责任关系，容易出现责任失范行为。

（2）自我控制能力较差

大学生的心理发展尚未稳定成熟，情绪变化较大，喜怒无常且容易冲动，自我控制力和辨别能力较弱。受不良信息和群体氛围思想的影响，容易导致部分大学生价值取向混乱，道德观扭曲；在群体氛围中更容易增强个人冲动情绪，出现狂妄的举止，导致责任意识随之淡化。高校给予大学生的自由空间和时间较多，自我约束力较差的学生，对情绪缺乏有效控制，容易因冲动出现不计后果的责任失范行为。

（3）挫折容忍力较弱

挫折容忍力是指个体能承受打击的能力。人与人之间的挫折容忍力有很大差异，有的人挫折容忍力强，面临挫折能信心满满，勇于挑战；有的人挫折容忍力低，面临挫折一蹶不振，甚至精神错乱。当前大学生成长环境大多较为顺利，很少遇到挫折和困难，当面临挫折时，不能客观地判断与预见挫折，容易导致情绪低落、对抗他人、悲观抑郁、行为错乱等问题，甚至失去应对能力。

（4）缺乏具体的参与意愿

大学生责任教育最终需要通过具体的参与活动来培养责任行为习惯。然而当前有相当一部分大学生有责任认知，但是没有具体的参与意愿。责任意识、责任感和责任行为等都是在实际活动的参与中慢慢积累和发展并最终稳定成为一个人的责任品质的，大学生责任教育的实现也需要这些具体责任活动的支撑。如果大学生对这些活动的参与意识不强，甚至根本就不想参与，责任教育的效果就无从谈起。

第三节　大学生责任意识培养的必要性

改革开放以来市场经济和信息技术的飞速发展，使我们的物质生活发生了巨大变化，也对我们的精神世界造成了一定的影响。面对经济成分多元化、生活方式多样化以及思想多元化的影响，当代大学生在思想、生活、行为方式等方面都发生了巨大变化。针对部分大学生责任缺失的现状，有必要加强大学生责任教育，培养大学生主动负责的行为习惯。

一、加强大学生责任教育的原因

1. 责任是人之为人的本质规定

责任是人的本质特性之一，也是做人的资格之一，人的社会化过程也是

责任感培养的过程。有强烈责任感的人才能对自己负责、对他人负责、对家庭负责、对社会负责。因此，责任就是社会要求个人必须完成的一种规定和使命。

责任有两层涵义：一方面，人的社会属性决定了个人要扮演一定的社会角色，且必须承担一定的职责和任务，就是为他人和社会服务，这既是个人生存和社会发展的必要条件，又是维系人与人之间、人与社会之间关系的最基本的纽带；另一方面，人必须要对自身行为的后果负责，个人的行为表现是个体实践选择的结果，所以，人对自己选择的行为结果负有不可推卸的责任。否定责任就意味着否定了选择，也否定个人拥有的权利和应尽的义务，也就否定做人的本质。

2. 大学生是社会主义事业的建设者和接班人

大学生作为社会主义事业的建设者和接班人，是祖国的未来和民族的希望。不仅需要身体健康、知识丰富、技能娴熟，还需要有健全的人格和高尚的道德品质。

如果没有责任感，市场交易就会有欺骗和欺诈；没有责任感，社会的精英人才只会从个人狭隘利益去思考和研究；没有责任感，人人都会变得自私自利；没有责任感，就不会得到社会和他人的认同；没有责任感，任何社会不可能持续发展下去。有责任才会有爱，有责任才会有孝道与忠诚，才会有为国家和社会做贡献的信心和勇气，而责任教育是培养大学生责任意识的主要渠道。

3. 责任教育是培养大学生责任感的基本途径

高校的社会责任，不仅要传授理论知识，为社会培养人才，最关键是要为社会培养有责任感的人才。有责任感的大学生，他的言行举止才会符合公民的基本道德要求，才能更好地把所学知识应用到实际生活中，才能主动承担自己应尽的义务和责任，为社会贡献自己的一份力量。因此，高校要加强责任教育，这是培养大学生责任感的基本途径。

第一，责任教育可以增强学生的社会责任意识。责任心是一个人能否坚持不懈、努力奋斗的精神动力，也决定着一个人事业的成功与失败。信息时代的到来让我们认识到，国际竞争最终取决于人才的竞争，大学生作为最宝贵的人才资源，通过学校的责任教育，培养自己的创新意识和实践操作能力，提升思想政治觉悟和道德修养水平，才能使自己在未来的竞争中立于不败之地。

第二，责任教育可以增强学生对他人的责任意识。当前的独生子女成长

环境比较特殊，容易滋生唯我独尊、自私自利、懒惰任性的个性，不会与他人正常交往，不懂得合作与尊重。通过学校的责任教育，使学生学会尊重他人、关心他人、理解他人，知道未来的社会需要与他人合作，才能正常的生存与发展。

第三，责任教育可以培养学生的感恩意识。当前的大学生备受家庭的关注，容易养成衣来伸手、饭来张口的懒惰自私的心理，只懂得索取，不懂得感恩与付出。通过责任教育，可以使学生正确认识权利与义务、责任与自由的关系，懂得孝顺父母、尊重父母、感恩社会。

4. 责任教育是高校道德教育的核心和突破口

党的十八大指出，新时期党的教育方针是坚持教育为社会主义现代化建设服务、为人民服务，把立德树人作为教育的根本任务，培养德智体美全面发展的社会主义建设者和接班人。十八大在报告中强调要坚持教育优先发展，推动教育改革，提高教育质量，促进学生道德责任感的提升。这为高校道德教育的发展指明了方向。高等院校的基本职能包括培养人才、科学研究和社会服务等，其中最基本的职能就是培养社会所需要的合格人才。所以一所大学所承担的社会责任，不仅仅是传播文化知识和探索科学的发展规律，更主要的是要培养有德性的高素质的人。责任是道德规范体系中处于最高层次的道德规范，道德教育从某种角度上讲就是责任教育，是教人负责任的行动。学生只有具备较强的责任意识和责任能力，才能保证自己的言行举止符合一个合格公民的要求，才能促使自己将自身所学的知识正当地应用到社会当中，用知识去实现人生理想与个体价值，切实履行自己的义务和责任，为构建和谐社会贡献自己的一份力量。

一方面，责任教育是高校道德教育的核心。学生在大学受到的教育不仅是掌握理论知识，更重要的是学会如何做人，学会运用所学知识去实现人生理想和社会价值，切实履行自己的义务和责任。目前的信用危机、道德危机以及信仰危机，从根本上说是责任感的缺失；当前社会主义道德教育、爱国主义教育其实也是道德要求内化为责任意识的教育，责任教育的问题解决了，思想道德教育方面的问题也会迎刃而解。大学生对责任的履行和责任感的形成，是建立在大学生对社会的道德要求规范的自觉遵守并内化为个体的内在道德诉求的基础上的。责任教育不仅能够补充学校道德教育的内容，摆脱空洞说教的缺陷，发挥学生的德育主体地位，而且有助于提升大学生对其他良好道德品质的学习和内化，不断提高自己的道德修养。

另一方面，责任教育是大学生思想政治理论课的重要内容。全世界教育

领域已经达成共识，将来的社会是一个责任社会。大学生作为社会主义建设的接班人，需要有较高的责任素质，才能承担起应有的重任。当前高校思想政治理论课作为大学生思想政治素养提升的主要渠道，从人生观、世界观、价值观、道德观等方面全面塑造大学生的道德品质，更需要强化大学生责任意识的培养。胡锦涛在谈到进一步加强和改进大学生思想政治教育工作时指出："各级党委和政府都要充分认识新形势下进一步加强和改进大学生思想政治教育工作的重要性和紧迫性，增强历史责任感和使命感，坚定信心，狠抓落实，切实把大学生思想政治教育工作提高到一个新的水平。"可见，高校思想道德教育课程的核心是教会学生如何做人，如何实现个人价值和社会价值的统一，如何从个人权利和社会责任的关系中找到一个平衡点，以及如何承担起应有的社会责任。只有这样，高校才能为社会主义事业培养出合格的建设者和接班人。

二、加强大学生责任教育的必要性

1. 加强大学生责任教育是当今时代发展的要求

加强大学生责任教育是市场经济发展的需要。当前市场经济体制下，各国经济相互渗透、相互影响，构成了一个大的经济体。然而，市场经济的主体具有很大的独立性、自主性，使个体容易产生独特的经济行为，增加了社会活动的复杂性。坑蒙拐骗、违规毁约等行为屡禁不止，给人们的生活带来了许多负面影响。只有加强责任教育，强化个体的责任意识，无论做出什么行为选择，都需要承担一定的责任，才能扭转负面的影响。而大学生的责任意识以及责任行为将会辐射到国家、社会乃至全球范围的经济活动中。

加强大学生责任教育是整个社会民主化的需要。民主化是现代社会发展的重要趋势。民主化进程中，公民的民主、权利、自由等意识得到了加强，但是民主自由并不意味着想干什么就能干什么；同时权利和义务是对等的，社会赋予了公民多大权利，同样需要公民承担相应的义务。民主社会的共同义务就是责任。任何思想、任何行动都要符合社会整体利益，不能与社会核心价值观相违背，绝不允许出现缺乏或丧失责任感的行为。大学生是较高文化程度的公民，不仅具备充分享受民主权利的能力，更应具备履行责任的意识和能力。

加强大学生责任教育是信息网络化的需要。信息时代网络的普及，改变了人们的工作方式、生活方式和学习方式，也使传统的道德观念面临严峻的挑战。大学生作为网民人数最多的群体之一，他们的网络道德问题已经引起了德育研究者的关注，他们的责任意识直接影响到国家和社会的安全与稳定。

加强大学生责任教育是经济全球化的需要。在全球化的社会，每个人的行为都和他人、社会的利益紧密相连，这就需要增强责任意识，对他人负责、对社会负责，也对自已负责。如果个体没有这种责任意识，其美好愿望就会较难实现。就像人类社会的发展历史一样，从最初简单的血缘关系，责任分担在少数的亲属之间；再到原始社会后期的氏族、部落，社会分工已经具体到每个成员；发展到奴隶社会，开始出现的阶级、国家；到现在的全社会、全人类，角色和责任分工非常明确具体，利益关系紧密联系，更需要个体对行为的选择仔细考量并为其后果勇于承担责任。

2. 加强大学生责任教育是实现中华民族伟大复兴的中国梦的需要

实现中华民族伟大复兴，是指建成富强、民主、文明和谐的社会主义现代化强国。从近代以来，中华民族经历的磨难和付出的牺牲是历史上罕见的。五四运动之后，中国人民有了中国共产党的正确领导，经历了28年的浴血奋战终于成立了新中国，为实现中华民族伟大复兴的梦想创造了前提。目前，我国仍然长期处于社会主义初级阶段，是世界上最大的发展中国家，这说明中华民族伟大复兴的道路并非一帆风顺，圆梦之路必定会有很多困难和风险。

习近平总书记提出，实现中华民族伟大复兴一直是中国人的梦想，是中华民族近代最伟大的梦，是民族之梦、强国之梦，它凝聚了几代中国人的夙愿，体现了中华民族和和中国人民的整体利益，也是每一个中华儿女多年以来的共同期盼。历史告诉我们，每一个人的命运都与国家和民族的命运紧密相连，每个人的前途离不开国家的前途，没有国家的前途就没有青年的前途；同样，国家的前途离不开青年的努力和奋斗，没有青年的奋斗和牺牲，就没有国家的希望。所以，要实现中华民族伟大复兴这个光荣而艰巨的任务，需要几代中国人为之共同努力而奋斗。

当代青年大学生，是充满理想、活力、激情的优秀群体，是国家的栋梁和民族的希望，应当勇于承担起实现中国梦的伟大使命，把自己的激情和活力投入建设有中国特色社会主义的伟大事业中去。全面提升以“责任”为核心的思想道德素质、以创新精神为核心的科学文化素质以及以和谐发展为核心的健康素质，才能参与国际竞争、应对未来的挑战，为实现“中国梦”奠定良好的基础。

3. 加强大学生责任教育是构建社会主义和谐社会的需要

2006年10月中国共产党第十六届六中全会通过的《中共中央关于构建社会主义和谐社会若干重大问题的决定》中提出，社会主义和谐社会，是民

主法治、公平正义、诚信友爱、充满活力、安定有序、人与自然和谐相处的社会。社会和谐是中国特色社会主义的本质属性，是国家富强、民族振兴、人民幸福的重要保证。和谐的社会其根本体现就是社会中各种关系的和谐顺畅，而社会成员履行自己所承担的责任就是社会各种关系和谐的关键之所在，所以社会主义和谐社会最终表现为人与人、人与自然、人与社会和谐相处的社会，对公民的道德水平和责任素养提出了新的要求。

自进入近代以来，科学技术飞速发展，人类改造自然的能力突飞猛进，虽然从物质方面带来富足的享受，但是生态责任意识的缺乏使自然界满目疮痍。资源日益枯竭、环境严重污染、空气质量恶化、地球逐渐变暖、水资源匮乏、热带雨林锐减、土壤沙化加剧、一些物种濒临灭绝等，人类正面临着自然界的严峻考验；另外，随着受西方多种思潮和价值多元化的影响，人们对物质和金钱的追求极度膨胀，诚信缺失、贪污腐败、玩忽职守、假冒伪劣、坑蒙拐骗等道德失范现象时有发生。这些道德责任缺乏的行为关系到人民的切身利益，严重影响着社会的安全和稳定。

建设社会主义和谐社会是一个全面系统的工程。当代大学生是先进思想的继承者、生产力的创造者，也是科学文化的传播者、健康生活的倡导者，他们是建设社会主义和谐社会的主力军，因此培养大学生强烈的责任感成为教育界的重任。毛泽东同志曾经充满激情地对青年一代说：“世界是你们的，也是我们的，但归根结底是你们的，”邓小平同志对青年寄予厚望：“科学的未来在于青年。青年一代的成长，正是我们事业必定要兴旺发达的希望所在。”

首先，人类来自自然，人类的生存和发展也依赖于自然，我们需要正确地对待自然、珍惜自然、尊重自然，不能无节制地掠夺。如果每一个大学生都能正确地对待自然、珍爱自然，从自身做起，从小事做起，节约能源、保护环境，为建设资源节约型社会承担起应有的责任，就会形成一种好的风尚，人与自然就会和谐共存。

其次，人是社会的人，社会是由人组成的，那么人必然要与人相处。如果人与人相处，关系融洽，相互宽容、友爱、帮助，社会才会充满友善与祥和，才会有社会的和谐稳定发展。否则，如果人与人之间相互攻击、责难，冲突不断，关系紧张，那么就不可能有社会的和谐稳定。如果每一个大学生都能正确地认识和评价与他人的关系，懂得理解他人、关爱他人、帮助他人、包容他人，那么就能切实感受到自身存在的价值，也能真正体验到社会和谐带来的幸福。

再次，社会是由个体组成，个体自身的内心和谐也是和谐社会的前提和基础。人是一个复杂的统一体，个性结构中的许多心理成分也需要自我不断地协调和控制，否则就会出现怨声载道、抱怨连天，对他人和社会抱有不满和怨恨，甚至会出现极端的报复性行为。如果每一个大学生都能正确地认识自我、分析自我，客观地评价自我，公正地对待他人和社会，就会积极主动去尊重他人，友善对待社会，这有利于社会的和谐与稳定。

加强大学生责任教育，通过正确认识个体应承担的角色和责任，树立正确的价值理念和道德责任行为标准，能使他们在社会建设中、在工作岗位上、在家庭生活中都能主动承担责任，为自己的行为负责，有利于实现人与人、人与社会及人与自然的和谐统一发展，进一步提升整个中华民族的道德责任水平。

4. 加强大学生责任教育是家庭和谐稳定的需要

每个人从出生就开始生活在家庭中，家庭成员在家庭中扮演特定的不可选择和变更的角色，同时也承担特定的家庭责任。家长是孩子的第一任老师，其言行举止对孩子的教育有着潜移默化的影响。如果家长对上孝敬长辈，对下关爱兄弟姐妹，和邻里团结友爱，对同事互相帮助，在这种家庭环境长大的孩子，在为人处事、待人接物等方面都会富有强烈的责任感。可见，责任首先是在家庭中学到的，对家庭负责的观念会延伸到社会，这也是社会责任感的起点。

改革开放后市场经济的发展，对家庭带来了不小的冲击。物质生活的丰富、家庭价值观的多元化，对传统家庭伦理标准造成了很大冲击，家庭问题随之出现。离婚率不断上升，同居、独居、混居方式带来未婚生子、流浪儿童增加、吸毒、性病蔓延等社会问题。仅依靠法律规范解决上述问题，显得力不从心。需要加强伦理道德教育，因为只有家庭伦理才能深入家庭生活的每个细节。通过责任教育，让每个家庭成员注重责任意识和责任能力的培养，既有利于家庭的稳定，又有利于社会的和谐发展。

5. 加强大学生责任教育是学生全面成长的需要

社会主义精神文明建设旨在提高全民族的思想道德素质，强化大学生的道德责任意识是提高全民族道德素质的关键。大学阶段是青年学生人生观、世界观形成的关键时期，也是个体道德由他律向自律发展和转化的重要时期。加强大学生责任教育能帮助他们树立科学的人生观、世界观，保障他们的身心健康发展。

一方面，责任教育是学生健全人格的需要。人格是心理学的重要概念，责任教育可以培养大学生健全的人格。“大学生的健全人格主要包括思想道

德要素、科学文化要素、心理要素、身体要素以及其他方面的要素，具体来说包含以下几个方面：较强的创新意识、高尚的人生追求、丰富的人文修养、良好的社会公德、必要的文艺修养和心理保健意识[①]。”具有健全人格的人才是一个全面发展的人，才是中国特色社会主义建设事业所需要的人。加强大学生责任教育，塑造健全人格，不仅是心理健康教育的重要目的，也是促进大学生全面发展的重要途径。

另一方面，责任教育是学生实现个人价值的需要。社会价值是自我价值的基础，没有社会价值，就不会有真正的自我价值。自我价值只有在实现社会价值中才能得以体现。

人生观教育以人生目的、人生价值和人生态度为主要内容，帮助人们解决“人为什么活着？”和“人应当怎样活着？”等问题，其中人生价值很大程度上取决于他对人民群众的尊重程度和服务程度，即他在什么程度上适应和满足了人民群众的物质文化生活需要，在什么程度上促进了社会的发展和人类的进步。相应地，自身付出的努力越大、劳动越多，对社会的贡献就越大，为祖国和人民贡献的社会价值也越大，同时也实现了自身的人生价值。

---

① 郭金鸿. 道德责任论［M］. 北京：人民出版社，2008：302.

第三章　新时代大学生责任意识的培养分析

“科学研究始于问题”，同样，责任教育的研究也来自责任问题。近年来大学生责任缺失的现状引起教育界的广泛关注，对责任教育的研究，大部分围绕责任素养缺失的问题逐个展开。对责任问题的研究，必然要经过去伪存真、由表及里的思维过程，也是理论挖掘和体系构建的过程。丰富的科学理论指导为大学生责任教育实践指明方向。

第一节　大学生责任教育概述

一、大学生责任教育的概念

大学生责任教育就是有计划、有目的、有组织地对大学生群体施加的以“责任”为核心的思想、政治、道德等多方面教育影响，以培养大学生责任人格和责任能力为目的的一系列道德教育影响活动①。

二、大学生责任教育的诠释

（一）大学生责任教育是高校道德教育的重要组成部分

黑格尔曾经说过，任何一个在道德上有价值的人，都要有所承担。道德就是关系、要求和应当。“应当”包含了某种规定，规定同时包含着某种“应当”，而规定所指的“应当”，就是人们应尽的责任。康德认为：“责任是一切道德价值的源泉，合乎责任原则的行为虽不必然善良，但违反责任原则的行为却肯定都是邪恶。”所以，从一定意义上说，道德就是要自觉履行责任。而道德教育是根据一定的社会要求和青少年思想品德发展规律，有目的、有组织、有计划地发展受教育者思想、政治、道德、个性心理等方面素质的系统活动②。道德教育的实质就是教人如何做人，自觉承担起人之为人应有

① ［德］康德. 道德形而上学原理［M］. 苗力田译. 上海：上海人民出版社，1986：6.

② 李剑萍，魏薇. 教育学导论［M］. 北京：人民出版社，2000：333.

的责任，因此，责任教育成为道德教育的重要组成部分。对大学生群体而言，责任教育是大学生素质教育的重要组成部分，而道德素质是其他素质的基础，责任素质又是道德素质的核心，所以大学生责任教育成为高校道德教育的灵魂。大学生责任教育的目标与高校道德教育的目标方向是一致的，责任教育的手段和方法也是高校道德教育手段和方法的具体化。

（二）大学生责任教育以培养大学生的道德责任人格为目的

教育目的是人们在进行教育活动之前，在头脑中预先存在的教育活动结束时所要取得的结果。它指明了教育要达到的标准或要求，以及培养的人要达到什么样的规格。教育目的是教育活动的出发点和归宿，对全部教育活动过程的组织起着指导作用。教育不可能没有目的，无目的的教育是不存在的，责任教育也不例外。人格是具有一定倾向性的气质、性格和能力等心理特征的总和，表现为一个人的整体精神面貌。人格结构是多层次、多侧面的，是由复杂的心理特征的独特结合构成的整体。人有什么样的人格结构，就会有什么样的人生观、人生态度和人生价值，就会有相应的价值判断和行为选择。

道德责任人格就是在长期的道德实践中形成的稳定的负责任的道德品格，表现为具有强烈的责任意识、责任情感以及主动积极负责的道德行为①。具有责任人格，就会有负责任的人生态度，是责任行为产生的原动力。一方面，责任人格可以激发人们对社会、对他人负责的热情，并体现在道德意志、道德信念以及负责任的道德行为中；另一方面，责任人格有高度的调控功能。责任人格对主体行为的约束和控制表现出高度的意志自制力。当面对不正当的欲望和情感、面对违背公平公正的人道原则时，道德责任人格可以使主体在巨大的压力之下，依然能保持内心神圣的灵魂以及高尚的品性，遏制扭曲的权利和膨胀的物欲，阻止了恶行的发生。一个具有责任人格的人，是一个人格成熟的人，也是一个有高度自我调控能力的人，保证在处理各种利益关系时体现出自身应有的尊严和责任。因此，大学生责任教育是以“负责任”为核心的多方面教育过程，以培养大学生的道德责任人格为目的。

（三）大学生责任教育以培养大学生“负责”为其价值取向

道德教育的过程是实际上也是价值引导和自主建构相统一的过程，而不是一个强加或灌输理论的过程。遵循理性原则，调动学生的好奇心和求知欲，培养学生对各种社会价值的分析、鉴别、比较、批判和选择的能力，使他们自主地、合理地选择个人应确立或改变的道德取向以及应遵从或拒斥的道德

① 郭金鸿. 道德责任论［M］. 北京：人民出版社，2008：298-299.

规范，形成真正符合时代要求的道德品质。在大学生责任教育中，教师是学生责任品质形成的促进者，师生之间不是压制和被压制的关系，而是平等、自由、尊重、信任的关系。根据大学生身心发展的特点和规律，为他们创造更好的道德发展契机，让他们学会负责。“学会负责”就是要求个体在对一定条件下自身角色和社会要求有充分认识的基础上，能把握自身行为的结果符合社会的道德要求规范的信念、情感和能力。所以教师要鼓励大学生接受理性的自我指导、自我决定，帮助大学生通过自己的实践和理性思考做出自己的判断和决策，并为自己选择的后果负责。因而大学阶段的责任教育不是教会学生顺从，而是要教会学生如何负责。

（四）大学生责任教育是在尊重学生自主选择的基础上的引导和培养

责任教育是道德教育的重要组成部分，并不是责任知识的机械灌输和堆积，是在尊重和信任学生的基础上，充分发挥学生的自主选择、自我判断能力，让学生去承担他们应该承担的责任。这是实施责任教育的关键。所以，自主选择是自由和责任的出发点。“自由、自主是责任产生的基础和根本前提，没有自由就没有责任，自由的度和责任的量有密切关系……剥夺学生自由决定和自由创造的权利，也就取消了他们负责的内在根据[①]。”因此，大学生责任教育需要给大学生更多的自由、自主选择的机会，让大学生接触生活实际，在具体的生活境遇中经过实践做出自己的选择，并为此选择负责。如果没有学生自觉自愿的参与和努力探索，就不可能有真正的道德发展。这种主体性教育过程中，教师是主导，是大学生责任品质形成和发展的促进者；学生是主体，是责任教育实践的主体，师生之间平等对话与交流，学生自觉、自主参与责任教育实践活动，自我选择、自主控制、主动实践，提升责任素养。

（五）大学生责任教育通过责任评价以达到巩固和提高的目的

心理学家班杜拉曾对责任行为进行过研究，发现通过行为强化训练和榜样行为的影响，引导个体从外在的道德约束转化自觉自愿承担该责任时，责任行为才真正出现。责任教育最终以实现相应的责任行为为目的，而行为的养成需要主体不断参与实践，对日常的行为及时的评价并纠正那些不符合道德和法律规范的行为，才能使责任素质得以巩固和提升。

责任评价是对责任主体是否做好了分内之事以及没有做好分内之事时应该受到何种处置进行的评价，主要包括社会评价和自我评价两个方面。一个

---

① 鲁杰，王逢贤．德育新论［M］．南京：江苏教育出版社，2000：468.

人生活在社会中，其行为往往会对他人和整个社会产生影响，也必然面临着他人或社会的评价。社会评价反映了他人或社会对责任主体行为的理解和认识，体现出社会成员间和社会成员与社会之间的关系；自我评价反映了责任主体对自己角色的理解和认识，"责任主体只有正确认识到某事是自己应当做的和应当做的程度，也就是只有认识到自己的责任，才能自觉主动地去做，也只有基于这样的认识，当他没有履行应尽的责任时，才能心悦诚服地接受社会给予的合理处置"[①]。

总之，通过责任教育过程，培养个体的责任意识，锻炼个体的责任能力，最终才能做出正确的责任判断与选择，进而出现正确的道德行为。

第二节　大学生责任教育的特点

一、责任教育过程的阶段性

不同年级大学生的思维方式、认知水平和价值取向都有明显的年级阶段性特征，所以大学生责任教育的内容应根据这些特点，分阶段进行。

大一新生刚从中学校门跨入大学校园，生活环境、人际环境、学习环境以及活动方式都发生了不同程度的变化。个体自主意识明显增强，自我期望大幅提升。由于各方面处于适应阶段，部分学生表现出自理能力相对较差、自我控制力较弱、人际交往能力欠缺等缺点。针对上述问题，责任教育应该注重引导学生正确认识自我，重新自我定位，学会承担自己应有的责任，帮助其尊重、接纳和包容其他人，学会如何和同学相处，逐步建立新的人际交往圈。

大二、大三学生的认知水平有了飞速发展，兴趣爱好及个人能力等方面的素质有了很大提升，但是自我教育和自我管理能力下降，集体观念弱化。针对上述特点，可以让大学二年级和三年级学生多参加团队竞赛、年级评比等集体活动，增强集体观念，认识到个人与集体关系，个体对集体有不可推卸的责任。

大四学生即将面临学业结束、职业选择和家庭组建等几项人生课题，思想上容易出现彷徨、浮躁和焦虑的状态。那么责任教育需要侧重于职业道德教育和正确的爱情观教育。教育学生面对各种利益和诱惑时，能信守诺言、廉洁自律、真诚待人，在工作和家庭等方面都能承担起自己应有的责任。

---

① 姜皓. 大学生责任教育探析［D］. 长春：吉林大学，2013：14.

二、责任教育目标的发展性

大学生责任教育的阶段性决定了责任教育目标的可持续发展性。当前，实现中华民族的伟大复兴是我们所有中国人的梦想，也是大学生最终的发展目标。但是不同时期的教育目标也应有所侧重。对于低年级大学生，应该培养他们对自己负责、对家人负责的意识；高年级大学生团队活动、社会实践活动增多，即将进入社会，这时可以侧重培养他们对团队负责、对社会负责的意识，使他们学会如何与他人合作、竞争，学会如何承担起社会一分子应有的责任。

（一）责任教育内容的适应性

大学生责任教育以培养大学生的责任人格和责任能力为主，包含责任意识、责任情感、责任意志和责任行为等几个方面。对于大一学生，认知水平和理解能力有限，加强责任教育的课堂教学，可以把责任教育的内容加入高校思想政治理论课教学中，使其成为高校两课中的“必修内容”，增强责任教育的力度。对于大二、大三学生，学校的社团活动增多，让学生在参与社团或学校组织的活动中充分发挥学生的主体意识和自主意识。通过积极参与活动，使其能亲身体验并对责任知识有感悟和认同，把责任知识内化为个体责任认知的部分，强化责任行为的出现。对于大四学生，即将面临学业的结束和职业的选择，这时应鼓励学生多参与义工、志愿者服务以及大型社会团体服务等活动。通过社会实践的锻炼，提高自身的判断与抉择能力，有利于增强其社会责任感，为步入社会奠定良好的基础。

（二）责任教育方式的灵活性

党的十七大报告中曾明确指出，要加强社会公德、职业道德、家庭美德、个人品德建设，发挥道德模范榜样作用，引导人们自觉履行法定义务、社会责任、家庭责任。这表明，责任覆盖了社会的每一角落，涉及社会中每一个个体，渗透在个体的日常行为规范中，所以责任教育是一种养成型教育。由于个体扮演的社会角色不同，承担的责任也不同，责任教育可以通过不同方式、不同途径来对个体的行为进行引导、预测和评价。个体在自由选择行为的同时，就意味着自由选择了责任。责任是一种个体与社会的动态平衡过程，通过选择者的自由选择实现责任的承担。责任教育的任务就是通过方方面面的灵活教育，培养受教育者的责任意识和责任能力。

（三）责任教育师资的整合性

影响大学生的环境决定了责任教育工作环境不能仅仅依赖高校单一层

面，因为其受到校内校外的影响，也受到家庭环境和社会实践因素的影响。相应地，大学生责任教育的师资力量是学校教育工作者、家庭成员和社会的整合。为此，高校要善于创设多层面的责任情境，让大学生能从多方位、多角度、多空间中主动寻找并勇于承担不同角色的责任义务。高校通过建立家庭、学校、社会三位一体的责任教育体制，把学校、家庭、社会三个方面的力量有机整合起来，切实加强大学生责任教育的实效性。具体来讲，高校要发挥责任教育的主导作用。把课堂教学、课外活动以及定期的教育实践相结合，通过正面的理论教育、实践反馈，把外在的规范要求逐步内化为个体的道德需要，培养负责任的行为习惯。家庭要发挥辅助作用。通过家庭亲情的温暖氛围以及家庭成员的生活责任分担，让学生在家庭中获得角色认可、义务承担、亲情感恩等教育，凸显责任教育的延续性。社会实践要发挥保障作用。通过参与社会实践，让大学生获得书本中没有的实际情感感受，增强大学生的责任意识。

第三节　大学生责任教育的原则

大学生责任教育原则是以德育系统论为指导，在思想政治教育教学的基础上，经过具体责任教育实践的经验验证得到的基本准则。恪守大学生责任教育原则，可以保证大学生责任教育内容的有效发挥、责任教育方法与手段的有效实施和责任教育目标的实现。

一、主体性原则

主体性原则是指在责任教育过程中，尊重和认可大学生在责任教育中的主体地位，充分发挥其个体的独立性、自主性和创造性。因为社会道德意识转化为个体的思想品德，必须依赖个体的主观能动性。在这个转化过程中，个体认识上的飞跃、思想上的斗争和升华以及情感和意志的培养，都依赖于主观能动性的参与。而且教育影响能否发挥作用，以及发生作用的程度，都受到个体的需要、认识、态度和个体自我意识的调控能力的影响，所以道德责任是主体自由选择的结果，其本质是自律的，是人的主体性的高度再现。主体在实践活动中，出于敬畏或尊重，根据自己所认同的价值标准，对自主选择的社会道德要求加以内化，从而构建自己的责任意识。这种主体主动构建的责任意识才是真正意义上的责任意识，才能驱使主体自觉地履行自己的责任。这就要求我们尊重大学生的自由选择，把大学生责任教育看作是在诸多环境因素相互作用下主动自为的积极过程，而不是一个单纯地受制于外力

的、机械而被动地接受影响的过程。

如果我们的责任教育无视大学生的主体性和自由，在外界压力强迫下，被动做出各种虚假的承诺和行为，最终会导致大学生双重人格的产生。孔子早就说过："道之以政，齐之以刑，民免而无耻；道之以德，齐之以礼，有耻且格。"所以，注重责任教育过程中的大学生主体性，才能充分发挥他们的主观能动性，尊重他们的自主性和创造性，培养大学生相应的自我道德意识和自我教育的能力，才能收到良好的教育效果。否则，大学生缺乏自主自律能力和主动参与精神，表现出来的就是盲目的顺从和循规蹈矩。

坚持主体性原则，责任教育过程中要将大学生视为主体，通过不同形式和大学生进行交流沟通，责任教育的内容要根据大学生的实际思想做出相应的调整；以教师为主导，采取演讲、讨论、辩论、角色扮演等方式调动大学生的积极性、主动性，增强大学生对责任认知的理解与辨析，发挥他们的主观能动性，提升大学生自我教育的能力。

二、循序渐进原则

循序渐进原则是指在教育过程中，教育目的、教育内容、教育方法和手段等需要按照一定规律或顺序不断深入或提高。责任教育也如此，并非一蹴而就，是一个不断提高和完善的过程。因为大学生对责任的认知和感悟是一个不断升华的过程，责任感的形成和发展也是一个持续积累和生成的过程。孔孟思想中也非常重视循序渐进的教育原则，孔子提出求"仁"的过程就是一个从低到高的发展过程。孔子《论语·为政》中有："吾十有五而志于学，三十而立，四十而不惑，五十而知天命，六十而耳顺，七十而从心所欲，不逾矩。"《孟子·尽心上》中有"其进锐者其退速"，说明进程过于快急，势必会影响实际的效果，导致退步也快。正确的进程就应当像源源不断的流水那样，注满一个洼坎之后再注入下一个洼坎①，未注满时决不流向下一个，而后渐渐流入大海。这就是"不盈科不行""盈科而后进"的道理。因此，教学过程也是一个自然有序的过程，需要遵循循序渐进的原则，否则"非徒有益，而又害之"，大学生责任教育也是如此②。

坚持循序渐进原则，要根据大学生的知识水平、理解能力和身心发展的规律，分层次、分目标、分要求，按照由浅入深、由表及里、由感性到理性的原则，从对自我角色和责任的了解和认识，逐步认识到对他人、对家庭、

---

① 孔丘原著，刘强编著．论语［M］．北京：蓝天出版社，2006：20.

② 鲁国尧，马智强．《孟子》注评［M］．南京：凤凰出版社，2006：141.

对国家、对社会应负有的道德责任。

自我负责是大学生责任教育的最低层次。教育过程中要强化学生“从我做起”的意识与行动，鼓励大学生积极参与有关的道德责任体验，反省自己的道德责任表现，在责任行为实践中，不断提高自我判断、自我选择、自我控制的能力。这样，大学生才能逐步领悟到作为一个社会人的真正内涵，逐步认识到一个人只有对自己负责，才能做到对他人、对集体、对社会负责。

三、实践性原则

实践性原则是指将责任教育的内容、手段与社会实际的活动和交往结合起来，培养大学生自觉履行规范的原则。

一方面，责任意识的形成离不开生活实践。责任从其产生开始就与社会生活紧密联系在一起。因为社会生活的需要，人类为自己创造出责任，要求自己承担责任，而责任也就存在于丰富多彩的社会生活中。不同的生活为责任规定了不同的含义，任何人都无法将责任与社会生活剥离。人类在社会生活中认识了责任，体会了责任的价值，因而主动将责任加以内化，建构自己的责任意识。现实生活为责任的形成和发展提出了最直接的要求，个体就是在生活实践中不断发展和完善自己的责任意识的。

另一方面，责任教育重在责任行为习惯的养成。德育教育的最终目的不仅是使受教育者掌握有关的道德规范、原则等理论知识，而且要形成相应的行为习惯。因此，德育过程不同于教学过程，更强调和重视在实践中获得相应的观念和行为，而社会实践活动是形成大学生思想品德的源泉。责任教育属于高校德育的重要组成部分，也特别重视通过实践培养个体的责任行为。关注个体生活情境中的责任判断和选择的复杂性、具体性、多样性，引导学生充分发挥主动性，在复杂的生活实践中去积极地自我分析、判断、选择，从而使他们在反复的实践体验中，逐渐养成责任行为习惯，真正担负起自己的责任。

责任教育的内容设计要贴近大学生的生活实际，符合大学生发展的需要，才能激发大学生承担责任的兴趣；内容要具有可行性，内容具体、通俗易懂、明确规范，才能更好地让大学生学以致用，提升自身的责任意识。

教育者要充分挖掘道德教育资源。鼓励大学生积极参与学校、社会的实践活动，尤其是校内外的义工、志愿者服务、“三下乡”等实践活动。不仅可以培养大学生的回馈责任意识，而且可以使其亲身感受到对他人、对社会负责，也是实现个人价值和社会价值的过程。

教育者要创设不同情境，以多种方式训练大学生的责任行为。例如，通

过道德两难事例创设行为抉择困境与冲突，可以提升大学生的道德责任认知和判断能力，从而增强大学生的责任选择能力；通过生活逆境训练，可以磨炼大学生的责任意志，形成责任信念，在责任信念的指导下，通过实践行为训练形成稳定的行为习惯。

通过实践锻炼，将责任理论知识和实际生活相结合，既能让大学生感受到为社会承担了应有的责任，又能体现自身的价值，达到责任教育的目的。

四、渗透性原则

渗透性原则是将责任教育的内容和要求贯穿于学科之间、校园管理以及学校各项活动中，与大学生的学习、生活、娱乐空间紧密结合。责任意识与品质的形成不只是通过课堂教学培养的，而是多种教育氛围潜移默化的结果。在良好的责任教育情境中，大学生相互理解、彼此负责、互相影响，就会形成良好的责任行为习惯。

将责任教育渗透到其他学科中，使大学生在不知不觉中受到一定的德育影响。道德教育是引导受教育者学会如何做人的教育。需要直接告诉学生一些道理，直接传授一定的道德准则和思想政治理论知识，提高学生的理性认识。但是直接传授基本上依赖于思想政治理论课，其教育作用是有限的。所以，道德教育需要渗透到其他专业课教学中。在专业课教学中，学生的主动参与、相互合作、平等竞争等也蕴含着丰富的道德意义。

增加课外活动的多样性和趣味性。课外活动中的文艺社团、体育俱乐部以及各种兴趣小组，既能吸引大学生积极参与，又能使大学生在活动中受到启发和感悟。体育活动最能吸引大学生的注意力，如篮球、排球等比赛活动，趣味运动会、舞蹈大赛、创意大赛等活动，既能培养大学生与人交往、与人合作的精神，又能培养大学生的团队意识和人人负责的精神，进一步提升大学生的责任感。

营造校园责任氛围。校园文化包括舆论风气、人际关系以及校园环境等，校园文化以某种特有的潜在作用影响着大学生的思想道德品质。由于大学生没有固定教室，活动范围局限于食堂、宿舍和校园，所以要营造校园责任情境，使学生在生活中受到潜移默化的正面影响。例如，宿舍、楼道、餐厅里悬挂名言警句或者好人好事，都可以随时展示和提醒大学生要学会负责。

加强校园责任管理，明确责任奖惩制度。通过制订严格的校规校纪，规范学生的日常行为，对负责任或者不负责任的行为有明确的奖赏和惩罚措施。利用法治和舆论的作用，形成一种强大的道德责任教育氛围，使大学生养成遵纪守法、主动负责的习惯。

五、系统性原则

责任教育要以德育系统论为指导，要求内容规范有序、层次清晰、循序渐进、衔接紧密，注重责任教育内容体系的系统性和完整性，有利于达到责任教育系统的最佳效果。

各部分责任教育内容划分要循序渐进。基于从生命到行为、从个体到社会、从成人成才到奉献的认识规律和逻辑思路，避免了教育内容逻辑上的矛盾和内容上的重合。各部分内容互相依存、密不可分，最终成为一个有机的整体。

教育内容要层次清晰、合理有序。大学生责任教育首先从自我责任教育开始，培养其对自身的责任认知，然后才能培养其对他人、对集体、对家庭、对社会的责任意识，内容层次要清晰合理。

教育内容要相互衔接、螺旋递进。在整个体系中，各部分责任教育内容在结构和功能上互相依存又不断提升、不断递进、体系和谐，并且要注意与中小学责任意识教育内容的衔接和螺旋式上升，克服教育内容脱节、重复低效和脱离实际等问题。

第四节　大学生责任教育的模式

教育模式是在一定的教育理论指导下，依据教育规律而形成的教育过程中比较稳定的教育程序及其方法的策略体系，包括教育过程中诸要素的组合方式、教育程序及其相应的策略。教育模式既有理论支撑，又有实践指导；既是教育理论的规范化，又是具体经验的概括化。它以范式所独具的具体性、可操作性，区别于一般教育理论，又以其内在的逻辑性和完整的科学性而有别于具体的道德教育经验，教育模式是连接教育理论和教育实践的桥梁和纽带。

一、活动模式

活动模式就是通过学生的自主活动，促进学生的道德责任认知，汲取责任经验，教学生学会负责的教育模式。

活动模式是培养道德责任感最独特、最重要的一种模式。只有在活动中，学生从具体的矛盾冲突以及现实问题中理解责任、权利和义务，才能发展真正的责任意识。因为道德规范本身是调节人与人、人与自然、人与社会之间的利益关系，这种利益关系只有通过活动和交往才能产生。如果没有活动、没有交往与合作，人既不能产生真正的责任意识，也不会履行自己的责任。

活动模式突出了责任教育的主体性和实践性的特征。试图让学生自主参与活动，通过交往、竞争、合作，加深学生对道德责任知识的认识，养成道德责任行为习惯。

运用活动模式，首先，活动必须只能是学生的自主活动。正如卢梭说的，让学生始终是按照他自己的思想，却不是按照别人的思想进行活动。行为者本身才是其改变整个行为过程的主角和动因。个体的行为无一不是其主观能动性的体现，活动本身也要求行为者充分发挥其积极性和主动性。只有当学生认识到自己行为问题的真正动因应该而且正是“我自己”时，才能更加深刻地体会到自己所承担的责任。所以，自主活动是提高学生道德责任感的一个重要途径。

其次，必须贯彻兴趣原则和需要原则。道德责任教育的任务是确定活动内容的出发点，只有切合学生生活实际，满足学生的兴趣和需要，才能取得实际效果。具体活动内容应根据不同年龄阶段学生的兴趣和需要确定。只有尊重学生的兴趣和需要开展的活动，才具有真正的教育价值。作为高校教育工作者，需要了解大学生特定阶段的兴趣和需要，有针对性地组织一些既让学生感兴趣，又能体现道德责任感的活动。

最后，把校内活动与校外活动结合起来。大学生通过参与校外活动，既能弥补校内活动的不足，又能开阔视野，增强责任认知。

二、关心模式

关心模式是从责任情感出发的教育模式。关心模式也称关心体谅模式，是英国教育家彼得•麦克菲尔（Peter Mcphail）和他的同事创立的。他们系统、深刻地探讨了以道德情感为主线的学校德育理论，认为道德教育的开展必须首先了解受教育对象的真实需要，只有了解学生的需要并知晓如何满足这种需要，教育方式才能让学生乐于接受，才会收到应有的教育效果。麦克菲尔通过调查发现，学生普遍希望获得被别人体谅、被别人关心和主动体谅别人、关心别人的需要，以及与教师、他人和谐相处的需要，因而他们致力于发展“教学生如何关心”的模式。关心、体谅既包括教师要关心学生、少评价学生，又包括学生应学会关心他人、体谅他人。麦克菲尔认为，一个有道德的人能够站在别人的角度考虑别人的意见，体会别人的感觉，能与人和谐相处，这不只是一种思维方式，更是一种道德风格，它不仅是理智上的，还是深植于整个人格之中的，更是一种健康的道德情感。

要学会关心他人、体谅他人，就要学会爱他人。爱能够产生力量。正如美国著名心理学家戈尔曼（Daniel Goleman）指出的：一个人一生中最基本的道德立场根源于潜在的情感能力“情商”，情商能使人充分展示人性的一系列特性和品质，对我们的命运具有广泛的影响。

关心模式的最大特点在于愉快地关心他人，把关爱他人、善解人意作为最基础的教育内容，把消除误解、增进情感作为达成责任教育的基本方式，来达到对大学生进行道德责任教育的目的。

当代大学生多数是独生子女，特殊的生活环境以及家庭教育方式，容易使部分大学生养成以自我为中心的处世方式和以自身利益出发的做人准则，部分大学生生活适应能力不良，无法处理好同学之间的关系。关心体谅式教育模式训练学生从关心、体谅、理解别人开始，培养对他人的责任感，进而培养对自己、对社会、对国家的责任感。该模式比较适合我国国情和符合我国大学生的心理特点，让学生在教学活动中体会如何理解他人，设身处地为他人考虑，理解别人的苦衷，从自身的经历体验出发，体察别人的艰难处境，感受别人难以说出的痛苦和无奈，学会如何去关心别人，如何与他人沟通与合作。在与他人的友好相处中，感受付出的快乐与欢欣，感受人间的温情与爱心，有利于培养学生丰富的道德责任情感。

三、对话模式

对话模式是针对当前学校道德教育中单一灌输教育的弊端而提出的。它是指在教育过程中，以教师为主导，学生为主体，师生之间通过相互尊重的、信任的、平等的交流，来达到理论灌输和教育的目的。对话模式是建立在民主基础上的一种信心、情感的双向交流。它强调平等主体在一种和谐、轻松的气氛中的言语交流和真实思想层面的触碰。对话教育方式可以追溯到中国的孔子教育思想和古希腊苏格拉底的教育法。孔子主张“不愤不启，不悱不发”的启发式教育，苏格拉底提出的“产婆术”，都强调不能把知识直接灌输给学生，而是应该通过讨论问答甚至辩论的方式逐步引导学生自己得出正确答案。受传统教育方式的影响，我们学校道德责任教育的弊端主要表现在三个方面：教育内容脱离实际；强调灌输说教的教育方法，忽视学生的主体性；教育者与受教育者的隔离。对话模式强调，教学内容要与学生生活实际相联系，教学是师生间平等地位的心理沟通过程。该模式强调了相互理解信任的重要性，有助于弥补传统责任教育的缺失。

双向对话体现了以人为本的教育理念，它能够充分尊重学生的主体性，使学生成为具有道德批判思维能力的主体。与学生进行心灵和思想的沟通，挖掘他们内心的所思所想；通过交流，也让学生了解到自身所应承担的道德责任，从而激发学生的责任主体意识。

为了保证对话真实通畅，应注意以下问题：师生在对话中要平等地对待对方；师生双方有共同的话语和遵循一定的原则；师生对话的态度要真诚；教师要循序渐进，根据学生的具体情况提出适当的要求。

四、理解模式

理解与被理解是人类基本的心理需要，人们彼此都需要被关心、被理解、被给予、被接受和被承认。当代部分大学生，备受家长宠爱、思维活跃、个性鲜明，他们的思想与行为更需要被理解、被接受。

理解模式要求在进行道德责任教育时，首先要理解学生，理解他们的实际需要、要求与未来的愿望，调动他们的积极性和主动性，才能取得良好的教育效果。在理解教育中，道德教育与责任教育都是基于有效理解的。所谓有效理解是指亲情度、现实和交流三者之间的相互作用。通过沟通与交流，有了亲情感，学生才会自觉主动地站在他人的角度来理解他人。交流需要发自内心的真诚，真诚就会打动他人而产生真情，真情是发自内心的真实情感，真情会换来亲情，亲情意味着相互关爱、彼此关心，从而形成较为亲密的关系；没有亲情，就不会主动而持久地投入对方的内心世界，就难以达到同情的效果；同情能够拉近双方的距离，产生真情和亲情。真情、同情和亲情是消除误解、达成理解、形成善解人意品质的法宝，就在这个意义上，理解型教育模式是一种理解型教育，是以真情、同情和亲情为基本要素的“情感教育”。

五、赏识模式

心理学认为，个体有趋向成功的认同和回避失败的认同的需要，认为人的不良行为或者失败是来自个体缺乏成功的认同。道德责任教育过程中也有两种认同：积极的认同和消极的认同。积极的认同一般来源于教育者或权威机构的肯定、表扬与鼓励；消极的认同来自教育者或者权威机构的否定、批评与惩罚。积极的认同可以让大学生产生愉悦的情绪情感体验，引发积极主动良好的行为，从而形成优良的道德责任品质；消极的认同可以让大学生产生负面的情绪情感体验，引发消极不良的行为，使大学生产生自暴自弃的想法。

大学生在成长过程中不可避免地会出现不道德、不文明的言行举止，这是学生成长过程中的正常现象，并不表明将来他们的责任素质低下。教育工作者应该有科学正确的认识，多发现学生身上的优点，并对其进行肯定与赏识。他人的肯定赏识，不仅能进一步强化其优良品质，对抗不良的品质，还能激发大学生内在的道德责任需要，主动约束自身的行为，形成自我约束、

自我监督、自我要求的良好习惯。

赏识教育反对纠缠个体过去的经历和痛苦的体验，反对贴标签，反对惩罚，强调用发展的眼光看问题，能够看到个体发展的潜能，使其达成良好的人际氛围。当前大学生正处于追求自我意识、自我发展的时期，渴望获得尊重，反对权威和惩罚，因为权威和惩罚会使他们产生逆反心理，不利于道德责任教育的顺利开展，不利于大学生的身心健康。

因此，在责任教育过程中，我们应该采用赏识的教育模式，以促进大学生产生积极的自我认同，养成良好的道德责任行为习惯；少用、慎用或不用命令、惩罚手段，尽力避免大学生产生消极的自我认同和形成不良的道德责任行为习惯。

第四章　新时代大学生责任意识培养现状

第一节　大学生责任意识培养的挑战

一、经济全球化使责任教育面临新挑战

随着经济全球化的发展和我国改革开放的步伐加快，世界各国之间的交流与合作逐步加强，西方先进的科学技术、多元的文化思想也随之涌入我国，带来了不少资产阶级腐朽堕落的价值观念，大学生责任教育面临新的挑战。

大学生正处于人生观、世界观、价值观逐步形成的关键时期，他们社会阅历简单，思想比较单纯，思维变化较快，很容易接受一些新事物、新观点，当然也容易受享乐主义、个人主义、金钱至上、自私自利等错误观念的影响，这些错误观念容易使学生处于价值判断迷茫的误区。

当前大学生群体中出现重物质利益轻精神追求、重个人需要忽视国家和社会的需要、重享受轻付出等责任缺失的行为，把本该承担的建设中国特色社会主义事业的重任抛在脑后，把个人与社会的界限截然分开，影响了大学生道德品质的提升。

二、市场经济给责任教育带来新问题

虽然资本主义市场经济与社会主义市场经济有着本质的区别，但是它们之间的共同点就是存在利益之争。社会主义市场经济体制的建立，既激发了人们参与竞争的积极性和主动性，增强了平等、竞争、自由的意识，也让人开始重视物质利益，甚至以获得经济利益的多少来判断事业的成功与否。过多追求个人物质利益所得，却忽视了精神世界的追求，给大学生责任教育带来了新问题。

随着市场经济的发展，人们都以独立的经济实体身份参与市场竞争，这有利于大学生平等、自由、竞争的道德观念的形成，激发他们的创造热情和

进取精神。但是过分看重个人利益所得，容易使他们只关注个人利益，而不去关注他人，甚至不惜以牺牲或侵犯他人利益为代价，来满足个人利益的需要，忽视个人对他人和社会所应承担的责任，造成个人责任意识淡漠。

在竞争日趋激烈的环境中，那些意志力薄弱、思想不够坚定的学生，不能正确认识个人与社会的关系，对个人价值和社会价值的认识有了误区。认为个体只要追求个人利益、个人价值的实现，而不需要关注社会价值和社会责任。社会上出现的假冒伪劣、坑蒙拐骗、贪污腐败、权钱交易等不正当行为，这些行为对大学生的责任教育带来了很大的负面影响。

三、移动互联网给责任教育带来了新问题

随着信息技术特别是移动信息终端载体的飞速发展，互联网范围和影响力不断扩大，2011 年中国正式进入了移动互联网时代。移动互联网不仅继承了传统互联网互动、分享、开放的优势，又结合移动通信技术的便捷特点，随时随地可以分享互联网资源，使得移动互联网深受大学生群体的青睐。据 2012 年中国互联网络信息中心（CNNIC）《中国移动互联网络发展状况统计报告》显示，截至 2011 年年底，中国手机网民规模集中在年轻群体达 3.56 亿。其中，10 到 29 岁的手机网民占手机网民总体的 65.8%，大学生成为手机网民的主力军。移动互联网时代虽然能开阔学生视野，使其及时获得大量的知识和信息，给予了学生充分的“自由”，也为师生之间、学生之间的交流提供了新的平台，有利于教师掌握学生思想动态，畅通沟通渠道。但是目前网络对信息的过滤技术相对落后，大学生阅历较浅，缺乏对复杂信息的判断和筛选能力，容易先入为主，被负面的信息所蒙蔽，淡化学生的责任意识。主要表现在以下三个方面。

第一，移动互联网的高度开放性、自由性影响学生的价值判断。

互联网使信息的传播突破地域的限制，把整个世界变成一个全球村。由于我国移动互联技术还处于起步阶段，通信技术监管环节比较薄弱，各种文化背景下的价值观在网络中交汇，自制力比较差的大学生就容易接纳西方的价值标准和意识形态，放纵自己的行为，降低自己的道德标准，弱化自己的责任意识。甚至一些西方大国利用移动互联网络来极力宣扬自己的价值标准和意识形态，造成价值观多元化，影响了大学生的是非判断能力，对责任教育造成了不利影响。

第二，移动互联网的虚拟性、隐蔽性淡化了学生的责任意识。

网络是一个高度虚拟的隐蔽空间，每个上网者不需要担心自己的身份被暴露，都可以随意发布信息，也不需要得到任何人的许可。一些色情暴力、

八卦新闻、漫骂论坛、偏激舆论和个人隐私的暴露等内容，经常出现在学生们关注的网站和论坛中，这些不良信息的传播容易淡化大学生的责任意识。大多数同学的移动设备特别是手机都收到过类似不良信息的干扰。有些大学生在现实中无法满足的要求却通过虚拟移动网络获得了满足，甚至有的学生沉迷于移动互联网络的虚拟世界中，成为“手机控”一族，忽视了在现实生活中的情感和交流的需要，容易造成价值观的扭曲、责任感的缺失。

第三，移动互联网的使用给教育者、学习者带来了新问题。

移动互联网改变了我们的生活方式、思维方式和教育方式，对教育者和学生也带来了新的挑战。对教育者来说，由于精力和年龄的差异，对移动互联网技术的接受和使用能力落后于大学生群体，学生获取的信息资源甚至超过了教育者，导致教育者的教育教学方式已经不能满足学生的需要，这对于教学的组织和管理能力提出了更高要求。

对学生群体来说，由于移动互联网不受时间、空间的限制，课堂上照样可以浏览网站、发帖子、玩游戏等，影响了学生听课的注意力，使学生的学习过程出现“碎片化”状态；移动互联网使大学生的人际交往更多依赖于手机等通信设备，缺少面对面的情感交流，影响了学生在现实生活中的交往和沟通。

第二节　大学生责任意识培养的问题

大学生责任缺失最关键的原因就是责任教育出现了问题。当前我国道德教育出现了许多不适应社会发展的问题，没有真正认识到责任在个体道德品质发展中的重要作用，责任教育的理论落后于责任教育的实践发展，责任教育的实践发展又无法满足今后对青年大学生的素质要求。所以，责任教育需要立足现实，从多方面突破责任教育的瓶颈，促进大学生责任教育的创新发展。当前大学生学校责任教育的问题主要表现在以下四个方面。

一、责任教育理念陈旧

责任教育理念是责任教育顺利进行的前提。当前我国责任教育理念比较陈旧，无法适应时代的发展，特别是在原有应试教育的指导下，道德教育几乎服从于学科教育，过于注重学业成绩的提高。高校德育更多以学生不违纪、顺利完成学业为目标，灌输政治理论知识，点到为止，责任教育流于形式，忽略了学生责任品质的培养，培养出来的学生学业成绩很高，但却缺乏基本的道德责任感。近年来多起校园恶性事件已经让我们警醒。

二、责任教育目标过于“政治化”

长期以来，我国的教育目标总是站在国家的高度来确定人才的培养目标，有政治化倾向。责任教育也一样，我国的责任教育目标更多地强调对国家、对社会的责任，忽略了对自我、对他人、对家庭的责任，使责任教育目标成为一种高大上的空洞的口号，脱离了学生的生活实际，无法得到学生的认同。部分学生甚至会认为责任教育高不可攀、与自我无关，逐渐淡化了责任意识，责任教育收效甚微。

新中国成立初期，根据《中国人民政治协商会议共同纲领》规定，我们的教育工作是以提高人们文化水平、培养国家建设人才、肃清封建买办的法西斯主义思想、发展为人民服务的思想为重要任务。社会主义改造基本完成后，提出教育要为无产阶级政治服务，教育必须同生产劳动相结合。后来又提出教育的目的是培养有社会主义觉悟的有文化的劳动者。改革开放以后，提出坚持德智体全面发展、又红又专、知识分子与工人农民相结合、体力劳动与脑力劳动相结合的教育方针。

思想政治理论课教学也是这样的，教师进行教育就是为了让学生守纪律、听话、顺从、合乎规范，缺少对青少年责任意识的培养，同样学生也缺乏责任意识的需要，最终教育还是为了升学、考试与将来的就业。可见，从学校教育目标到教育手段、教学方式，都是培养学习的精英，缺乏对学生责任素质的培养与训练，责任教育成为附属品。

三、责任教育内容偏离学生实际

责任品质的形成是从社会的外在规范内化为个体自觉遵守的过程。其中对外在规范的认知主要来源于学校责任教育的内容。责任教育应该是贯穿于学生的整个成长过程中，并随着学生年级的增加和社会阅历的丰富，根据学生实际需要不断调整的，教育内容要有所侧重，这样责任教育才能起到应有的效果。

但是当前大学生思想政治理论课教学体系多数是进行马克思主义思想政治理论教育，包含着社会主义核心价值观和社会责任意识的理论灌输，突出我国的社会主义性质以及为国家培养合格的建设者和接班人的目标。内容偏重于学生为国家、为社会、为集体应尽的义务，政治性、法律规范性的标准非常明显。虽然跟上了时代的发展，但是内容过于抽象，脱离了学生的理解水平和实际思想。有的学生觉得承担责任是神圣的事，好像与自己无关，即使有想承担责任的愿望，也感觉遥不可及，甚至有的学生不清楚什么是责任。

学生的思想感情受到了束缚和压迫，无法激发其学习积极性，反而增加了学生的排斥和拒绝心理。这种说教性的内容，既无法引起教育者的兴趣，更无法打动学生的内心，学生有时为了应付考试而死记硬背，毫无责任意识而言。

四、责任教育方式过于死板

责任教育的目的是使外在的道德规范内化为个体的主动自觉，但并不是任何个体都能自觉遵守并主动履行，还依赖于个体的真正需要。只有当个体在责任面前觉得不是“要我干”，而是觉得“我要干”，个体才能成为一个真正有责任感的人。

当前责任教育基本上依赖于高校的“两课”教学，教育方式非常单一、呆板，课堂上教师填鸭式地灌输社会既定的规则规范，学生在下面只有死记硬背，忽视了学生的主体性；学校往往以正面说教为主，宣传正面形象，缺乏师生之间的情感交流，无法深入学生的内心，学生很难将抽象的理论与实际思想联系起来，难以从情感上达到共鸣，更不用说主动负责了，这种方式很难培养出真正具有高度责任感的公民。据对大学生责任教育活动的调查显示，超过一半的学生认为学生进行责任教育的唯一课程就是“思想道德修养与法律基础”，而且 64.2% 的学生认为这门课就是知识的灌输，没有实际意义，缺乏情感共鸣，责任教育的效果大打折扣。著名教育家苏霍姆林斯基曾说过，没有情感，道德就会变成枯燥无味的空话，只能培养出伪君子。教育运用强制手段推行某种道德不仅是徒劳的，也是不道德的。用不道德的手段去实现高尚的道德，只能引起更大的不道德。所以灌输式的责任教育，不仅无法培养学生的责任品质，反而会引起学生对责任教育内容的逆反和对抗，教育效果无从谈起。

第三节　大学生责任教育存在问题的原因

随着科学技术和全球化经济的发展，人们的道德观念发生了深刻变化，部分大学生群体道德责任感缺失的现象不断涌现。虽然影响个体责任品质的形成因素有社会、家庭、学校多方面，但是学校教育作为责任教育的主渠道，对大学生责任品质的影响不容置疑。对当前大学生责任教育存在的问题分析如下。

一、教育目标功利化

从大学的历史发展过程来看，大学不仅是科学研究与创新的场所，也是人类精神文明建设的家园。大学除了承担时代赋予的历史使命之外，更需要为精神文明发展创造一定的空间。当前在市场经济追求利益最大化和西方功利主义的影响下，大学已经不再是一个修身养性、提升人生境界的净土，而是一个用聪明智慧追求利益的竞争场所。在应试教育的指挥下，小学到中学评价学生一直以分数论人，评价学校教育好坏的标准以升学率为准；大学阶段更多关注专业的实用性以及就业率，学生和家长关注的是能否找到一个薪水较高而又相对稳定的工作。可见，在功利思想的影响下，大学在承担社会责任的道路上偏离了正常轨道。高校成为传播科学技术和训练实用技能的场所，不再注重人文素养的提升，伦理道德教育处于边缘化状态。由于大学功利化思想的影响，造成部分大学生理想信念模糊、人生价值观扭曲、学术视野狭隘、道德修养水平下降的现实。

当然，大学生责任教育偏离了正常轨道，不能全部归咎于大学本身，这也是在顺应社会的发展过程中大学不可回避的问题。但是，大学作为特定社会机构，有其自身的相对独立性，应该有一定的自主权和选择权，可以考虑如何把握社会对人才的需要与大学自身的精神追求之间的平衡，从而弥补大学生责任素质低下的缺憾。

二、忽视传统文化的传承

任何一个国家和民族的文化，都是在特定的地理、历史、文化条件下逐步形成的，它蕴涵着特有的民族精神、思维方式和价值观念。每个人都是在一定文化熏陶和教育下成长的，必然受到本民族精神和文化的影响。中华民族悠久的历史和灿烂的文化必定是我们中华儿女宝贵的精神财富。

虽然我国传统文化几乎都是从统治阶级的立场对德育进行研究的，但都是以培养个体的责任意识和责任品格内在的道德素质为核心的。例如，儒家思想的理想人格理论是以“仁”为原则的德才兼备的君子教育；魏晋时期的“人性善恶说”强调从避害从利角度出发，扬其好善尚德之性，抑其贪荣重利之心的道德教育；唐至明初的理学德育思想从“明天理，灭人欲”角度出发，认为进行发扬善性、发明本心的存心养性教育；明中叶至清代的心学德育思想从发明本心出发，强调“学以去其昏蔽”的明人伦教育等。这些研究都从不同角度、不同视角出发研究道德教育，观点虽然不同，但是可以看出道德责任一直是中华民族传统伦理文化的核心，是每个中华儿女的修身立世之本。

大学教育不能摒弃优秀的中华民族传统文化来进行，否则将成为无根基的教育。从中国传统伦理出发，传统文化对大学生道德责任教育有积极的促进作用。责任品质的形成是一个漫长的逐步内化并提升的过程，如果离开中

华民族优秀传统文化的熏陶，责任教育就会成为道德知识传授的过程，而不是道德行为的培养过程。

当前，大学普遍存在专业划分越来越细、功利思想越来越强、人文精神越来越弱的现象，崇尚人文道德、追求科学真理似乎离大学越来越远，道德教育也逐步演变为道德理论灌输和空洞的说教，无法收到应有的效果，责任教育陷入两难困境。

三、忽视学生的主体性地位

当前，道德教育主要依赖于思想政治理论课教学，把学生看作道德理论灌输的对象，忽视了学生的学习主体性，导致责任教育收效甚微。

从责任品质形成的心理过程看，美国社会心理学家凯尔曼（H.C. Kelman）提出，个体道德品质的形成需要经历对社会道德要求规范的顺从、认同、内化三个阶段。顺从是个体迫于外部压力而做出的对道德规范暂时的表面服从，仅仅是短暂的违心遵守社会道德要求规范，或者经过长期的强制性道德灌输而逐步成为习惯性服从。认同是个体在长期的道德灌输过程中逐步接纳并认可了他人的观点、态度和行为方式，并自觉地使自己的观念和行为与之相接近的过程。这个阶段是内化的前提和基础，内化是认同的升华。内化是个体从内心深处真正的认可并接纳了社会的道德要求规范，并使之转化为个体道德品质的过程。所以，要把社会外在的道德要求规范内化为个体的道德品质，关键是需要个体内心对道德规范的接纳与认同。

当前，道德教育中道德理论灌输与空洞的说教，脱离了学生的实际思想，无法调动学生的主动性和积极性。学生为了通过课程的认可，只能死记硬背，并不是发自内心的接纳和理解。

从责任品质的构成成分来看，责任行为的发展来自个体对责任知识的认知，并伴有相应的情感体验，在责任意志的指引下自觉主动地把道德规范付诸行动的过程。无论从责任认知到情感体验，从责任意志培养到行为的实现，都离不开个体的主动自觉。可见，没有学生主体性的发挥，责任教育很难培养出高责任素养的人才。

从人格发展看，责任教育的目的是培养学生健全的责任人格。而责任人格是在长期的道德实践中形成的稳定的负责任的道德品格，表现为具有强烈的责任意识、责任情感以及主动积极负责的道德行为。其中责任人格就是全面发展的独立人格。要求具有独立的道德判断能力、自主的责任意志控制能力、对生活的独特理解。这是因为任何责任都需要有责任主体来承担，而能承担责任的主体必须具有独立的责任人格。然而当前道德教育忽视了学生的主体性，不能充分发挥学生的道德判断和选择能力，而道德判断和选择能力不强最终会导致无法辨认自己的责任，承担责任更是无从谈起。

四、缺乏责任实践

学生责任意识仅仅是一个认知的过程，需要通过实践加以强化，让学生从内心真正地接纳和认可，获得真实的情感体验，才能在实践中外化为主动负责的责任行为。“责任并不是产生于知识的灌输中，而是产生于社会活动中，产生于学生的生活世界之中。一旦远离学生的生活，削弱了责任教育的实践性，这种教育只能导致失败[①]。”当前大学生责任教育重知识灌输、轻实践的现象比较严重，把责任教育简单看成是一种知性教育，以获得责任认知为目的，强调课堂责任知识的传授，忽视理论教学与生活实际相联系，缺乏一定的说服力。

部分高校有责任实践教育，但是实践形式单一、内容空洞，无法产生真正的责任体验。学校组织的一些责任教育实践活动，针对性不强，往往流于形式。从参与的活动来看，集中于向社会提供简单的志愿服务、环保宣传等。活动参与规模受到形式的局限，往往分配给那些表现优秀的学生干部和社团成员，全员参与的活动非常少。据调查显示，有 78.59% 的学生选择有机会愿意参加志愿活动或者其他爱心活动，但是实际上经常参与的学生只有 9.17%，参与意愿较为强烈，但是实际参与的人数很少[②]。而且实践活动的设计过分关注效果，忽视组织活动的连续性和持效性，学生参与度不高，“知”与“行”严重脱节，难以收到应有的教育意义。

五、缺乏实施责任教育的移动互联网平台

移动互联网的迅速普及，改变了信息传播的方式，也改变了教育教学方式。部分高校的教育工作者没有充分认识到移动互联网对责任教育的影响，甚至没有意识到运用移动互联网开展责任教育的必要性。移动互联网技术和设备的资金投入较大，技术门槛要求较高，还需要专门的技术人员做维护，所以部分高校因资金紧张、投入不足，影响了网络教育功能的正常发挥。教育工作者包括教师主体也没有充分认识到利用移动互联网进行责任教育的机遇，甚至在思想上和心理上还无法接受移动互联网带来的新变化，导致缺乏互联网教育平台，无法起到促进责任教育的实效性。

---

① 夏春雨．试论大学生责任教育的有效策略［J］．教育探索，2008（10）：19-20.

② 韩亚丹．大学生社会责任意识培育研究［D］．上海：华东师范大学，2010：18.

六、缺乏家庭和社会的配合

无论是物质环境还是精神文化环境，都会无形的影响大学生的责任素养。但是当前大学生责任教育基本依赖于高校，没有有效地利用社会力量参与责任教育，也缺乏与家庭的沟通与配合。

一方面，大学已经不是象牙塔，社会消极因素的影响给学生的责任教育带来了巨大的负面影响。虽然我国有深厚的责任伦理文化传统，但是现实生活中责任缺失的行为屡禁不止。一些官员为了政绩形象挥霍人民的钱财；商家为了暂时的经济利益制假贩假、坑蒙拐骗等，社会上没有形成良好的责任环境氛围。

另一方面，学校只负责专业学习教育而忽略了道德品质培养。学校基本上是每学期期末给家庭寄出一张成绩报告单，对学生在校的行为表现没有其他具体说明，甚至有的学生只有违反校规校纪时，学校才主动与家长取得联系。家长过多注重子女升学就业的问题，忽略了日常的学习、恋爱生活、家庭婚姻以及工作中责任意识的培养。学校责任教育没有得到家庭和社会的积极配合，没能充分发挥责任教育的合力，最终削弱了学校责任教育的效果。

第五章　新时代大学生社会责任意识的培养

社会责任意识是个体从责任赋予者那里接受责任后，对社会责任的一种强烈的自觉意识和崇高的情感、意志以及对自身社会权利与义务的自觉认识。大学生是祖国的未来和希望，他们肩负着民族振兴和全面建设小康社会的历史重任，因此大学生的社会责任意识关系到人类和时代的发展，是构建和谐社会的推动力量，更是大学生成才的重要标志，增强大学生的社会责任意识是高校思想政治工作面临的一项重要任务。

无论是在传统社会还是当今的信息化社会，责任意识都是做人做事的前提条件。大学生是社会群体中具有较高文化素质的组成部分，承担着社会主义现代化建设事业的重任，肩负着振兴国家和民族的历史使命，是我国社会主义事业的接班人和社会人才的后备军，更是我国在以人才竞争为核心的综合国力较量中立于不败之地的关键因素。因此，大学生有无社会责任意识或社会责任意识的强弱关系到中华民族的未来、国家的兴衰乃至整个人类的命运。当代大学生生活在一个价值和信仰多元化的时代，体验着市场经济条件下利益主体多元化、利益关系复杂化、竞争激烈的社会，他们的生活方式、思维方式、行为方式、情感方式都较以前闭塞的成长环境发生了巨大的变化，主要体现在他们不再把自己困于“象牙塔”内“两耳不闻窗外事，一心只读圣贤书”，而是作为独特敏感的社会群体，广泛参与到社会生活的方方面面，表现出了一定的国家主人翁意识和公民责任行为，这势必影响和改变他们对社会责任意识的认知和理解。

第一节　社会责任的概念界定

一、社会责任的含义

社会责任就是指个人对国家和民族、对家庭和社会、对他人的生存和发展承担的职责和使命，以及未承担职责所应承受的后果。社会责任就其本质而言，是社会生活和社会关系对现实的人的要求，反映了社会与个体的关系。社会为个体的发展提供必要的物质基础和精神环境，个体主动担当责任又推动社会的发展和进步。人总是在一定的社会环境之中，处于特定的位置上，肩负特定的使命，这是不以人的意志为转移的。人们之间客观内在的社会联系决定着人们的责任，由此可见，人只有承担起自己的社会责任，社会生活才能正常进行，个体才能成为社会有机整体的一分子，才能实现个人价值与社会价值的统一。如果抛弃社会责任，就会受到社会舆论的谴责，甚至法律的惩罚，个体的全面发展也无从谈起。因此，只要作为社会成员的人存在于社会生活中，就必然要尽可能多地为社会创造出超过个人消耗的财富，承担起历史、社会交付的责任和义务，满足社会发展的需要。“每一个在道德上有价值的人，都要有所承担，不负任何责任的东西，不是人而是物。”社会责任渗透于社会生活的方方面面，按照责任承担的不同对象和范围，可以分为对国家和民族的责任，即对祖国主权的维护和对民族尊严的保护；对社会公共生活的责任，即爱护公共财产、遵守公共秩序、不在公共场合大声喧哗和随地吐痰、自觉维护社会正义和公共道德、不违法犯法等；对自然环境的责任，即珍惜和节约自然资源、保护自然环境、自觉维护生态平衡等；对家庭的责任，包括赡养老人、教育子女、维持或改善家庭的正常生活等；对他人的责任，即尊重他人，包括尊重他人的人格和劳动成果等；对职业的责任，即人们对所从事工作的特定的职责和任务。

二、马克思关于社会责任的阐述

人为什么要承担责任？这是由人的社会本质决定的。马克思指出：“人的本质并不是单个人所固有的抽象物，在其现实性上，它是一切社会关系的总和。”人的社会本质决定了一个自主自觉的人生必然拥有一份不可推卸的人生责任。马克思明确指出：“作为确定的人、现实的人，你就有规定、使命和任务，至于你是否意识到这一点，那都是无所谓的。”在这里，“规定”“使命”“任务”指的就是人生责任。人生活在社会中，就必须承担一定的社会责任，这是由个人与社会的关系决定的。

马克思主义伦理学认为，意志自由是人的道德责任的前提。恩格斯提出：“如果不谈所谓的自由意志、人的责任、必然和自由的关系等问题，就不能很好地讨论道德和法的问题。”意志自由是人的“特性”，是人的自主理性，即主体在各种不同甚至对立的价值之间进行思考、权衡，做出抉择并采取行动的自由。在内容上是自觉的，是理智指导下的道德意志的具体化；在过程中是自控的，理智与意志综合贯彻于选择的始终。只有这样选择的行为才具

有道德责任属性。主体在自由选择行为的同时，也就意味着自由选择了责任。所以，一个人只有在他拥有意志的完全自由时去行动，他才能对行为负完全的责任。“你们是自己的，因此是负有责任的。”这句话就概括出自由意味着责任。在这里，自由与权利、责任和义务是一致的。因此，马克思的结论是“没有无义务的权利，也没有无权利的义务”。自由选择绝对不是放任，它不但意味着责任，而且还受到主客观条件的制约。自由选择受客观条件提供的选择的可能性的限制，即只能对客观环境允许范围内人们选择的行为追究道德责任，而不能超越时代、阶级与具体生活情境的局限，追究人们对不能选择的行为的责任。自由选择还受主观条件的限制，即主体应具备正常人的理智，这样才能进行自主选择、自由决定和自觉控制行为。

马克思主义伦理学认为，只有在一般意义上肯定人们对自己行为应负的道德责任，才能由此出发进行道德评价和自我道德评价。任何个人只有以高度的道德责任感来看待自己的行为选择，才能自觉地做出对社会和他人的道德行为。道德责任的范围主要包括：一个人能否完成社会给他规定的要求；他对这些要求认识的程度如何；他的积极性、创造性发挥得如何；他是否对自己的道德行为结果负责；他能否预见这些后果等。

第二节　大学生社会责任意识与自我责任意识

一、社会责任和社会责任意识

社会责任和社会责任意识是两个既互相区别又紧密联系的概念。社会责任是客观的范畴，而社会责任意识则属于主观范畴。社会赋予社会成员责任，社会成员履行社会责任，这是社会生活运转的基本保证，也是个体生存和发展的基本条件。然而，个体对于社会责任的履行，是以个体的社会责任意识来驱使的，个体社会责任意识的强弱决定其履行社会责任的自觉程度。社会责任意识是个体从责任赋予者那里接受责任之后，对社会责任的一种强烈的自觉意识和崇高的情感、意志以及对自身社会权利与义务的自觉认识。由此看来，社会责任意识是内化于责任主体内心世界的一种心理状态，这种心理状态是其履行责任行为的精神内驱力，它强调责任主体对社会责任的认知、态度和情感，表现形式为自觉自愿、积极主动、创造性地去进行。个体越深刻地认识到社会的客观要求和他人的具体需求，以及自己在满足这些需求中的作用，他的社会责任意识就越强，就越能表现出相应的责任行为。反之，就会出现社会责任意识淡漠的情况。若大部分社会成员都缺乏社会责任意识，社会就会停滞不前，甚至出现历史倒退。

正确的社会责任意识首先要求责任主体在思想上意识到自己应当承担某项责任，应当去完成某项分内之事，完成它是光荣的，不完成是不应该的甚至是耻辱的。其次，责任主体还应当意识到如果不承担某项责任，没有完成分内之事将会受到舆论谴责或相应的惩罚。最后，正确的责任意识还要求责任主体在没有履行责任时勇于承担不利后果，做到不逃避、不推脱。社会责任意识往往通过人们对社会责任的态度、认识和理解以及人们的行为表现出来。遵循以上对社会责任的分类原则，社会责任意识在日常生活中体现为社会公共道德责任意识和家庭责任意识；在职业中表现为人们履行岗位职责的积极程度即职业道德；在社会政治生活中表现为公民意识或公民责任，这种公民责任意识包括了对国家和民族的责任意识和对自然环境的责任意识等。

二、大学生社会责任意识

现代社会生活是一个完整的系统，它不仅要求大学生具有健全的人格，还需要有与人合作相处的群体意识以及共同生活的观念和负责精神。大学生的社会责任意识是大学生对自己应承担的职责和义务的自觉意识和体验。其内涵有狭义和广义之分，狭义的社会责任意识包括大学生对自我之外的他者和社会集体即国家、社会、家庭等的社会责任意识；广义的社会责任意识既包括大学生对他者和社会集体即国家、社会、家庭等的社会责任意识，还包括大学生的自我责任意识。因为大学生是社会的一分子，他们对自己负责，也是对社会负责的一种表现，即自我责任意识也成为社会责任意识的组成部分。大学生对自我的责任意识与对他人和社会的责任意识是相辅相成的。一方面，只有对自我负责，才能更好地对社会负责，一个对自己都缺乏责任感的人，很难树立对国家和社会的责任意识。另一方面，只有在承担对国家、集体、社会等的责任中，大学生才能真正领悟人生的意义和价值，才能认识个人的职责和义务，也才能树立健康向上的自我责任意识。但是，大学生对自我的责任意识与对他人和社会的责任意识又是有区别的。两者是不同层次的责任意识，要区别对待，正确处理自我与他人、个体与社会的关系，才能避免自私自利、损人利己、损公肥私的个人主义。

三、自我责任意识与社会责任意识的关系

自我责任意识与社会责任意识之间的关系表现为：自我责任意识是社会责任意识形成的前提，自我责任意识的缺失将导致社会责任意识的弱化。自我责任意识作为个体对自己在社会中所处地位应起作用的认识，是个体思想

和行为的调节器，对个体的个性品质起着重要的作用，是大学生责任感形成的前提条件，也是升华责任感的内在动力。在当代大学生中，存在着积极行为态度被消极行为态度所取代的现象，生理自我受到压制以及心理自我不稳定导致的自我责任意识偏失，对于大学生社会责任感的形成和培育更无异于釜底抽薪，本应高昂向上的积极行为态度被逐渐冷却，大学生对应具有的社会责任感产生迷失，导致大学生群体自身对潜意识所支配的消极行为态度认识不清，不以为错，反以为对，认为消极的责任体验才是正确的。个体只注重本身的自然属性，忽略了社会性的前提，导致行为短视，为个体利益不惜牺牲他人、集体、国家利益的事情不再被看成另类，而被奉为"成功"的典范。社会变成单纯由社会个体自然属性组成的集合，这与人类社会发展方向相悖，也给社会所赋予大学生的责任以沉痛一击。

第三节　大学生社会责任意识培养遵循的原则

一、角色匹配原则

现实社会中，人总是处于一定的社会关系中，由此决定了人在社会中的不同角色。在社会学的视野中，角色是社会地位与个体能力相统一的产物，代表了在社会中处于特定地位具有特定行为模式的一类人，社会上没有抽象的个人，只有充当各种社会角色的具体的个人[①]。每一个社会角色承载着社会对其的角色期望，经历角色领悟阶段、角色实践阶段完成社会化过程。在社会责任意识培育过程中，一方面，教育者与被教育者承载着自己的角色任务，而角色之间的契合度直接决定教育的实效。在社会责任意识培养过程中，教育者要求家长要教育孩子懂得感恩，懂得为自己的过失担责，并通过身体力行在孩子心中树立责任的观念；另一方面，教师要利用其知识权威，教授学生社会科学知识，引导学生反思自我，培育学生的责任情感。学生则是知识的接收者、思考者和实践者，配合教师进行课堂教学。整个过程需要精密的设计与安排，其中教育者的角色定位和角色扮演直接决定着教育教学的质量和社会责任意识培育的效果。因此，成功的角色扮演和匹配是至关重要的，社会责任意识培育要遵循角色匹配原则。

① ［美］乔纳森·特纳. 社会学理论的结构［M］. 北京：华夏出版社，2001：48.

二、观念升华原则

教育本身是一种追求理想的活动。挖掘人的潜力，激发人的潜能，实现人的全面发展是教育的最终目标。鲁洁教授较早预见性地提出道德教育是一种超越的主张，强调道德教育既应注重社会生活的现实性和实效性，又要注重社会生活的超越性。培育大学生较强的社会责任意识，是高校思想政治教育的重要内容，而社会责任意识的生成不是自发的，需要在超越性教育观念的指引下，才能实现大学生社会责任意识从实然向应然的转变与升华。因此，社会责任意识培育需遵循观念升华原则，不仅要适应当代大学生思想政治发展的现状，更要超越现实，确立具有超越性和指引性的教育理念和教育目标，用理想引领教育，超越传统思维方式，创新教学模式，实现对大学生身心发展规律和思想政治教育规律认识的升华。在先进观念引领的基础上，用教育实践解决教育目标的先进性与实践行为的滞后性之间的矛盾，实现崇高性与现实性的统一，不断探索大学生社会责任培育的规律，彰显思想政治教育的价值和意义。

三、主体参与原则

随着高等教育的产业化改革，以学生为中心、为学生服务的理念日益凸显，教育不仅要面向学生，还要面向社会，培养社会所需要的人才，因此，教育既要教育学生又要服务学生。如何协调教育与服务之间的矛盾，成为教育亟待解决的问题。遵循主体参与原则，在教育中尊重学生的主体性，让学生在参与中实现教育的目的不失为调和这一矛盾的重要途径。“如果使学生习惯于简单地接受或被动地学习，任何方法都是坏的；如果能激发学生的主动性，任何方法都是好的[①]。”社会责任意识培育也是如此。遵循主体参与原则，首先要尊重学生的主体地位，唤起学生参与的激情。这主要体现在教育内容的设计上，教学内容要联系实际生活，打破教育与生活的壁垒，满足大学生求新求异的心理，引导其进入积极参与的精神状态。其次，创设学生主体参与的氛围。如确立以学生为主体的教学模式；确立师生交互主体关系；采用民主的启发教学方法，使学生在民主和谐的氛围中选择和理解、内化知识；锻造判断、表达、讨论和合作等社会技能。最后，适当肯定学生参与学习的成果，培育其主体参与习惯。教育的最后一环是成绩的评定，教育者要适时肯定学生的学习成果，满足其趋优心理，促使其养成主动参与的良好习惯。

---

① 杨发辉．语文教学中主体性的发挥［J］．现代语文，2009（3）：28.

四、贴近现实原则

传统道德教育多侧重知识化、科学化、理想化，忽略了对道德教育起基础性作用的现实生活。道德知识的灌输、道德认知的发展并非道德教育的全部，更非道德的根本，社会现实生活实践才是道德教育不应该忘却的基础，才能更好地体现道德的本性。但对生活道德教育的提倡并非是对科学化道德教育模式的否定，道德认知的发展和道德实践能力的培养应该结合现实生活，从而提升道德教育的实效，才是我们提倡的目标。著名的教育家陶行知曾讲过，“是生活就是教育”“不是生活就不是教育”[①]，可见生活对于教育的价值。美国实用主义教育家杜威在19世纪末20世纪初提出“教育即生活”的理念。社会责任意识培育是与社会密切相关的道德教育活动，必须使生活德育贴近现实，发挥其“净化社会生活和平衡社会生活的功能”，使学生接受正确的道德价值观。贴近现实原则是一种促进教育与生活的互动，亦是促成隐性教育、渗透性教育等一系列新的教育理念产生的原则。应用在社会责任意识培育中，可以表现在成才观、择业观教育中。学校教育要渗入社会责任感教育，利用学生的成才、发展、成就意识激发其参与社会实践的热情。总之，贴近现实原则应渗入社会责任意识培育的每个环节，方能真正起作用。

五、方式创新原则

社会责任意识培育的方式要与时俱进，体现时代性、先进性，不断创新，与社会和教育改革的潮流相适应。思想是行动的先导，教育方式的创新需以创新的教育理念为指导，科学发展观提出“以人为本”，具体运用到大学生社会责任意识培育中即是“以学生为本”，尊重学生、了解学生，站在学生的立场上探索教学方式的创新途径。有的放矢，打开通向学生心灵的“大门”，社会责任意识培育的有效性才能得到提高。“以学生为本”需在教育方式的运用上与学生换位思考，运用心理调节、人生激励系统理论等经典资源，寻找适宜、恰当、巧妙的方式，使教育方式更好地服务于教育目标，增强教育的吸引力，使学生乐于接受、善于实践，在不知不觉中接受一次次责任教育的洗礼。如启发式教学，通过启发、诱导、学生参与、双向互动、教师引导、学生合作、设置问题、自主探讨、自由发表见解等，调动学生的主动性和积极性，梳理知识系统，澄清模糊认识，使学生在教学过程中获取愉快、满足等正向责任情感体验。又如研究型学习方式，以合作的调查研究代替教师授课，学生通过主动搜集资料、整理信息、撰写报告等过程获取更多学科知识，

---

① 郭元祥. 生活与德育［M］. 武汉：华中师范大学出版社，2002：123.

习得收集、解释、处理各种技能，同时锻炼责任意志。现代科学技术带来的教学手段的多样化，使教学方式从“单一”转向“多元”，如网络教育资源的运用，价值澄清和道德因素分析法，座谈、访问、参观、调查等学习模式。教育者要善于驾驭各种教学方式，使教学方式丰富化、生动化，以充实、适应新经济时代的道德精神，实现有效的教育、现代的教育、创新的教育。既不割断历史，又不丢弃学校优良传统和思想精华的宝贵资源，同时又敢于改革创新、乐于进取。

第四节　大学生社会责任意识的构成

大学生社会责任意识的构成即大学生社会责任意识的应然性目标，培养大学生社会责任意识，首先必须明确社会责任意识的构成。

一、国家忠诚意识

“青年为本，德育为先。”从中国传统文化的角度讲，一个好的学生首先应该有好的“品德”，放到现代社会的大环境下，当代大学生应具有高度的社会责任意识和爱国情操。“责任是一个人对祖国、对民族、对人类的繁荣和进步，对他人的生存和发展所承担的职责和使命。”爱国爱民、乐于奉献、积极进取、敢作敢为，这是当代大学生应具有的精神面貌，也是大学生社会责任意识的重要体现。德国哲学家黑格尔认为：“国家体现了更高的善，个人的自由只有通过国家才可能实现[①]。”国家成为自由的真正体现者。社会主义国家的本质决定了国家发展为了人民，国家发展依靠人民，人民亦对国家累积起一种积极的社会性情感——爱国主义。爱国主义不仅体现了人民对祖国的深厚感情，也是个人对国家的一种责任。国家忠诚意识是人民长期以来对自己祖国的归属感、认同感，也是民族精神的核心和大学生社会责任意识的重要内涵。大学生忠诚爱国意识具体应表现如下。

第一，认同主流意识形态。当代中国的思想意识系统中，中国化的马克思主义意识形态居于核心地位，起着主导作用。它是凝聚民心、聚集民力、增强民族自信心与自豪感的精神力量，亦是全球化背景下反映我国社会主义国家利益的文化力量。当代大学生只有支持科学发展观，认同社会主义核心价值体系，才能树立正确的世界观、人生观、价值观，承担当代大学生的社会责任。

---

① 秦树理．国外公民教育概览［M］．郑州：河南医科大学出版社，2005：40.

第二，拥护社会主义制度。坚持以公有制为主体、多种经济成分并存的社会主义市场经济体制，发展社会主义政治文明，支持和建设“民主法治、公平正义、诚信友爱、充满活力、安定有序、人与自然和谐相处”的和谐社会。

第三，拥护中国共产党的领导。中国共产党是中国特色社会主义事业的领导核心，代表最广大人民的根本利益。当代大学生要拥护党在社会主义初级阶段的基本路线，立志为实现党的最高理想和最终目标——共产主义而奋斗。

第四，维护民族团结和国家统一。民族融合与国家统一是我国历史发展的主流趋势，全力维护国家统一、民族团结，才能形成和巩固社会和谐稳定的局面。当代中国还未实现完全统一，“台独”分子、“藏独”势力以及一些国际反华势力活动频繁。当代大学生应充分认识到社会主义民族关系的发展规律和国家统一的重要性，坚决维护国家统一和全国各民族团结。

二、公共事务参与意识

从思想意识层面看，大学生社会责任意识应包括对公平正义的追求、对公共事务的热衷。西方共和主义理论认为，公民的参与是围绕如何在治理公共事务过程中实现公共利益而在公共领域展开的“言谈”和“论辩”。大学生的公共事务参与意识表现的正是民主政治所要求的一种积极的公民的言行，是大学生社会责任意识的重要内涵之一。衡量当代大学生公共事务参与意识的具体指标应为以下几点。

第一，秉持公平正义理念。公平正义是社会主义和谐社会的重要特征，亦是构建社会主义和谐社会的重要任务。公平正义即对社会各方面利益关系的妥善协调以及对人民内部矛盾和各种社会矛盾的正确处理。维护和实现社会公平和正义，是我国社会主义制度的本质要求。大学生只有秉持公平正义理念，为维护和实现社会公平和正义而努力，充分发挥积极性、主动性和创造性，参与公共事务，形成公平正义的公共价值观，才能推动社会主义和谐社会建设。

第二，具有广阔的公共视野和国际视野。当代大学生作为国家和社会培养的高知识、高技能型社会成员，不应仅关心与个人有关的私事，而应将眼光延伸至公共领域和公共事务。在全球化背景下，当代大学生还应具有国际眼光，能够站在全球或更广阔的角度上观察经济发展、社会运行和政治博弈等问题。

第三，热衷参与公共事务。当代大学生不仅应关注、关心公共事务，还要致力于通过制度化的理性参与，来达成解决公共问题的共识。美国哲学家罗伯特·普特南认为公共参与能够通过推动协调的行动来提高社会的效率。大学生参与公共事务能够促进公共事务的妥善解决，同时激发当代大学生参与公共事务的兴趣和热情，以活动参与带动学习，促进大学生综合素质发展，强化社会责任意识。

三、社会问题关注意识

改革开放政策带来了快速的经济发展和社会变革，但与此同时，社会生活也出现种种不和谐因素，在经济、社会、文化各个领域，各种社会矛盾不断显现，“三农”问题、就业失业问题、生态失衡问题等，再加上一些自然灾害、公共安全事件，这些均是社会冲突与社会危机的隐患。大学生具有强烈的好奇心，对社会问题敏感度高，应主动关注社会事件、社会问题，积极协助政府和社会化解矛盾。将突发事件消化在萌芽状态，才能避免引发社会危机，出现新的社会问题。因此，具备社会问题关注意识是大学生具有社会责任意识的重要表现之一。大学生社会问题关注意识包括以下三个方面的含义。

第一，关注问题实质。大学生具有一定的思辨能力，关注社会事件不能停留在表面，应深入剖析问题的实质，才能为理性判断、解决问题打下基础。如杭州大学生酒后撞人事件，一方面，事件发生的直接原因是酒后驾车；另一方面，也应看到酒后驾车是一种不负责任的行为，是一种典型的社会责任意识缺失行为。

第二，理性判断能力。大学生具有对社会问题的敏感性，但在现代信息社会，媒体信息以海量形式传播，如何进行选择、判别，不盲目听信，即如何“理性”关注的问题。若是对媒体曝出的各种信息，盲目地“看热闹”“看过飘过”或盲从式“一哄而上”“声援”“声讨”，没有任何思考，这也是不负责任的表现。唯有基于自己的丰富知识和敏锐判断力，基于社会主义核心价值观，“理性”对待和分析问题，寻求问题解决的正确路径，才能体现出对国家和社会的责任感和使命感。

第三，协助解决问题。关注社会问题的最终目的是解决问题，社会问题的化解不仅是政府的事情，“现代治理网络至少包括：政治国家与公民社会的合作、政府与非政府的合作、公共机构与私人机构的合作、强制与自愿的合作。”当代大学生作为新时代的公民，应尽自己所能与政府和相关部门共同解决人们关注的社会热点问题。

四、公共危机责任担当意识

公共危机的突发性、紧迫性、蔓延性使政府单方应对时有些力不从心，因此需要社会多元主体共同参与“治理”，这就需要参与主体具备责任担当意识。大学生作为青年一代，在参与公共危机治理中勇于担当责任是社会责任感的重要体现。因此，公共危机责任担当意识亦应是大学生社会责任意识的具体构成之一。衡量大学生公共危机责任担当意识的指标如下。

第一，是否勇于担当。遭遇公共危机事件时，大学生能摆脱自利的狭隘思想，视公共利益的维护为己任，时刻认知自己肩负的责任，不逃避、不惧怕，积极参与危机治理，担当扶危济贫的责任，即勇于担当。

第二，是否有参与危机治理行动。行动是最好的语言，只有实际行动才能真正治理危机、解决问题。大学生是否将自己应该承担的责任付诸实际行动，是衡量大学生公共危机责任担当意识的核心指标。

第三，是否具有牺牲精神。公共危机作为一种突发的非正常状况，使政府面临巨大压力，为减少损失，政府有时会选择舍弃少数人的利益以保全公共利益，这就需要公众具有牺牲精神。大学生在危机治理中能够顾全大局，舍弃自己部分权益，提高危机控制的效率，减少危机的损失，为政府减压，为社会分忧，才算具有真正的公共危机责任担当意识。

五、志愿服务意识

“志愿服务”“志愿者”“志愿者行动”是近些年来媒体上出现频率较高的一些名词。大到汶川地震，小到日常的社区文化服务，社会上越来越多地出现志愿者服务队的身影。大学生志愿服务活动在20世纪90年代开始兴起，是青年大学生展现自我、丰富自我、实现自我的重要形式，是青年大学生走出“小我”成就“大我”的重要过程，是青年大学生社会化的重要途径。自愿参与、服务社会的志愿服务意识，能够唤醒更多人的公共意识和责任意识。志愿服务是大学生成长成才，成为“社会人”和履行公民社会责任的实践平台，志愿服务意识应在大学生社会责任意识的内涵之中。志愿服务意识的内涵应包括以下三个方面。

第一，自愿服务意识。志愿服务是志愿者基于人类的道德与良知自愿参加的社会服务活动，因此，志愿服务意识首先包含自愿服务意识。“我愿意成为一名光荣的志愿者。我承诺：尽己所能，不计报酬，帮助他人，服务社会。”青年志愿者的豪迈誓言亦体现出志愿服务首先要有自愿性。

第二，合作互助意识。志愿服务是志愿者在公共生活中的社会服务行为，

其特点是具有公共性，因此志愿者不可能单枪匹马完成任务，还要有互助合作意识，在与他人的合作中实践仁爱、向善、奉献的道德精神。“奉献、友爱、互助、进步”的志愿者精神旨在谋求志愿服务活动的互动双赢，实现志愿服务活动的社会价值。

第三，文明与公平理念。志愿者追求人文关怀、注重社会美好，志愿服务于社会。文明与公平理念即大学生志愿者在志愿活动中帮助人们维护公民的权益，引导人与人之间相互理解和尊重，通过呼吁和参与等途径，推动政府实施更多公平正义的政策措施。在志愿服务活动中，志愿者之间、志愿者与服务对象之间要相互理解、相互尊重，才能实现志愿活动的健康可持续发展。

六、社会关怀精神

无论是西方的社会公平理念、公民权利理论，还是中国传统文化精神、社会关怀精神，都是社会责任感与使命感的充分体现。在中国传统文化精神中，“自我”的生存价值历来蕴含于其所处的社会环境中；历代知识分子所推崇“修身、齐家、治国、平天下”的政治理想，其重心是“治国、平天下”，由此可见，他们的人生理想是以“社会关怀”为核心的，无论是自我内在修养还是关注政治、体察民情，都是以履行社会责任作为实践个人价值的舞台。当代大学生作为知识分子和社会的精英，肩负着构建社会主义和谐社会的责任与使命，只有坚守社会公平理念、具备社会关爱意识和富有实践精神，才能彰显社会关怀精神，真正履行社会责任。如上所述，大学生社会关怀精神应具体包含以下三个方面。

第一，坚守社会公平理念。坚守社会公平理念，即追求和保证全社会市场经济体制下，全体社会成员享有平等的政治权利、经济权利和社会保障等其他方面的权利。我国正处于社会转型的关键时期，市场经济的竞争机制、社会分配中的效率优先原则使得社会的公平暂时难以实现。但公平理想不能放弃，大学生需要有社会关怀精神、社会责任感与使命感，为追求一个相对公平甚至理想的社会而奋斗。

第二，对弱势群体的关爱意识。关注弱势群体的物质条件，关心他们的心理健康，在力所能及的范围内协助弱势群体解决实际问题，鼓励他们自立自强，使他们感受到社会大家庭的温暖。

第三，富有社会实践精神。社会关怀和社会理想的实现均需付诸实践。大学生通过亲身体验和经历，才能真正了解社会、了解基层人民群众的社会现状，参与实地活动锻炼，养成自立自强、艰苦奋斗的品质，增长才干、提

高能力。社会实践是主观世界和客观世界结合的唯一途径，也是大学生社会关怀精神的最有力证明。因此，社会实践精神是大学生社会关怀精神的主要内容之一。

第五节　大学生社会责任意识的培养实践

一、营造社会良好的育人环境

环境在人的思想、观念形成过程中有着“润物细无声”的作用，马克思主义认为，人的思想、观念是外部客观环境影响的结果。中国古代的“孟母三迁”以及“与善人居，如入芝兰之室，久而不闻其香；与恶人居，如入鲍鱼之肆，久而不闻其臭”等都很好地说明了环境能够对道德品质产生深刻影响。家庭环境、学校环境和社会环境在大学生社会责任意识培养教育中发挥着不同的作用，因此，树立环境育人的观念，就要构建社会、家庭、学校三者有效整合和互动的教育网络，逐渐形成良性循环的育人氛围。

首先，营造良好的社会舆论氛围。一种积极的代表历史潮流的社会舆论是历史前进的强大动力，必然影响着大学生的心理和行为，有益于其责任品质的培养。因此，高校应该根据“以德治国”战略，配合全社会的公民道德建设，积极开展“五心”教育，即雄心奉献给祖国、爱心奉献给社会、孝心奉献给父母、热心奉献给他人、恒心奉献给学业，并联合社会各方面力量充分利用广播、报刊、电视、戏剧、文学、网络等现代社会舆论工具，创造积极向上、健康进取的社会舆论。“坚持以科学的理论武装人，以正确的舆论引导人，以高尚的精神塑造人，以优秀的作品鼓舞人。大力发展先进文化，支持健康有益文化，努力改造落后文化，坚决抵制腐朽文化。”积极的社会舆论能够巩固大学生已有的责任行为，并使这种行为逐步强化为行为习惯，这样，高校通过创造优良社会舆论来引导大学生的责任认识与责任行为的良性发展，有利于大学生自觉的责任行为习惯的养成。

其次，营造良好的社会治理环境。对于社会而言，要力求通过制定公正合理的奖罚制度，发挥强有力的作用，营造良好的社会治理环境。一方面，对负责任的行为给予广泛的宣传和表彰，充分发挥榜样的示范、感化作用，引导和激励人们去履行自己的职责；另一方面，对不负责任的行为要给予严厉批评和谴责，甚至处分，从而营造人人崇尚美德、人人讲求社会责任感的社会氛围。

再次，净化社会网络环境。当今时代，网络已成为大学生生活的一部分，

网络信息对其有着重大的影响。国家依法治网、加强技术监控、约束网民行为、化解网络对大学生思想的不良影响成为思想政治工作的重要课题。为大学生提供一个健康的网络世界要从以下几个方面着手：一是要加快网络立法，依法治网。目前，世界各国都在研究制定网络道德规范，我国要借鉴发达国家的经验，针对不同对象制订具有中国特色、切实可行的网络伦理规范，约束网民行为，形成良好的网络育人氛围。二是要加强技术监控，防止不良信息侵入。目前，网络黑客、病毒和有害信息泛滥，国家有关部门及高校应加大网络信息安全技术的研究和开发，及时删除不良信息，在源头上切断这些精神鸦片对大学生思想的侵蚀。三是要主动占领网络思想政治教育的新阵地，通过网络发布健康的信息，强化大学生的社会责任意识。如建设融思想性、趣味性、服务性于一体的主题教育网站，在网络论坛中发起有意义和有针对性的社会责任问题的讨论等，为大学生社会责任意识的培养提供生动活泼的现实载体，形成网上网下思想政治教育的合力。同时，要加快网络法制建设，对没有触及法律的网上不道德行为，要通过各种舆论媒体对其进行道德谴责；对具有违法行为的人要依法进行追究。通过网络立法和技术控制，净化网络环境，以便在网络上形成一种良好的育人氛围。

二、公正和谐的社会大环境是增强大学生社会责任意识的前提条件

首先，以健全的制度和机制净化政治、经济环境。在政治层面上，建立“权利与义务、自由与责任”相统一的机制，保障人人都能平等参与社会公共事务，维护公平、正义的社会秩序。党员尤其是领导干部应发挥模范带头作用，履行社会责任和义务，转变工作作风，最大限度地减少以权谋私和权钱交易等腐败现象，净化社会风气，还原政府为人民服务的良好形象。在经济生活层面上，要进一步深化经济体制改革。加强道德对市场经济的约束和监督作用，使公众树立起符合社会主义伦理道德的市场观念；加强法制建设，规范市场行为，逐步建立起公平、公正的市场竞争机制。在市场经济条件下，个人利益得到满足后，绝大多数大学生能够自觉自愿地履行道德责任，因此，尝试建立道德责任与实际利益相挂钩的责任机制，能够促进大学生在心理、情感和行动上同社会的责任要求保持一致。

其次，以强有力的社会舆论为导向，营造浓厚的社会责任教育氛围。“社会舆论具有广泛的外在约束性，承载社会道德价值，肯定和宣传符合基本道德原则的行为，谴责违背社会基本道德规范和损害集体利益的行为，因此会对公民的思想和行为产生强大的制约力量。”为大学生创造团结、奋进、和

谐、友爱的社会舆论氛围，一是充分利用电视、广播、报刊等多种方式和手段，大力宣传社会主义核心价值观和公民道德规范，弘扬时代主旋律，在全社会营造对国家、集体、家庭、环境负责的良好风气，引导大学生从我做起、从小事做起，成为一个负责任、敢担当的社会有用之才。二是开展舆论监督，形成一种独特的社会道德制约机制。树立一些现实生活中负责任的典型人物，发挥榜样的示范和感染作用，激励大学生从个人生活的狭隘圈子中跳出来，履行公民责任和义务，为社会多作贡献；批评和谴责背离社会主义道德、逃避责任的言行和丑恶现象，让大学生明辨是非善恶，并引以为戒，进而使他们反思自己的道德行为，固化责任意识。三是注重发挥媒体的宣传作用。目前社会中存在一些媒体为了哗众取宠，用"放大镜"看大学生的缺点，肆意宣扬个别大学生道德滑坡、漠视社会的事件，忽视了大学生思想现状好的方面，这不利于大学生社会责任意识的形成。因此，政府要适当引导社会舆论，肯定大学生健康向上、勇于担当的价值观主流，为大学生成长、成才营造宽容、积极的舆论环境。

最后，以良好的家庭环境影响大学生社会责任意识的形成。在大学生思想品德形成的过程中，父母和家庭的影响是一个至关重要的因素，一个和睦温馨的家庭环境是培养大学生社会责任意识的现实条件。营造良好的家庭氛围，需要从以下几个方面着手。首先，家长要提高自身修养，以良好的负责任的形象为大学生做出表率。家长是孩子的启蒙老师和终身老师，家长对长辈的态度、对事业的追求以及对他人的体谅宽容行为都会对孩子产生潜移默化的影响，因此，家长应努力提高个人修养，在生活中以身作则，处处规范自己的言行，时时表现出关爱长辈及高尚的职业道德情操，以良好的言行举止、生活习惯、品德修养给孩子作出榜样。大学生通过旁观和模仿家长的行为，可以很快形成比较强烈的感恩意识和社会责任感。其次，家长要树立全面的家庭教育观，把孩子培养成德才兼备的合格人才。家长应改变过去只关注子女学业，忽视对孩子责任意识培养的片面教育观，将孩子具备良好的道德修养和负责意识作为成才的新标准，因此，在家庭生活中，家长要掌握科学的教育方法，营造民主平等的家庭气氛，给孩子充分的自由和选择机会，引导孩子的主体意识，培养他们对自己的行为和人生负责的习惯。父母还要认识到大学阶段虽然孩子已经成人，却是人生成长的重要转折点，是由自我意识萌发到健全人格形成的过渡阶段，在这个关键阶段父母要经常与孩子进行思想交流，随时注意其思想观念和价值取向的变化，发现有偏差和错误要及时予以纠正。在不断调整世界观、人生观、价值观过程中，帮助他们逐渐走出狭隘、自私和放纵自我的误区，养成站在社会高度思考问题，勇于承担社会责任的良好习惯。最后，要在日常家庭生活中培养大学生的责任意识。朱熹在《蒙童须知》中讲道："夫童蒙之学，始于衣服冠履，次及言语步趋，次及洒扫涓洁，次及读书写文字，及有杂细事宜，皆所当知。"故由此可知，让孩子从家庭生活中培养责任意识，长大以后才能勇于担当、有所作为。

三、纯正优良的校园环境是培养大学生社会责任意识的直接条件

高校是培养大学生社会责任意识的主要阵地，校园文化环境对大学生的健康成长有着直接的影响。因此，要将校园文化建设和师德建设作为营造优良校园环境的突破口，增强大学生的社会责任意识。一方面，发挥高尚校园文化的熏陶作用。校园文化是指"在大学校园这一特定环境下，校园人根据社会发展需要和学校自身的特殊条件，在从事课内外的各项活动中所创造和形成的精神财富以及承载这些财富的规章制度、组织活动和物质形态。它包括物质文化、制度文化和精神文化三个层次"①。要营造纯正优良的校园文化环境，一是通过美化、净化整体的校园自然环境，以潜移默化的方式发挥环境的育人功能。校园郁郁葱葱的草木、催人奋进的标语、窗明几净的学习场所都能激发大学生求知和成才的欲望，并能够使他们严格要求自己，爱护校园环境，主动审视和规范个人言行。二是通过开展一系列学生自主参与的校园文化活动，形成清新的校园文明风尚，增强大学生的社会责任意识。如举办一些道德责任宣传活动或"勇于和敢于承担责任"的讨论活动等，通过争论使大学生进一步认清自己承担的历史和社会责任。三是通过培养一支高素质的高校学生干部队伍，以优秀群体的模范带头作用影响大学生的责任观。高校学生干部是通过认真考察在学生中选举产生的，他们是学生中的优秀代表，一般都有较强的责任心，在广大学生中具有一定的影响力，因此，发挥学生干部的示范效应，可以带动更多的学生提高个人修养和责任觉悟。四是制定教育责任机制，用严格的校风校纪为良好责任行为的养成提供制度保障。建立教学、管理和服务全方位的教育责任约束机制，使校园中一切不负责的行为都无法逃脱"责任追究"；让大学生能时时体验到尽职尽责的良好感受和没有尽责的处罚；保证他们从生活到学习、从寝室到教室、从白天到夜晚无时无刻不处于校风校纪的管理和责任制约之中。只有这样，才能充分发挥校园软、硬环境在大学生责任意识培养中的作用，增强大学生承担责任的自觉性。另一方面，要造就一支高素质的教师队伍。

① 侯东萍. 大学校园文化德育功能研究［D］. 西安：西安科技大学，2008.

四、加强对大学生的社会责任意识教育

1. 对大学生进行爱国主义和理想信念教育，激发大学生对国家的责任意识

爱国主义是一个历史范畴，在社会发展的不同阶段、不同时期有不同的具体内容。在当代中国，爱国主义与社会主义作为凝聚中华民族的意志和智慧、推动中华民族伟大复兴的强大精神动力，两者本质上是一致的。我们要引导大学生在正确认识社会主义的本质特征以及社会主义与爱国主义一致性的基础上，培养爱国主义热情，坚定社会主义信念，促进大学生全面发展。大学生只有在情感上认同祖国、热爱祖国，才愿意为祖国和人民做出贡献，所以加强爱国主义教育，可以激发大学生承担振兴中华的责任感和使命感；大学生责任意识淡化的实质是缺乏远大的理想和抱负，因此加强理想信念教育能够为大学生承担社会责任注入动力。爱国情感可以促进坚定理想信念的形成，坚定的理想信念是爱国、爱党、爱人民的重要体现，因而将爱国主义教育和理想信念教育结合起来，可以达到培养大学生社会责任意识的良好效果。要深入挖掘和筛选传统文化中忧国忧民的情怀，对大学生进行责任意识教育。

2. 对大学生进行全球理念和生态文明教育，增强大学生的全球责任意识

在科学技术的推动下，全球一体化趋势进一步加快，人类面临的环境污染、生态失衡、能源危机、民族宗教等一系列问题都成为当今国际社会的难题，任何一个国家和政府都不可能独立解决，需要靠全世界各国团结协作、共同努力才能完成。因此，对未来社会的中坚力量——大学生，进行全球意识和生态文明教育成为各国的共识。首先，要帮助大学生树立全球化和国际化理念，使其成为胸怀世界、视野开阔的世界公民。高校要通过开设国际形势课程及利用宣传栏、广播和互联网扩大国际时事、新闻宣传报道，引导大学生了解当今世界政治、经济的发展动向及各国各民族的价值观差异，克服狭隘的民族主义和本土观念，关注国际社会热点问题，关心人类的前途和命运，使大学生具备应付国际竞争与挑战所必需的“人类共同利益意识、国家平等意识、开放竞争意识、国际规则意识和国际理解意识”[①]，完成时代赋予的历史使命。其次，要依据科学发展观的要求对大学生进行生态文明教育，培养良好的行为习惯和生活方式。要进行以尊重自然、节约能源、减少污染、保护生态为主要内容的生态道德行为规范的宣传和教育，从专业的深度和更宽泛的角度，向大学生传授生态知识和信息，通过大量的事实使他们认识到

① 熊东萍，苏华. 全球化下的大学生全球意识［J］. 江西教育科研，2005（12）：26-27.

问题的严重性和紧迫性，从而产生责任感和使命感，自觉树立健康的生态生活观和适度的生态消费观。“健康的生态生活观要求我们同自然生态之间保持和谐共生的理念，强调人的价值与自然价值和谐平衡，自觉践行生态优先的道德原则，养成‘万物与我为一’的行为习惯。适度生态消费观是指我们在使用消费品或享受服务的过程中要考虑社会发展的现实条件和生态平衡，保持消费主体与消费客体及消费环境之间的持续、协调和长远发展，抵制追求奢侈、过度消费的思想和消费模式。”大学生只有具备了这样的科学生态观，才能担当起实现人类可持续发展的重任，成为推动社会进步的优秀人才。

3. 对大学生进行社会公德教育，唤醒大学生的公民责任意识

社会公德是公民在社会交往和公共生活中必须遵守的基本道德准则和行为规范，它要求公民遵纪守法、文明礼貌、爱护公物、讲究卫生等，是维护社会生活及人际关系正常运转的道德保障。通过对大学生进行社会公德教育，帮助其习得适应社会需求的品质，使他们学会与人沟通交往的技巧和立足社会的本领，树立遵守社会公德的良好形象。具体来说，大学生社会公德教育要从两方面入手。一是对大学生进行政治教育，唤醒他们的公民意识。不断向大学生灌输国家政治、经济、文化、社会制度、法律及民族宗教政策，明确公民的基本权利和义务，促使其养成积极参与政治生活、社会公共事务的意识和行为习惯。二是加大对大学生的社会文明意识教育。首先，遵循《中国普通高等学校德育大纲》，充分发挥思想政治理论课教学对大学生进行社会公德教育的主渠道作用，把社会主义核心价值体系教育和社会主义荣辱观教育融入世界观、人生观、价值观教育之中，加大对《公民道德建设实施纲要》的宣传教育力度，用体现社会主义新风尚和时代精神的“爱国守法，明礼诚信，团结友善，勤俭自强，敬业奉献”20字基本道德规范教育学生，不断提高他们辨别善与恶、正义与非正义、公正与偏私、诚实与虚伪的能力，学会以正确的道德标准评价和约束自己的行为，自觉维护公共秩序，为社会文明进步做出贡献；其次，合理挖掘、科学运用传统文化资源，对大学生进行系统的国学和传统美德教育。

4. 对大学生进行自律意识教育，提高大学生承担社会责任的自觉性

培养大学生的社会责任意识，仅仅依靠学校和社会外在的道德教育是远远不够的，还需要大学生具备自律意识和开展自我教育。自我教育能够发挥大学生的自主性和能动性，是实现个性完善、培养健全人格的重要途径。调查显示大学生在实践道德责任过程中普遍存在“知”与“行”脱节的现象，这并不是因为他们道德知识贫乏，而是他们接受社会公共准则、承担社会责

任是在社会舆论、规章制度等外在强制力量重压下实现的，并不具备内在动力，一旦外在的诱惑激发起内心违背道德的潜意识，他们便会放弃应当承担的社会责任。要解决这一问题必须唤起大学生的自主意识和自律意识，让他们开展积极的自我教育，加快自我同一性的实现，把承担社会责任“内化”为自身人格尊严的组成部分，实现从“他律”向“自律”的转化。要以自律精神和自我教育来强化和巩固大学生的道德责任意识，可以通过以下两个途径。首先，要全面地认识自我。大学生通过学习和积极投身社会实践，丰富自己对社会、文化、自然和他人的认识，把握社会发展的规律和时代脉搏，客观地评价自我，找准自己的社会位置，认识到自己的社会责任；此外还应通过自我反思和自我批评，在不断进行自我分析中逐步确立明确的人生目标，认识到个人价值只有在为他人和社会的服务以及为民族和国家的贡献中才能真正实现。其次，要不断地完善自我。自我完善是个体在认识自我、悦纳自我的基础上，自觉规划行为目标，主动调节自身行为，积极改造自己的个性，使个性全面发展以适应社会要求的过程。

5. 在社会实践中巩固大学生的社会责任意识

大学生责任意识的形成和培养必须通过亲身体验才能实现。中共中央、国务院《关于进一步加强和改进大学生思想政治教育的意见》明确指出，社会实践是大学生思想政治教育的重要环节，对于促进大学生了解社会、了解国情，增长才干、奉献社会，锻炼能力、培养品质，增强社会责任感具有不可替代的作用。大学生在社会实践中与各行各业、不同社会阶层群体和个体进行沟通和交流，亲身体验生活，感受贫富差距，使自我的思想得到升华。一些参加过社会实践的学生深有体会地说：“以前我们从来没有过社会责任感的体验，总是自命不凡，自以为是。现在下到基层，才发现自己徒有其表，面对社会的审视和选择，我们必须更加努力地学习和实践，按社会的需要重新塑造自己[①]。”由此看来，大学生只有通过亲身实践才能对社会现象有更加深刻和客观的理解和认识，才能增强责任感和使命感，因此社会实践是培养大学生良好社会责任意识的熔炉。大学生社会实践是高校在假期和课余时间，有计划地组织学生参与和学生密切相关的社会生活，引导学生综合运用所学知识，开展以学生为主体，以实践性、自主性或创造性等为主要特征的各种活动，让大学生在实践中体验和感悟社会实际，培养道德情操和社会责任感，提高生存与发展能力。大学生的社会实践主要有军事训练、社会调查、参观访问、义务献血、义务劳动、智力扶贫与青年志愿者活动等。

---

① 周倩. 论大学生的公民责任意识教育［J］. 南阳师范学院学报，2009，8（04）：93-96.

6. 引导大学生正确界定角色

只有明确自己在社会中的角色定位，才能更明确自己的社会责任，强化社会责任意识。

（1）“责任公民”角色

大学生首先要认知自己的“责任公民”角色，领悟自己的角色任务，了解现代公民的基本权利与义务，了解国家近期的重大战略；具备参与公共事务的态度、参与公共生活的技能、追求公共福利的品性。大学生责任公民在追求公共善的过程中，获得自我价值感、意义感，在个人利益与群体利益发生冲突时，优先考虑群体或公共利益，在参与公共事务中履行社会责任、实现自我价值。培育大学生社会责任意识首先应使其认同“责任公民”角色，通过公民角色认识自我、他人与社会。一方面，要使大学生了解自己作为社会的一分子应具备的素质，了解现代国家运行的基本原则和程序，了解现代社会的基本特征。另一方面，首先要使其明了国家与社会对自己的角色要求，促使其寻找自我实现与角色任务相吻合的现实途径；其次要培育大学生的公民意识，使其具备民主与法制的意识，能够自主判别、选择和承担现代社会中公民的社会责任；最后要培育大学生负责的能力，责任意识最终需用行动来表现，要培养大学生民主参与的能力、合作的能力，以实践崇高的责任行为，增强责任履行的意识。

（2）“未来职场人”角色

社会学认为，自我是社会生活中互动的结果。近年来大学生就业形势越来越严峻，大学生的就业危机意识也越来越强，大学生对职业生涯规划教育的要求越来越迫切，大学生对“未来职场人”角色的自我认知亦不断深入。大学生职业规划教育成为明确大学生未来社会角色及其责任的重要途径。要在目标体系中构建社会责任意识的教育目标维度，培养大学生规划自我生涯的意识和能力，还要将职业技能教育与职业道德教育相结合，不仅促其努力获取“成就感”，还要引导其自觉实践“责任感”。新中国成立后，“为人民服务”成为各行各业人们的职业信念和职业理想。它概括了新中国劳动人民诚实勤奋的职业态度和忠于职守的负责精神。随着现代社会的发展，市场竞争越来越激烈，社会价值观多元化，重“物质收益”轻“精神价值”的价值观蔓延于职场。当代大学生作为未来的职业人，无论是普通员工还是精英，作为社会主义经济的建设者，其价值观、职业责任感无疑是影响其职业选择、职业发展和社会经济发展的重要因素。职业责任感是衡量一个职员社会责任感的重要标尺。高校职业教育中应把培育大学生职业责任感作为培育其社会

责任意识的切入点，从认知、能力、情感等多方面实现大学生职业道德教育。具体说来，首先是认知方面，将职业技能教育与职业道德教育统一起来，引导大学生职业选择和规划时将自我实现与社会利益相结合，寻找其结合点；其次是能力方面，能够在多元化社会中辨明自己的发展方向，进行社会交往、社会实践和社会接触；最后是情感方面，能够将个人利益与社会利益相统一，努力寻求两者的对等与平衡，以宽容、开放的心态接纳、承担应负的职责。总之，不仅要培育大学生融入竞争激烈的市场的能力，还要培养其勤奋、负责、奉献的社会责任意识，使其成为能胜任、懂负责、愿奉献的社会人和未来的行业精英。

7. 创设社会责任意识教育情境

责任情境是责任主体认为其应该为之负责任的情形。教育情境是培养情感的重要手段，教育者通过社会责任意识情境的创设，针对学生的精神世界，使他们的意识和情感上升到责任道德的高度，不失为培育社会责任意识的一种技巧和创新。大学生责任意识教育同时是一个责任感内化的过程。作为主体各种意识状态的综合统一体，主体道德内化图式绝不是主体在孤立和封闭状况中生成的。学生周围的环境和关系是责任意识教育情境的一个重要源泉，也是社会责任意识教育情境选择的切入点。

（1）合作学习模式

工业时代，人的劳动主要是人与机器打交道；知识经济时代，人的劳动主要是合作互助，是人与人打交道，在劳动和知识生产时彼此协作。培育学生的合作意识与能力，成为高校德育的一个重要任务，合作学习模式之一即探索。现代合作学习理论——互动论认为，合作通过人际的相互关联与依存小组成员的各种努力合作，激发源自人际因素和达成目标、抱负的内在动机。教育者的责任在于构建一个有序、礼貌的学习组织，使合作学习有章可循，使大部分学生有机会分享他人的观点和情感，构建以合作学习小组为组织形式，以小组成员合作性活动为主体，以轮流发言或辩论等为学习模式，以小组成绩为奖励依据的教学策略体系。在合作学习模式实践的进一步探索中，教育者要注意以下几点。首先，重视合作激励。引入小组划分与小组奖励，在课堂讨论或课题研究中运用正向激励加强大学生的合作意识，通过集体合力推动学生学习的功能。激励措施关联个人贡献与小组贡献，突出学生个体为小组做出贡献的自尊感、荣誉感，激发其再次合作的热情。其次，发掘个性特质，实现优势互补。在教学设计和小组划分及任务分配中，着眼于每个学生的优势，不同学生优势互补、互为提高，挖掘整个小组合作的最大能量。

再次，建立合作训练长效机制。锻造学生的合作技能，需要经常化的合作技能训练，并尊重学生的主体性、创造性，进一步强化其合作和责任意识。在合作学习中构筑人与人之间的关系，在学生心中确立尊重人、与人合作、对别人负责的意识，同时发展学生崇高的智力素养、思想感情，引导学生认识责任的价值与个人的关系以及其做出的决定与社会的关系，帮助其形成社会责任意识，并在此基础上内化为行为标准。

（2）社会技能训练

随着人们对人际交往与社会技能的重视，对社会技能训练方面的研究逐年增多，社会技能训练已成为心理学、教育学等多学科共同关注的热门课题，成为培育学生社会适应能力、促进学生健康人格发展的有效途径。在社会责任意识培育中引入社会技能训练模式，其实质是创设社会责任情境，使社会技能和责任行为在学校生活中具体化；使学生能用别人的眼光看自己，从社会意义的角度去观察发生的一切；使责任教导变成与其切身有关的真理，而不是抽象的东西。

首先，将社会知识用于交往情境中，在人际交往中树立新的目标。在班级教学中引入实质性交往活动，如角色扮演游戏、辩论赛等形式，训练学生与他人建立友谊和相互合作的能力，学会正确对待竞争、消除敌意、解决冲突，实现合作互助等。达到锻造合作技能、沟通技巧、学习能力的目标，又满足学生的归属感、自尊感和爱与被爱的需要。

其次，促进社会技能行为习惯的养成。将社会技能训练情境概化到各种环境中，在各种环境中排演和实践目标技能。如带领学生走进社区，参与社区的决策；组织公共问题小组讨论，训练其协商和妥协的技巧与解决矛盾和冲突的能力；指导学生学习使用、规划学校资源、社区资源，从书籍和报纸杂志及电子媒体中搜集信息，并分类分析、总结概括。教育者引导学生进行价值判断，促进学生做出正确的价值选择，培育其为自己的选择负责的意识，进而形成对别人、对社会积极的责任意识。

8. 提高大学生自我教育的能力

自我教育是指人们为了形成良好的道德品质而自觉进行的思想转化和行为控制的过程。大学生社会责任感的培养是在学校里，在教育者的正确引导下，自觉学习马列主义、毛泽东思想和中国特色社会主义理论体系，自觉地联系自己的思想实际，克服错误的思想并树立正确人生观的过程。简单地说，就是自己教育自己，自觉改造世界观、人生观、价值观，自己做自己的思想工作，反思自己的行为，并自觉地把自己的思想、行为和先进人物相比较，

做到“见贤思齐，见不贤而内自省也”。我们必须注重对大学生自我教育能力的培养，因为当今世界不同政治制度的共存，不同经济体制的交织，不同文化背景的冲突，不同价值观念的碰撞将长期存在。这些无疑对大学生的自我教育能力提出了新的挑战。事实上，提高大学生的责任感仅通过外部教化是无法解决的，必须使大学生把外在的责任要求内化为自身的素质，这需要提高大学生的自我教育能力来实现。

苏联教育家苏霍姆林斯基认为：“教育人不能总是牵着他的手走路，要让他独立行走，使他对自己负责，形成自己的生活态度，要让学生陶冶自己的情感，训练自己的思想和意志，形成和稳定自己的性格。”大学生社会责任感形成的关键在于大学生的自我投入，大学生的自我认识、自我评价，自我控制的能力、程度和水平，在很大程度上决定了责任教育的成功与否。当代大学生需要具备多种能力，在众多能力中，自我教育能力是其他能力的前提和基础，有了自我教育能力，才能不断培养、提高、完善其他各种能力。大学生自我教育能力的培养包括以下四个方面。

（1）提高大学生自我认识的能力

随着自我意识的增强，大学生开始重视自我探索、自我认识和自我评价，但由于知识和经验不足，许多学生自我认识的能力还不够强。因此，培养和增强学生自我认识、自我评价的能力，是大学生进行自我教育的起点和必要条件。培养大学生自我认识的能力，就是要使大学生能正确地认识和评价自我，即正确地认识自我的位置。作为子女，应该体谅、孝敬父母，尽赡养之责；作为学生，以汲取科学文化知识为本职；作为公民，遵守公民道德规范，建设国家，义不容辞；作为社会的一分子，报答社会、奉献社会是个体生存的要求。培养和提高大学生自我认识和评价的能力，就是要通过理论学习、社会舆论，开展批评与自我批评，使大学生通过老师和同学的评价以及学会以先进人物为镜子对照检查自己，正确认识自己，严于解剖自己，找到自己的差距和不足。

（2）提高大学生自我激励的能力

自我认识能力是自我教育的前提，但要学生坚持不懈地进行自我教育，还必须同时培养其自我激励的能力。在个体社会生活实践中，个体不是被动的，而是具有自我选择、自我实现的能动性，具有按照自我存在状况和需要自觉行动的可能性和现实性。个体在现实生活中的积极性、主动性和创造性的发挥，不仅取决于社会和群体对个人的激励水平，而且取决于其自我激励的能力。培养大学生自我激励的能力，可以通过多种方式来进行。如引导大学生把远大的理想与现实目标结合起来，使他们能够获得成功的喜悦；通过开展多种活动，培养大学生的自我激励能力。各种各样活动的设计、组织、实施应以大学生为主，这样就可以较好地培养他们的自我激励的能力。

（3）提高大学生的自我体验能力

自我体验是自己对自己怀有的一种情绪和情感体验，是主观的我对客观的我所持有的一种态度。当客观的我满足了主观的我的要求时，就会产生积极肯定的自我体验，表现为自我满足和愉悦，即自己的言论、思想、意图、行为等符合自己已掌握的社会规范、行为准则时，产生心安理得的情感体验，否则就会产生消极否定的情感体验，表现为自我责备、痛苦不安。自我情感体验往往与自我认知、自我评价有关，也与自己对社会规范、价值标准等的认识有关。心理学研究表明，情感是一只无形的手，推动着人们的行为倾向。在现实生活中，有些事情并非顺理成章，也并非完全符合科学要求，但由于情感的因素，事情也做得非常成功，这就是情感的魅力。教师热情地对待大学生，给予了大学生一种积极的情感导向，可以激起大学生的情感回报。大学生的情感、情绪体验是自我认知的催化剂，是自我认知转化为行为的动力因素，对意志具有强化作用，对行为具有调节作用，是个性品质形成与发展的精神源泉。大学生具有良好的自我体验能力，能够发现自己在认识上和行为上的不足、缺点和错误，自觉做好自己的事情，创造性地完成任务。

（4）提高大学生自我调控的能力

自我调控是人主动地、定向地改变自己的心理品质、特征以及行为的心理过程。自我调控主要是用理智的力量控制自己的感情冲动，制约自己的言行。自我调控能力的培养，实质上是意志力和自我批评能力的培养，最终达到“慎独”。慎独是指在个人单独活动、无人监督也不会被人发现的情况下，即使有许多不良诱因也能自我监督、自我控制，坚持良好的品德行为。慎独既是锻炼自我监督、自我控制能力极为重要和有效的方法，也是自我修养、自我教育的最高境界。

第六章　新时代大学生道德责任意识的培养

责任是一个古老而重要的话题，在道德规范的整个体系中，道德责任居于最高层次，道德责任意识也成为衡量人的道德觉悟程度和道德境界高低的重要标志之一。人的德行能力，在相当意义上，取决于人的道德责任意识的能力。任何对道德教育的探讨都不可能不涉及责任教育。责任教育是道德教育的核心内容。成功的道德教育实际上是教人负责地去行动，培养有道德责任感的人。当代大学生是未来祖国建设的生力军，他们的责任意识和责任能力直接关系到我国社会主义事业的兴衰成败，关系到中华民族的伟大复兴。然而，目前一些大学生的责任意识不容乐观，道德行为失范的现象时有发生，这已成为国人普遍忧虑的问题。高校道德责任教育是要帮助大学生塑造科学的责任观，培养他们的责任感和负责精神，并外化为忠于祖国、献身社会、关心他人、保护环境、完善自我的责任行为。重视大学生道德责任意识的养成，实际上是塑造人的心灵秩序。关注高校道德责任教育，重振道德，即培养负责任的公民，使他们学会负责，做一个有责任心的人，过一种负责任的生活。

第一节　道德责任的含义与特点

一、道德的含义

道德是一定社会、一定阶级向人们提出的处理个人与个人、个人与社会之间各种关系的一种特殊的行为规范。这一概念说明，道德是以善恶为标准，调节人与人之间和个人与社会之间关系的行为规范。道德总是扬善抑恶的，道德与法律不同，它是依据社会舆论、传统习俗和人们内心的信念来维持的。道德以能动的方式来把握世界，引导和规范人们的社会实践活动。人们通过对道德的把握，来感受社会关系的脉搏，识别社会发展的方向，确定自身生存发展与社会和自然的关系，并形成自己关于义务和责任的观念，自觉地扬善抑恶、明辨荣辱、选择高尚、弃绝卑下，保持社会和个人的健康发展。

二、道德责任的内涵

道德责任是一个具体的历史范畴，在不同时代和社会中其责任的内容和限度是有所不同的。但是从一般的意义上讲，一个人必须对他应该而又能够做到的事情和选择的行为负道德责任。同时道德责任也是一个重要的伦理学范畴。它包含两方面的含义：一是指在一定的道德意识支配下，人们对社会、集体、他人所主动承担的责任；二是指人们对自己行为的过失及不良后果在道德上所应该承担的责任。无论从哪个角度来解释道德责任，都要具有以下要素：道德评价体系、行为主体、责任客体。道德评价体系是一个社会是否进步和文明的重要标志。完善的道德评价体系对公正合理地进行善恶评价具有重要意义，它在社会对道德的考察中具有标尺、监督和教育的作用，是创造良好的社会道德环境的基础。道德责任的行为主体分为个人和社会，其中道德责任的社会主体主要是有着共同利益的团体，在探求责任的承担者时以整个团体为研究对象。道德责任的客体可以分为三类：第一类是生命客体，是指个体要对自己的生命负责；第二类是事件客体，是个体在行为可以自由选择的前提下所造成的或善或恶的社会后果，是主要的责任载体，其他的客体都能通过这种途径表达出来；第三类是环境客体，人类已经进入信息时代，人类的主体性逐渐增强，对自然环境的负面影响日渐增加，人类对自然环境也应该担负起自身的责任。

《世界伦理道德辞典》认为道德责任是“人们为自己行为的善恶所应承担的责任”。与法律责任、经济责任相比，道德责任更体现为一种精神自律性，是“由于尊重规律而产生的行为必要性”[①]。所以，道德责任从根本上说体现为个体对道德的体悟与尊重。可见，道德责任本质上是对外在的道德义务的内心认同，它是人们主动意识到的义务，具有良心的成分。道德义务与道德责任，是同一种道德、命令在人之外和在人之内的两种表现形式。道德责任所包含的道德的内在强制力和道德理性，相对于其他道德规范而言，是最集中、最强大和最多的，也是社会的道德要求和个人的道德信念结合得最紧密的。

公民道德责任，是指公民由其公民资格所赋予的并得到对国家、社会、他人的道德义务和道德使命以及对他自身行为后果的善恶的承担。公民道德责任在公民道德建设中具有重要作用。在社会生活中，人们承担各种各样的责任。从责任的性质和内容看，有政治责任、经济责任、技术责任、法律责任、道德责任；从责任的主体看，有社会责任、集体责任、个人责任等；从责任

① 康德著．道德形而上学原理［M］．曹力川，译．上海：上海人民出版社，1986.

的对象看，有对社会的责任、对集体的责任、对别人的责任、对自己的责任等。道德责任是一个重要的伦理学范畴，它涉及道德领域许多根本性的理论问题。在道德活动中，道德主体对其道德选择有不可推诿的责任，因为道德主体的选择是自由地做出的，绝非外界强加的。道德责任与道德义务既有联系又有区别。前者通常称为应尽的道德责任，它和道德义务的含义是一致的；后者称为应负的道德责任，同道德义务的含义又有区别。道德责任与法律责任和经济责任相比，具有两个显著的特点。从质上来看，道德责任主要是自觉自愿承担和履行的，其他责任的承担虽然也有一定程度的自觉自愿，但主要还是依靠强制手段来保证的。而道德责任的承担虽然也有某种强制性（主要是舆论的强制），但主要是靠人们的自觉，即人们自觉意识到这是有利于他人、社会、民族的，是应该做的，同时又是人们的意志愿意选择的。正因为如此，道德责任的履行和承担需要有较高的精神境界。从量上来看，道德责任所承担的范围更为广泛。一般来说，其他责任都有比较明确规定的特定范围，例如，法律责任是指违法或犯罪行为在法律上应负的责任和其他法律上规定应承担的责任，而且它还有一定的年龄限制；经济责任则是指经济领域中按经济合同、协议规定的责任。而道德责任则不限于某一特定领域，它贯穿和渗透于社会各种领域的责任之中，在许多情况下，应负政治、法律、经济、行政责任的行为或事情同时也要负道德责任。不仅如此，由于道德责任具有自觉自愿的特点，它还包括许多对社会、国家和他人应尽的责任。当然，道德责任的范围也不是没有限度的。

三、道德责任的特征

1. 道德责任是主观性和客观性的统一

道德责任不是上帝赋予的，也不是个人意愿所决定的，道德责任具有客观性。道德责任的客观性体现为特定伦理关系中的职责和任务。道德责任是人类为了生存，在通过与他人的交往过程中产生的。人们在社会实践中，客观上必然具有一定的任务、使命和规定，具体表现为每个人承担责任的不可推卸性。道德责任作为道德的一个方面，同时具有主观性。道德责任的主观性体现为对职责、任务的意识，即责任意识、责任感。仅仅有客观伦理关系的存在和职责、任务的规定还不能成为道德责任，道德责任的形成有赖于主体对这种客观伦理关系规定的职责和任务的主观认同，即把客观伦理关系规定的职责、任务内化为自我自觉的认识，形成一定的责任意识、责任感。责任感是道德行为的强大精神推动力，它把冷冰冰的强制性的职责和任务转化

为活生生的充满激情的使命感。在责任感中，客观的要求变成主观的自觉，外在的他律变成内在的自律，由“你必须”变成“我应当”“我愿意”。道德责任主观性的方向和程度取决于利益的回报，人们为社会和他人尽责，得到的利益和荣誉是尽责的动力。道德责任的主观性表现为对信念和理想的追求，人们通过对信念和理想的追求去获取正当的利益。道德责任的客观性和主观性统一于人们的认识和实践中。人们在生存和发展中产生的种种要求，只能建立在现实的基础之上。首先，要考虑这种要求的可能性，这种要求是能力可以胜任的，是条件允许的。其次，要求人们在尊重客观现实的条件下，努力去承担责任。这样才能使个人在社会中的各种需要得到最大限度上的满足，同时也能促进社会的发展。总之，在道德责任中，既有客观的要求又有主观的意识，既有他律又有自律，整个道德责任的实现是一个主观与客观、自律与他律、内在与外在的相互结合与相互转化的过程。

2. 道德责任是前瞻性和追溯性的统一

前瞻性的道德责任有两层含义，一是指个体能对自己的行为后果做出理智的判断，能预知后果的善恶，从而选择作为或不作为；二是指个体在行为过程中的自觉程度。前者主要是近年来兴起的责任伦理的一种伦理表达，主要反映的是科技迅速发展，科技人员及应用科技的人群在道德责任上的问题。追溯性道德责任主要是指个体能主动承担行为的社会道德后果，即对行为所造成的善的社会后果，接受它的“功”，对恶的方面承担它的“过”。伦理学意义上的“道德责任”理念，应当不仅在主观上意识到并履行自己的道德责任，而且必须在行为后果的意义上承担自己的道德责任。因此，道德责任是前瞻性道德责任和追溯性道德责任的统一，人们不能成为一种类似于靠发条驱动的机械存在，要把前瞻性的道德责任和追溯性的道德责任结合起来，让自己的行为选择具有道德价值。

3. 道德责任是功利性与价值性的统一

功利性的道德责任观点很重视利益和幸福在履行道德责任过程中的意义。这种观点认为，道德责任是个人为获得更大的功利或幸福而遵守外在的客观要求，是一种获利的策略和工具，利益是道德责任存在的最有力的佐证。道德责任并不只是产生于社会发展的需要，更重要的是产生于个体生存、发展和完善的需要。这是一种更深层次的需要，这种需要实际上就是利益。在实行市场经济体制的今天，在人们普遍强调个体利益的情况下，功利性的这一面就比较明显。道德责任的价值性是指道德责任对个人还有超功利性的一面，即价值性的一面，它既是人自我发展、自我完善的一种方式，也是人自

我发展、自我完善的内容和目的。一个人有无道德，能不能担负起自己的责任，能不能遵守道德规范、维护社会秩序，标志着他是否真正的由生物意义上的人转化为社会意义上的人。个体社会化的过程就是在不断地承担责任中实现自我、发展自我、完善自我的过程。在这个意义上，道德责任是最伟大的价值。道德责任产生于社会发展和个体生存发展与完善的需要，也是人生存、发展、完善的一种方式和最终目的，而承担责任又是善与利益的通道，是实现社会进步发展和个人自由与解放的必由之路，所以，道德责任是功利性与价值性、工具性与目的性的统一。

四、中西方文化中的道德责任观

中国文化特别注重个人对他人及国家的责任，强调个人的责任义务感和对国家的崇高敬意感。在中国落后的封建制度下，伦理关系是社会基本和主要的社会关系，不同的伦理角色有不同的社会地位和责任。个体的道德责任也就对应着个体在人伦关系中的相应地位和相应的伦理角色。中国传统道德对个体的伦理角色有着明确的规定，关系相对简单，责任相对明确，个体知道自己的社会地位是什么、社会责任是什么。但它也有消极的一面，它带来个体的道德责任观缺乏，而且具有单向性。宗法伦理下的责任主体处在严格的等级制度中，“上”对“下”有着绝对的权威，“下”要绝对地服从“上”，道德主体没有现代意义上的自由平等。在这样的情况下，道德实践就表现出权利与责任的分离、自由选择与责任的分离和责任的单向性。

西方对道德责任的认识有三种类型：一种是建立在自由和权利基础上的道德责任论。这种责任观主要基于契约结构，即个体的权利和自由有一定的限度，个体因为行使了契约结构里的权利和自由，因而要遵守契约里的相应规定，也就是履行自己的道德责任。另一种是建立在美德基础上的道德责任论。这种责任观认为道德责任是一个人基于美德而履行各种规范准则的最好的伦理阐释，个体负有的道德责任根植于他是一个有尊严的“人”。西塞罗认为，个体的所作所为于己于人都不可能没有道德责任，而道德责任与美德密切相连。第三种是建立在功利基础上的道德责任。这种责任观重视利益和幸福在履行道德责任过程中的意义。德国古典哲学创始人康德把责任看成是对道德规律无条件地服从，责任意味着做应该做的事情，责任是对规律的尊重，而规律是先天的，并且是至高无上的尊严。人的一切都来自规律毋庸置疑的权威，来自对规律无条件的尊重。无论基于哪种认识，西方道德责任观都承认道德责任的个体是平等的、自由的。

五、道德责任教育的含义

道德责任教育是指教育者根据社会对受教育者所提出的道德责任要求和受教育者道德水平发展的心理规律，使其掌握一定的道德责任规范，并通过其内心体验，逐步形成一定的道德责任感，养成道德责任行为习惯的活动。其关键在于培养人的道德责任感，使之成为一个负责任的人，学会负责任地生活。道德责任教育的目的在于使社会上的人首先认识到自己应有的道德责任，然后每个人去履行自己的道德责任，如果没有履行自己的责任，最后还要承担其后果。道德责任教育的实质就是“如何做人”的教育，作为个人，不仅要对自己、家庭、他人负责，还要对集体、社会、环境负责；不仅要对现在负责，还要对未来负责。这是社会上的每个人都应尽到的责任，而对于当代的大学生来说更是义不容辞，要求应更高一些，因为他们肩负着人民的期望，将来是祖国的栋梁。道德责任教育既不同于法律责任教育、经济责任教育，也不同于行政责任教育，更不同于一般的道德教育，它突出强调的是人人应具有的道德责任。“倘若没有人的基本性质和道德责任，我们的生活就会截然不同，而且（在大多数人看来）是非常索然无味的[①]。”

第二节　加强当代大学生道德责任教育的意义

承担道德责任是大学生在社会中生存，成为社会人的必要条件。责任是人作为人的本质规定，只有具有责任感的人才能对自己负责、对他人负责，才能创造并推进和谐社会的发展与进步。归根到底，社会是以人为主体的，人的道德责任是社会对个人的一种规定、一种使命，相对于个人则是一种无可推托、必须完成的“任务”。它有两个方面的意义：一方面，人必须承担一定的职责和任务。这是由人的社会属性所决定的。为他人和社会服务，即承担自己所扮演社会角色的职责和任务，这既是个人的生存手段和社会发展的必要条件，又是维系人与人之间、个人与社会之间关系的最基本的纽带；另一方面，人必须对自身行为的后果负责。既然人在现实生活中表现出来的行为是在社会实践中选择的结果，那么，人对自己选择的行为就负有不可推卸的责任。否定责任也就意味着否定了选择，否定了权利和义务，或者从本质上说，这意味着否定了人存在的“人人为我，我为人人”的社会价值。

---

① 约翰·马丁·费舍著.责任与控制——一种道德责任理论[M].杨绍刚，译.北京：华夏出版社，2002：11.

一、提高大学生整体的道德素质

社会主义精神文明建设的基本任务是提高全民族的思想道德素质，这是一项长期而艰巨的任务，要靠全体人民的共同努力才能实现。高等院校肩负着培养社会主义建设人才的重要任务，加强对大学生的道德责任教育是提高全民族道德素质的关键。大学生正处于人生观形成的关键时刻，也是智力发展的黄金时期和成才的关键时期。加强对大学生的道德责任教育，能够帮助他们形成科学的世界观、人生观、价值观和道德观，为他们校正人生的航向，使他们健康成才，成为全民族中有较高知识水平和较高道德修养的一代新人。大学生与社会有着各种各样的联系，同样受到来自社会积极健康的影响和消极病态的影响。从目前大学生的现状看，多数学生有着为社会主义现代化建设贡献力量的雄心壮志，但也有部分学生缺乏远大理想和社会责任感；有些学生由于受市场经济消极因素的影响，有许许多多的人生困惑。加强对大学生的道德责任教育，帮助他们扫除成才道路上的思想障碍，是提高全民族道德素质的一个重要内容。加强大学生的道德责任，为他们将来建功立业指明航向、提供精神动力和思想保证。总之，大学生道德责任的提高，关系到今天和将来全民族道德素质的提高，意义十分深远。

二、推动社会和谐发展

在当代，高科技信息的迅猛发展给社会生产和生活带来了非常巨大的变化，它在给大学生的发展创造条件的同时，也要求大学生承担起推动社会发展的道德责任。在高科技信息的推动下，经济全球化进程的步伐日益加快，它给国家提供了发展的机遇，也提出了严峻的挑战；现实的市场经济体制又容易使人们因为经济利益而忽视道德责任。因此，教育大学生坚定社会主义信念、抵御西方资产阶级思想文化侵蚀的历史重任依然艰巨；加强道德责任教育，提高一代又一代社会主义事业接班人的责任素质，是我们事业发展的客观需要。现今，我们中华民族正处在走向和谐、富强、民主、文明的重要历史阶段。一个科技和经济良好发展的社会，或者说一个可持续发展的和谐社会从道德层面上讲应该是：社会要保障每个社会成员的选择权利；同时也要求社会成员对自己的行为负责，以维护社会安定，保证和谐的人际关系。早在 1972 年，联合国教科文组织在《学会生存》这一报告中就确定教育发展的方向之一是使每个人承担起包括道德责任在内的一切责任；1989 年该组织将“面向 21 世纪的教育”国际研讨会的主题确定为“学会关心”，呼吁道德关怀与道德责任；1998 年 10 月，联合国教科文组织在巴黎召开首次世界高等教育大会，会议明确提出：高等教育首先要培养“高素质的毕业生和负责任的公民”。

三、增强大学生的自我管理能力和学习动力

大学生自我管理就是大学生进行自我认识、自我评价、自我约束和自我激励的活动，责任意识是一种自我约束的价值取向，大学生责任意识是大学生自我管理的重要内容，大学生的自我管理是责任意识教育的最终目标。通过责任意识教育，帮助学生树立责任意识，教育大学生加强学习管理、交往活动管理、行为动力系统管理和自我控制能力的管理。大学生是青年人中的佼佼者，是民族的希望、祖国的未来，通过几年的大学学习，他们会成为现代化建设中各行各业的专门人才。大学生在学习的过程中，会面临种种困难，有学习上的困难，也有对外界的迷惑，所以需要强大的动力支持，而正确的责任意识能为大学生提供激励学习的强大动机。为祖国的繁荣富强贡献自己的力量、回报父母的辛勤培养、实现自己的人生追求，这些都是对个人、他人、社会的责任，同时也是激励大学生努力学习的动力。所以，强烈的责任意识是促进大学生努力学习、全面发展，从而更好地承担重任的强大动力。

四、有利于构建和谐校园

学校中老师与同学之间关系融洽、协调、平等、友爱是建设和谐校园的主要内容，大学生责任意识教育有利于引导大学生树立正确的思想观念，抨击校园不正之风，营造良好风气，从而达到构建和谐校园的目的。首先，责任意识教育可以培养大学生的健康心理，良好的心理对大学生的行为能产生积极的推动作用，良好的行为是和谐校园的重要保证。其次，责任意识教育可以增强大学生处理各种矛盾的能力。大学生是思想活跃的青年群体，面对纷繁复杂的社会现实和千差万别的社会现象，承受着家庭经济、社会交往、学业、就业等压力。思想困惑和面临的问题逐渐增多，矛盾日益突出，责任意识教育能让学生意识到自身的责任，妥善解决好学习生活等方面的问题，化解矛盾，促进校园不同关系的协调。

五、实现人的自我价值和社会价值

人的社会化过程，就是培养自己的道德责任感的过程。责任是人之为人的本质规定，只有有责任感的人才能对自己负责，创造并推进和谐社会的发展。归根到底，社会是以人为主体的。人的道德责任是社会对个人的一种规定、一种使命，相对个人则是一种无可推托、必须完成的“任务”。它有两

个方面的意义：一方面，人必须承担一定的职责和任务。这是由人的社会属性所决定的。为他人和社会服务，即承担自己所扮演社会角色的职责和任务，这既是个人的生存手段和社会发展的必要条件，又是维系人与人之间、个人与社会之间关系的最基本的纽带。另一方面，人必须对自身行为的后果负责。既然人在现实生活中表现出来的行为是在社会实践中选择的结果，那么，人对自己选择的行为就负有不可推卸的责任。否定责任也就意味着否定了选择，否定了权利和义务，或者从本质上说，这就意味着否定了“人人为我，我为人人”的社会价值。

第三节　当代大学生道德责任教育的主要内容和基本原则

一、当代大学生道德责任教育的主要内容

1. 对自身的道德责任

第一，珍惜生命。生命是人生最宝贵的东西，只有生命的存在才会有人的其他价值的创造、实现和评估。人是有意识的动物，为意义而存在，没有生命的存在，就谈不上生命的意义。生命对于每个人来说都只有一次，失去了就不可复得，而且从社会发展角度来看，没有了生命个体的存在，就不会有社会历史的产生、发展和进步。大学生应该具有生命意识、生命道德责任意识，应能够正确地看待生命，既认识到生命的伟大与崇高，又认识到生命的渺小与脆弱；既珍视自己的生命，又珍视他人的生命和自然界中的其他生命，从而保持旺盛的生命意识与积极进取的人生态度，在相互关爱与友善的基础上发展其内在道德品质。在生命世界中，每个生命个体都是独一无二的，任何人都没有理由也没有权利轻视、无视、蔑视任何一个生命个体。大学生要学会欣赏生命的丰富与可贵，学会如何去尊重生命，学会用爱心经营生命并思考生命的方向。因为最高尚的道德是爱，而爱的根源来自对生命的爱护与尊重，对生命的珍视是人的道德中最为朴素而高贵的品质。我们不难想象，一个漠视生命、不尊重生命的人，心中能够有多少爱，他们的品德又能有多高尚。在现实生活中，有很多大学生对生命满不在乎，他们理所当然地享受着生命，完全没有考虑到生命的艰辛与伟大，更有人把生命当儿戏，认为世界上什么都值钱，唯有生命不值钱，原因就在于缺乏对生命的道德责任感。

第二，勤奋学习。无论做什么事，都需要有责任心。学习也是这样，一个人要想获得较高的学习效率和成绩，就必须要有学习责任心。也就是说，

要明白你为谁而学和对谁负责。在明确了学习的责任以后，就要进一步落实到行动上，有意识地主动地去学习课本内和课本外的各种各样的知识和技能。一定要有主动性，只有真正主动了，才能说明真正明确了学习的责任，才能真正做到自觉地学习。大学生不仅应该有明确的学习目标，更要确立“学习是终生任务”的责任目标，正如人们常说的“活到老，学到老”。当今时代，学习已不是一个人一生中某一阶段的事，而是一种社会化、制度化和终身化的行为，是现代社会每个人成长进步的客观需要，如果不实现知识的不断更新，就会落后于时代前进的步伐。从某种意义上可以说，学习已经是一个人基本的生存方式，是一种高品位、高质量的生活。西方流行这样一种认识：“知识折旧定律”，意思是说一个人一年不学习，所拥有的知识会折旧80%。而且，一个人应用知识总量中大约有 30% 是在学校期间获得的，而70% 来自工作和生活中的不断学习和积累。勤奋读书学习是一种导向、一种形象，也是一种责任、一种使命。人类社会已经进入 21 世纪，国际竞争是经济、科技、人才的竞争。大学生肩负着建设祖国的责任，只有从我做起，从现在做起，从一点一滴做起，学好知识本领，才能不辜负国家、人民及家长的期望，才能使中华民族永远屹立于世界民族之林。

第三，实现和塑造自我。社会的发展对人才需求的多样性和多变性将显得更为突出，无论是对培养、造就高层次专门人才的高等学校，还是对接受高等教育以求发展、提高的个人，都是不容回避的挑战。人才市场的建立、毕业分配制度的改革，直接带来的后果就是在校大学生竞争的加剧以及就业压力的增大。对此，大学生切不可漠视现实，应当勇敢地接受时代的挑战，不断提高自己的素质。只有切实做到学有所长、全面发展，才不至于在科技快速发展、经济快速增长的今天被社会淘汰。

第四，提高自身的素质。素质是人在先天禀赋的基础上，通过教育和社会实践活动发展而来的人的主体性品质，是人的智慧、道德、审美性的系统整合，是人的综合品质。素质的优劣决定着人的文明程度，关系着人的前途和命运，同时又对社会的发展产生重大影响。人的素质虽然不能引进，但素质的缺陷却可以通过教育、学习、实践获得不同程度的补偿、改善和提高。大学生有责任来努力提高自身的素质。首先是品格方面。正确的政治思想素质可以使学生对社会有一个正确的认识，在错综复杂的环境下能够保持清醒的头脑。高尚的道德素质能够引导学生正确处理个人与社会、个人与他人，乃至个人与自然之间的关系。高度的社会责任感和历史使命感，可以形成关心他人、关心集体、保护自然的良好伦理道德品质。其次是体质方面。身体健康、大脑健全是人生存与发展的物质前提，毛泽东同志在《体育之研究》

中曾经说过："体者，为知识之载而为道德之寓者也。"健康是事业之母，健康的体魄在人成长与成功的过程中起着基础与关键性的作用。大学生在渴望成才、探求知识的同时要重视体育锻炼，不可忽视身体素质在成长中的重要作用。最后是专业素质。专业素质是一名大学毕业生从事专业工作的主要本领，是大学生的核心素质。具备良好的专业素质，是大学生在社会上能够立足，进而能够开拓创新、成才立业、为国效力、为民造福的根本保证。当代大学生应该具有高科技水平和高文化素质，并通过专业教育及与之相关的教化熏陶，努力把自己培养成既专又博、有文化内涵的专门人才。

2. 对家庭的道德责任

第一，孝敬父母。在社会主义新道德的内涵中，要求子女对父母履行的家庭道德责任即孝的内涵主要有两个方面：一是子女对父母有赡养和照顾的道德责任。人是有思想、有灵魂的高级动物，应知恩回报，而回报父母最基本的是要对父母尽赡养和照顾之责。首先，子女应在经济上赡养父母、负担父母的生活所需。尤其在广大农村，许多老年人没有社会养老保障，在体弱多病、无法自理、没有经济来源的情况下只能靠子辈的赡养。因此，子女对父母应尽的道德责任是经济上的赡养和扶助。其次，子女在生活上应对父母尽照顾、服侍之责。现代社会，越来越多的人因升学和就业等原因迁徙频繁、远离父母，导致家庭结构简化，许多子女成家后离开父母单独居住，因此社会上出现了越来越多的老年空巢家庭。这些家庭中子女对父母的孝顺就是平时负担的一点生活费用和逢年过节时的象征性问候和看望。这其实是远远不够的，子女应在父母生病或体弱时，多与父母待在一起，孔子曰："父母在，不远游。"二是子女对父母有尊重和理解的责任。现代孝的道德规范不但要求子女对父母应尽物质上和生活上的赡养之责，更要求子女对父母有尊重和理解之心。人人都有人格和尊严，都有被尊重的需要，子女不仅要与父母保持人格上的独立平等，更要尊重父母的人格尊严。人越老，就越会产生一种跟不上社会时代、即将被社会淘汰的心理，这就更需要从子女身上得到精神慰藉。如果子女能意识到这一点并适时地给予他们精神孝敬，敬重老人平时说的话，理解并尊重老人因不同生活环境和时代背景而形成的个性和人格，老人就会很开心、很满足。有些老年人已从社会角色退居为家庭角色，生活范围的缩小和人际关系的简化使老年人的孤独感日益强烈，心理素质逐渐弱化，进取心和风险承受能力降低，有害怕孤寂、情感脆弱、容易灰心等心理特征。这些心理症状比病痛更折磨人，如果得不到亲人朋友的排解和抚慰，必然会导致一系列的心理和生理疾病。因而在老龄化社会已经到来的今天，

子辈重视对长辈的精神赡养具有重大的社会意义，也是子女应该履行的家庭道德责任。

第二，友爱兄弟姐妹。在中国传统文化中，兄弟姐妹之间称手足之亲，兄弟姐妹和睦与孝顺父母是并重的事情，兄弟姐妹和睦是巩固家庭、维持社会秩序的一种基本道德力量。当哥哥姐姐的要友爱弟妹，做弟妹的要做到恭敬兄姐，这样兄弟姐妹之间就能和睦相处。把身外所用的钱财物品看轻点，兄弟姐妹之间就不会产生怨恨；讲话时不要太冲动，伤感情的话忍住不说，那么不必要的冲突怨恨就会消失得无影无踪。现在多数的家庭都是独生子女，那就把这种责任用在我们与家庭中同辈人的交往中。遇到比自己年长的要尊重他们，比自己年幼的要照顾他们，这样就能正确处理好个人与家庭成员和其他成员间的关系。

3. 对社会和他人的道德责任

第一，遵纪守法。作为现代文明社会的一分子，当代社会公民理应承担自己的道德责任。“任何一种生活，无论是公共的还是私人的，事业的还是家庭的，所作所为不管是关系到个人的还是牵涉他人的，都不可能没有其道德责任；生活中一切有德之事均由履行这种责任而出，而一切无行之事皆因忽视这种责任所致。”公民道德责任的积极担当具有巨大的社会意义，这不仅有利于整个社会的和谐与稳定，也有利于公民个人的成熟和完善。公民道德责任所反映的是公民在日常生产和生活实践中对自己、他人、社会乃至自然界所承担的道德责任。相比其他道德品质而言，公民道德责任具有独特的价值，是其他道德品质形成和发展的内在生长点。遵纪守法、明礼诚信、团结友善、勤俭自强、敬业奉献是当代大学生作为社会公民应具有的道德责任的主要内容。它确定了公民与国家、公民与公民的道德责任，规范了公民在公共生活中的道德行为和要求，是和谐社会视野下对公民的他律。诚信构成了公民道德的情感体验，它促进了公民个体的道德自律。不仅沉淀了经过道德理性所认同的道德责任的根本要求，而且伴随着诚信构筑的强烈的道德情感。它要求大学生在做出行为选择的同时，也要具有足够的自我控制力量，将道德责任内化为主观的道德良心。凭借自律的道德心理机制，自觉维护社会的和谐与诚信。社会的公平正义是公民良心的最终指向，在现代社会中，大学生与社会的利益在本质上是一致的，而正义是社会制度的首要价值，是对现实公民社会关系的评价性反映。它以理想完满的方式把握社会现实，在最抽象的意义上，公平和正义规定为以权利义务和自由为核心的公民之间的相互关系的合理状态，表达了在当代中国和谐社会构建过程中，大学生群体

和个体在平等的基本自由权利基础之上的权利、义务、责任的统一。

第二，尊重他人、诚实守信。人是社会的人，社会是人的社会。处在社会中的人时时刻刻都在与人进行着交往。作为一名当代大学生在与他人的交往过程中应该肩负起自己的道德责任，做到以下两点。

（1）尊重他人是一种美德，尊重是一种幸福

在我们的生活中，时时刻刻都需要尊重。中国是一个传统的礼仪之邦，从小，我们的脑海里就被灌进了“尊老爱幼”的思想。然而在今天，对于我们这些生活在新时代、新社会里的大学生来说，除了尊老，我们还应该尊重身边所有的人，无论他们是年长还是年幼，是富贵还是贫穷，是有利于自己还是不利于自己，我们都应该同等的尊重他们。

因为我们在尊重他们的同时，他们也会以同样的尊重还予我们。在生活中尊重他人，应该是时时刻刻该做的事。或许，尊重只是给予在困境中痛苦挣扎的友人的一个鼓励的眼神；或许，尊重只是递给在沙漠中艰难跋涉的旅者的一杯水；或许，尊重只是送给异乡孤独的游子的一个亲切的问候；或许，尊重只是在接过老师发给你的试卷时的一个腼腆的微笑。尊重其实常常发生在我们不经意的举动中，然而，它却是来自你对他人的爱，对社会和世界的爱。因为有爱，这世界才博大；因为有爱，人们的胸怀才为之广阔。

（2）诚实守信出现在各民族的文化要求之中，是做人的基本准则

诚实就是忠诚老实，表里如一。它是人处事时的道德准则，这一准则要求人与人交往时说真话，向别人传递真实信息，不掩盖或歪曲事实真相。诚实作为最古老最原始的道德要求，它和人类相伴而生。人是社会动物，社会性是人的本质属性。人是在相互依赖和相互联系的环境中生存和发展的，只有人与人之间相互诚实、说真话、传递真实信息、不掩盖歪曲真相，人才能得以生存和发展，人类也才能休养生息、繁衍延续。人的这种本真状态的生存需要在长期的人类进化过程中沉淀、积累，经人类的心理、情感和文化的作用，积淀为一种原初的道德规范。人类历史发展到现在，诚实品质从来都是对人的最基本的要求和规范。守信是遵守诺言，对自己说的话负责。“言必信，行必果”是中国传统道德中的精华，守信是最基本的道德要求。所谓信，即诚实无欺。在《论语·为政》中，孔子认为：“人而无信，不知其可也。”主张与人交往，言而有信。对国家而言，诚信是天下行为准则的关键。孟子认为：“可欲之谓善，有诸己之谓信。”自身确实具有善德称为“信”。我国传统文化中非常重视信，把信作为立人之本、执政之基，人无信不立，政无信不立。“信”也就成为儒家着重提倡的道德规范之一。

4. 对自然的道德责任

第一，建立良好的自然环境。人与自然环境的关系引发了意义深远的环境革命，从根本上转变了人们对自然界的认识。人类是大自然的产物，人类的持续生存必须依赖自然。人与自然之间是相互依存、相互联系、相互作用、相互影响、密不可分的统一体。人类有责任建立良好的自然环境。近现代人类中心主义思想的产生和发展，人类高扬自身的主体性和能动性，而忽视了自己还有受动性的一面，忽视了自然界对人类的根源性、独立性和制约性。工业文明对人与自然关系的认识理念和行为准则违背了人和自然关系辩证法，以人类中心主义价值观作指导发展起来的现代科学技术，是人统治和主宰自然的实践，评价世界的价值是人的利益，人只有依照自身的利益行事，依照自身的利益去对待其他事物，才能达到人与自然的和谐。这种人类自我意识的提升，对人的自我力量和人类价值的理解，发展了人的巨大能动性和创造性，从而改变了人在自然环境中的状态，改变了人从属于自然环境和完全依附于自然环境的地位。在一定意义上，人类对自然界取得了伟大的胜利，但是这种胜利是暂时的，因为这种价值观有“反自然”的性质，这些行为违背了自然界的规律，招致了自然界无情的报复，使人类陷入自己制造的生存困境中。因此人类应该像对待自己的血肉和头脑一样珍爱大自然环境，努力建立良好的自然环境，摒弃那种人是自然的统治者、征服者和主宰者的错误理念。在世界已经进入21世纪的今天，我们应当正确认识、理解和把握自然环境的价值，建立良好的自然环境，在人和自然之间建立一种动态平衡的和谐关系，通过调整自身的行为，在人与自然相互依存、互相依赖、互惠互补中达到和谐相处、协调发展。

第二，保护自然对人类有着重要的价值。主要表现在物质、能量和信息这三个方面。自人类产生，自然就被人类所知晓和利用，因为人类必须依赖开发和利用自然界的价值而生存和发展。人类以文化的方式生存，主要是指人在自然价值的基础上创造和实现文化价值，自然价值不断地融入文化价值中。对于自然价值的思考和认识，是自20世纪六七十年代以来人们对自然界的损害威胁到人类的生存和发展时才提出来的。起初是从自然资源的经济价值问题开始，随着认识的深化，人们逐渐认识到，自然价值除了它的经济价值或商品性价值以外，还有许多非商品性价值的方面，从而显示出自然价值的多样性。自然界对人具有价值不仅反映在文化的层次上，表现为自然界的价值对人类生存的意义，能满足人类生存、发展和享受的需要，而且反映在自然层次上，表现为对其他生命生存具有意义，能满足人以外的其他生命生存和发展的需要，体现出对其他生命存在的价值。我们要认识到人与自然的

相互依存与统一，自觉地承担起保护自然的责任，监督和评价其他人的社会行为，与危害环境、破坏环境的行为作斗争。我们要尊重自然，按照自然规律来办事，改变生活方式，走可持续发展道路，具有善待自然、爱护自然、保护自然的道德责任感。

二、大学生道德责任教育的基本原则

1. 主体性原则

主体性原则就是要充分尊重、承认学生在道德责任教育中的主体地位，一切教育活动都围绕学生而展开，不断完善学生的独立人格，提升学生的道德责任感，实现道德责任教育的目标。主体性原则是正确的学生观在教育过程中的具体运用。尊重和信任学生的个性发展和人格独立，这是教育的基础，也是道德责任教育的前提，因为没有对学生个体自身价值的尊重，否定和抛弃其个性和人格独立，就是忽视作为个体拥有道德责任自由的权利，就不可能有真实道德责任感的养成。况且，现在大学生的主体意识逐渐加强，他们强烈要求得到承认和尊重。

2. 实践性原则

实践性原则是指道德责任教育既是传授和学习道德责任知识的过程，更是通过实践养成受教育者道德责任行为习惯的过程。教育者既要注重道德责任知识的传授，也要注重对受教育者道德责任行为习惯的训练和培养；受教育者既要认真学习道德责任的有关知识，更要躬身践履。道德在本质上是实践的，西方称道德哲学或伦理学为实践哲学。亚里士多德说："伦理学或政治学是一种实践的研究[①]。"康德把人的先验意识分为理论理性和实践理性，并主张实践理性高于理论理性，即道德高于知识，他所理解的实践是一种以意志为基础的道德活动。列宁也指出："善被理解为人的实践[②]。"朱熹说："论先后，知为先；论轻重，行为重[③]。"因此，只有在实践中履行道德责任信念，才能真正起到道德责任教育的目的。所以，道德责任教育必须要坚持实践性原则。

其一，就教育者而言，既要准确无误地传授道德责任知识，也要利用各种条件、采用多种形式，对受教育者进行道德责任的行为训练。例如，进行行为抉择训练以提高受教育者道德责任的实际认知、判断和选择行为的能力；

---

① 亚里士多德. 尼各马可伦理学［M］. 1版. 廖申白译注. 北京：商务印书馆，2003.

② 黎靖德. 朱子语类第1册［M］. 北京：中华书局，1986：148.

③ 列宁著. 哲学笔记［M］. 1版. 林利，等译校. 北京：中共中央党校出版社，1990：238-239.

进行逆境训练以锻炼受教育者的道德责任意志；通过行为习惯训练促使受教育者良好道德责任行为习惯的养成。

其二，在道德责任教育过程中，教育者还应该有计划地组织一些实践性的活动，使学生在实践性活动中受到感染和教育。例如，组织学生开展志愿者、献血、义务支教等体现对他人、对社会责任感的实践活动，不仅可以培养学生的回馈责任意识，也使得学生感受到对他人、对社会负责，本身就是人的自我价值和社会价值达到统一、自我价值获得实现的过程，从而产生责任意识与责任行为相结合的需要，进而内化为责任意识和责任感。

其三，就受教育者而言，既要认真学习道德责任的有关知识，理清各种道德责任关系，明确处理这些道德责任关系所应遵循的准则，更要时时、事事、处处严格要求自己，躬身践履，努力养成良好的道德责任行为习惯。只有遵循实践性原则，将道德责任知识的传授与对受教育者道德责任行为习惯的训练和培养相结合，将道德责任知识的学习与受教育者的躬身践履相结合，才能使道德责任教育真正成为培养人、塑造人的工程，也才能真正培养出在各方面负责任的大学生。

3. 渗透性原则

渗透性原则是指道德责任教育不能只停留在德育课的教学上，而应渗透于学校教育的各个方面中，即渗透到学校管理、课堂教学、校园环境以及学校开展的各种活动中去。道德责任的意识与品质不是直接教会的，主要是潜移默化的结果。学校道德责任教育的环境，特别是具有道德责任感染力的集体生活氛围相当重要，对提高道德责任教育的实效性有很大作用。在良好的道德责任教育氛围中，学生能够相互尊重、彼此负责、相互影响，久而久之，就会养成良好的道德责任行为习惯。创造和利用这样的环境，对学生的道德责任教育就会收到事半功倍的效果。

第一，加强学校管理，制定相应的道德责任制度，使全体师生有章可依。可通过加强校风和学风建设，寓教育于管理之中。如制订严格的校规校纪，规范学生的行为，并利用法制和舆论的作用，形成一种强大的道德责任教育氛围，使学生养成遵纪守法的习惯和自觉性，对学生的道德责任习惯和待人处事的态度进行潜移默化的影响。例如，斯坦福大学的考试实行“荣誉制度”，即所有大小考试均不设监考人员，教师发完试卷就走，交卷前考生在卷子上签名保证无作弊行为。如果发现有人违反这一制度，一经核实立即开除，以此培养学生的诚实品德和自我负责、承担责任的意识，增强自我意识和师生之间的相互信任。

第二，加强教师责任心的教育。教育教师不仅要精心备课、认真讲课，还要注意教书育人，不仅要传授专业知识，还要让学生懂得做人的道理和责任。教师要利用课堂这个平台，使学生知道做人和专业知识同样重要。

第三，营造环境氛围来渲染道德责任教育。一般来讲，大学生如果没有固定的教室，就要在教学楼和宿舍楼里创设责任氛围，使学生在耳濡目染中受到环境的正面影响，增强道德责任意识。在教学楼教室的四壁可以悬挂一些名言警句，如“先天下之忧而忧，后天下之乐而乐”（范仲淹），“天下兴亡，匹夫有责”（顾炎武），“苟利国家生死以，岂因祸福避趋之”（林则徐），“为中华之崛起而读书”（周恩来）等。这些句子就像良师益友，时刻启发、鼓励、鞭策着学生要对自己负责，对他人和社会负责。在宿舍里，可以把“创造良好的宿舍环境，人人有责”的口号置于门上，这样能够时刻提醒、激励学生，使学生认识到责任是做人之基础，是立世之根源。在宿舍楼的墙壁上可以开辟一块责任园，一般一个月创办一期，内容可以自定，如时事新闻、名人经典、心得体会、责任心语等。通过创办责任园，既锻炼了学生的创造能力，又培养了学生的责任心，满足学生的自我成就感。

第四，通过丰富多彩的校园文化活动，寓教于乐。西方国家的大学里有许多学生的文艺、体育活动协会和俱乐部以及各类兴趣小组。通过这些活动，培养学生社会交往及与他人合作的精神，培养学生自立、自信、开朗的人格品质和热爱生活、乐观向上、自我负责的生活态度。在美国一些学校，体育活动是最引人注意和最狂热的活动，特别是体育比赛，是培养群体意识和竞争观念的最好形式。我们也要借鉴这些形式，结合中国的实际，组织一些丰富多彩的校园活动，如跳绳比赛、趣味运动会、拔河比赛等活动来锻炼学生的团队意识和人人负责的精神，培养大学生的责任感。

总之，道德责任教育不是简单地停留在单一层面上的，它要渗透到教育的点滴之中，渗透到教学、科研、管理、活动的各个方面，使学生在“润物细无声”的环境中受到道德责任的教育。

4. 层次性原则

道德责任是有层次的。意大利思想家朱塞佩·马志尼曾经把人的责任依次划分为四种：对人类的责任、对国家的责任、对家庭的责任、对自己的责任。而在今天，作为一个公民的道德责任，至少包括对自己的责任、对他人的责任、对社会的责任、对国家的责任、对民族的责任、对人类的责任、对生态的责任、对未来的责任等。大学生是文化层次较高的群体，是社会未来的栋梁，更要做负责任的典范。以往的道德责任教育常常背离学生的身心发展规律，忽视了道德责任的层次性，空谈对他人和社会的责任，把自我责任的内容排除在责任教育之外。这样学生就不可能真正懂得如何为自己负责，也就无法有效地为他人和社会负责，造成了崇高的责任目标多数人无法达到，本该承担的基本责任又被忽视的后果，出现了“大事做不了，小事不想做”的现象。道德责任教育并非一日之功，它是一个不断完善的过程。孔子与孟子都很注重循序渐进的层次性教育。孔子曾说过，求“仁”的过程，就是一个从低层次向最高层次发展的过程。孔子说：“吾十有五而志于学，三十而立，四十而不惑，五十而知天命，六十而耳顺，七十而从心所欲，不逾矩。”孟子说：“流水之为物也，不盈科不行。”孟子还说：“盈科而后进。”意思是说水在流动的时候，是先注满当前的小水坑，然后才能前进，说明任何教育都要循序渐进。道德责任教育更是如此。道德责任本身是有层次性的，它不仅需要在观念上澄清一些基本认识，而且要在实践的过程中不断地付诸行动。主体对道德责任的认识也有一个不断深化的过程，因为主体的责任观念与责任认知能力总是处于持续的积累与生成之中，责任感的形成与发展总是日益趋于深刻，实际表现出的自由选择与责任承担能力总是逐渐提高的。“冰冻三尺，非一日之寒”，只有在循序渐进的教育中，才能铸就强烈的道德责任意识。教育学生对自己负责是道德责任教育的最低层次。教育者要强化学生“从我做起”的意识与行动，鼓励学生丰富自己的道德责任体验，反省自己的道德责任表现，在独立实践道德责任行为中，不断提高自我评价、自我体验、自我控制的能力。在此基础上，学生才会逐渐领悟自己作为一个社会人的真正内涵，逐步认识到对他人、社会及人类负有的道义上的责任，才能理解“我为人人，人人为我”的真谛。一个人只有对自己负责了，才能做到对他人、对集体、对社会负责；一个连对自己都不负责的人，是不可能对他人、对集体、对社会负责的。

5. 现实性原则

道德责任具有历史性，更富有现实内容，道德责任教育需要为现实服务。西方主要发达国家成功的道德责任教育都是顺应和适应了特定现实文化运动的结果，每一项改革都使道德责任教育更贴近社会现实，更深入社会实践，更好地为社会实践服务，也同样使之与现实建立更好更密切的联系。美国把学生培养成为具有爱国精神，能对国家尽到责任和义务的“责任公民”作为德育教育的目标，强调学生必须具备美国“国民精神”，使学生中的绝大多数都倾向于认为“美国是世界上最好的国家”，“当一名美国人比当任何其他国家的国民更好”，要时时处处为美利坚的强大而自豪和尽责，并把不断

涌入的移民“美国化”。近几年具有典型保守主义倾向的英国高校在德育目标上也有同美国接轨的倾向，并且开始重视学校德育中的责任教育。其德育目标之一就是培养学生的社会意识和公民意识，使之懂得个人的权利、义务和责任。法国近百年来始终强调培养学生的公民责任感和热爱法兰西共和国的品质，学校德育的总目标就是为法兰西共和国培养能够积极参与社会活动的合格公民，主张应该使公民不仅拥有得到法律承认的权利，而且也同时对社会负有责任。德国在学校也设置了多种多样的德育课，其目标是培养学生的优良品质，树立民族自尊心、自豪感，培植民族精神，强调要培养人的尊严、克己、乐于助人、理解他人，强调对公民进行诸如诚实、坦率、互助、给予、仁爱、不自私、责任感、相互谅解、协调等健全人格的素质教育。因为道德责任教育本身有其保守性，它必须参与社会实践，才能不断调整目标，改革自身，跟上时代步伐，培养社会需要的人才。

坚持现实性原则，让道德责任教育在参与经济实践中找到传统与现实的内在生长点，建立传统文化与现实需要有机统一的和面向未来的新道德责任教育体系，这应是我们国家德育改革与发展的出发点和归宿。目前，我国有13亿多人口，其中有9亿是农民。改革开放以来，社会经济结构发生很大变化，人民生活水平得到很大改善，社会经济能力也得到很大提高，一部分人先富裕起来了，但也拉大了城乡之间、脑体劳动者之间的贫富差距，也造就了一些特殊行业和特殊部门，人们的思想观念、价值观念也都发生了很大的变化。这样的时代背景，既为我们实施道德责任教育提供了条件，又对我们提出了挑战。因此，道德责任教育的思路和做法应当同这种社会现实相适应，既不能要求太高，教育人人都要为集体、为社会作贡献而不考虑个人的利益；也不能要求太低，任凭自私自利、个人主义的现象自由发展。首先应教育每个人先对自己负责，在此基础上才能对家庭、对社会负责任，否则，要么我们是在做无用功，要么是在误人子弟。所以，对大学生进行道德责任教育，要坚持现实性原则，要让学生认清我国的现实，认清自己的现实，认清自己所肩负的责任，不要盲目攀比，从现实中一步一个脚印地承担起时代赋予他们的责任。

第四节　当代大学生道德责任缺失的表现及原因

一、当代大学生道德责任缺失的表现

1. 知行脱节和践行能力差

在知行关系上，道德认知与道德实践脱节。不能从自己做起，是大学生在道德上知行脱节的一个突出表现。多数大学生在观念上认同甚至崇尚先公后私，但在行为上却表现为“先己后人”或“主观为自己，客观为别人”；有的甚至以自我为中心，在观念上认同“重义轻利”的价值取向，崇尚“舍生取义”的壮举，但在行为上表现为价值取向功利化和实用化；在观念上认识到有修养是安身立命之本，应该加强修养，完善人格，但在行为上却难以做到“慎独”，有时甚至无视社会公德；在观念上认为应该仁爱为礼，建立和谐的人际关系，但在行为上却“事不关己，高高挂起”，对别人采取一种冷漠的态度，有时甚至自私自利；在观念上认为大学生应开拓创新，成就事业，但在行为上却表现为缺乏毅力和恒心，奋斗精神淡薄；在观念上向往纯洁甜蜜的爱情，幸福美满、白头偕老的婚姻生活，但在行为上却表现为爱情的随意性；在观念上认为应孝敬父母，勤俭节约，但在行为上却往往无视家庭状况，盲目攀比消费；在观念上认为应自尊自爱，行为上却爱慕虚荣等。矛盾性和双重标准，充分反映了处在社会经济体制转型期大学生的复杂心态。

2. 社会责任感淡漠

在任何社会中，社会责任感是社会前进的精神支撑力之一，是先进阶层实现自己的社会历史使命的必要条件。时代在前进，社会在发展，当代大学生的主体意识明显增强，然而有相当一部分大学生的社会责任感却没有因为主体意识的增强而增强，反而呈现出缺乏社会责任感的倾向，价值取向存在偏差。有资料显示，大学生中有 45.2% 的人感到自己当前最缺乏的是社会责任感。其主要表现是：一是强调个人理想，忽视社会共同理想。认为社会理想太远、太大、太空，与个人关联不大，而个人的现实生活才是最为实惠的。二是社会价值取向普遍较低。大学生应该是以爱护他人、关怀他人为高尚的职责，以奉献社会为最大的快乐。然而现实并非如此，有关资料曾对大学生审美价值、政治价值、理论价值、经济价值、社会价值、宗教价值等六种价值取向做调查，结果显示，社会价值取向偏低，居六种价值取向的第五位。

三是过分注重物质利益，缺乏精神追求。一些大学生受拜金主义影响，过分夸大金钱的作用，部分学生的道德天平在“求利”的引导下倾向自身利益，期望和追求满足，物质和金钱成为衡量一个人价值的标准。一些大学毕业生在择业时，不是考虑发挥自己的专长，而是特别注重单位的经济效益和个人的物质利益。

3. 对自身责任感不强

首先，对自己的学习不负责任。学习是学生的天职，学生的主要任务就是学习。然而，一些学生认为，考上大学之后就应该松一口气，混个文凭是念大学的最终目的。他们对自己的学习既没有责任意识，也没有责任感，把大量的时间和精力浪费在睡觉、逛街、打扑克、打麻将、谈恋爱、上网聊天、打游戏、做生意等方面。平时学习不努力，考试时就容易出现作弊行为。当前，考试作弊已成为普遍现象并且屡禁不止。

其次，对自己的生活不负责任。关心自己的生活，与同学友好相处，使自己的生活既充实又愉快是每个大学生应负的最起码的责任之一。然而，一些学生不讲诚信，欺骗同学、欺骗他人。遇到挫折时心灰意冷，不积极面对，把自己的生活搞得一团糟。

再次，对自己的生命不负责任。对自己的生命负责也是一种责任，承担和履行这种责任的过程，就是探索生命价值的过程。康德曾说过，珍重自己的生命是每一个人的道德责任。关爱自己的责任应当是其他所有责任的前提和基础，只有珍爱自己的生命，使自己拥有健康的身心，才能承担起其他的人生责任。因此，加强对自己负责的责任教育，有针对性地重塑大学生对生命的态度，是一项刻不容缓的任务。

二、当代大学生道德责任缺失的原因分析

1. 自身迷茫

当代大学生处于市场经济所引起的激烈的社会变革之中，传统与现代、东西方文化等方面的强劲冲突使他们无法建立正确的价值观。同时，大学特有的生活环境、生活方式、学习方法和人际交往等方面的特点也使许多在校大学生感到无法从容应对生活和学习上的种种问题，迷茫心态在大学生群体中普遍存在。主要表现在以下方面。第一，功利心增强，奉献精神削弱。或许是迫于社会的压力，越来越多大学生的目标意识、功利意识增强。为了评优而学习，为了利益而做班干部，为了就业而入党，为了薪酬而考研的现象开始变得越来越多。相反，为现代化建设贡献自己的一份力量、为人民服务、

为科技的进步而奋斗的意识相对越来越弱，奉献精神渐渐变成一种口号。第二，道德责任感淡薄，承受挫折能力差。由于生活环境优越，大学生多数为家庭独生子女，从小是在“饭来张口、衣来伸手”的状态下成长起来的，享受着“小皇帝”“小公主”一样的待遇，不懂得谦让别人，也不知道尊重别人。在家里什么事情都依靠父母，在学校什么事情都依靠老师，缺乏自我负责的意识；而且他们没有接受过独立能力的培养和必要的挫败教育，形成了无忧无虑的思想和习惯，缺乏紧迫感、责任感和学习的动力。一旦遇到挫折，就心灰意冷、一蹶不振，甚至产生严重的负面的倾向。第三，价值观念多样化，使一些学生发生了行为上的偏差。在市场经济条件下，利益关系、生活方式、分配方式的多样化，引发了大学生价值追求的分离。正逐步趋向成人化的大学生的心理发展尚未完全成熟，行为发展也还处于他律阶段，很容易受到外界各种因素的影响。社会上许多不确定的思想和行为影响了大学生的分辨能力①，动摇了他们在接受正规教育过程中形成的意志，从而使他们做出了一些不负责任的行为。

2. 家庭教育存在误区

家庭教育是指在一定的家庭文化背景下，由父母或其他年长者对未成年的子女或其他年幼者施加的有助于其社会化和形成健全人格的教育影响活动。当前家庭教育在面临社会竞争日益激烈、学校升学压力加剧的条件下，表现出种种误区。

（1）过分溺爱和纵容

过分溺爱和纵容是最典型，也是最常见的家庭教育误区。目前我国在校大学生年龄为 19 ～ 23 岁，以独生子女为主。一些家长总是对孩子怀有怜爱之心，即使在孩子进入大学以后，仍然担心孩子不能照顾自己，会受到伤害，于是继续娇宠和溺爱孩子，满足孩子很多不合理的要求。这样过分地溺爱孩子导致孩子生活自理能力差，不适应住校生活，不能和同学和睦相处。这样错误的家庭教育方式除了直接导致孩子形成过分的“自我中心”的性格缺陷外，同时也使孩子丧失了离开家长独立解决问题的能力，使孩子在面对纷繁复杂的社会时束手无策。孩子在大学中出现问题时，一些家长总是找各种理由帮孩子开脱，甚至在明知是孩子做错时，还要庇护偏袒，更有甚者威胁学校，严重干扰学校的日常教学秩序。这些家长的行为实际上对孩子的错误起到推波助澜的作用，不但不能使孩子认识到自己的错误而进行自我反省和检讨，反而会让孩子在家长的袒护下有恃无恐，更加无视学校有关规定，继续犯错，

① 李萍. 中国道德调查［M］. 北京：民主与建设出版社，2001：21.

最终很可能导致孩子被学校开除，甚至走上犯罪的道路。过分溺爱和纵容的教育方式无疑会对孩子的个性发展造成很严重的影响，很容易导致孩子过分自负，如有失败和挫折则归咎于他人，认为自己总是正确的，形成偏执型人格障碍。

（2）重智轻德

有些家长一味地要求孩子竞选学生会干部、加入党组织、获得各种荣誉，这些家长对此甚至持有一种狂热的态度，采取一切能够采取的方式来帮助孩子达到自己所期望的目标，同时也要求孩子能够以一种狂热的态度来达到目的。这种家庭教育导致的直接后果就是加深了孩子的功利思想，使孩子变得做事前先考虑结果是否有利，有好处才干，有荣誉才上，为达到目标不择手段，有时为了自己的利益，甚至不惜采取一些不文明、不道德的做法。很多家长对家庭教育的认识存在片面性，重视智力教育，忽略道德责任的教育，出现了家庭道德责任教育的缺失现象。大多数家长对孩子的学习情况了如指掌，但对于孩子的道德品德都以“不清楚”和“没注意”来回答。

（3）家长素质的影响

父母是孩子的第一任老师，他们的言行对自己子女的教育有着潜移默化的影响。如果家长道德素质高，能够孝敬老人，关心爱护幼小，与兄弟姐妹和睦相处，与邻居、同事之间关系融洽，那么在这种环境下成长的大学生，无论做事还是做人都会很负责任，具有很强的道德责任感；相反，如果家长道德素质比较低，经常独断专行，稍不如意就打骂孩子，甚至置家庭责任于不顾，在外面胡作非为等，在这种环境下成长的大学生道德责任感薄弱，很难做到对别人负责任。

3. 学校教育不完善

（1）忽视基础道德责任要求

我国学校在对学生的道德责任教育中仅仅注重学生对国家的道德责任感、对党的道德责任感，这无可厚非。但是，由于道德责任教育的基础是建立在高远甚至空洞的道德说教之上，而不是基于学生生活实际的真情实感，导致学生的道德责任行为总是与道德责任要求相脱节，对学生道德责任教育的实效性就难以体现。忽视基础道德要求或基础目标的设置，是我国学校道德责任教育效果不尽如人意的重要原因。基础道德责任要求包括基础道德责任理论要求和基础道德实践要求两个方面。其中，理论要求是基础，必须首先对学生进行理论灌输与传授，使其形成相应的理论素养与水平；理论教育必须是全面的，并与学生的发展需要及发展水平相适应，只强调过高的或过于空泛的道德理论不但无法被学生接受，反而可能把他们推向对立面。实践活动是个体稳定的道德责任感形成的必不可少的重要条件，个体只有通过切身体验与实践活动的强化才可能把社会、国家对他们的道德要求内化为他们自身的道德责任发展需要，成为指导他们正确的道德责任判断与选择的内在因素。但实践养成教育必须注重循序渐进的原则，从基础层次抓起，要求学生从身边的小事做起，以小见大，培养他们良好的道德责任行为习惯。缺乏必要的基础，而片面强调所谓的“政治合格”，这样培养出来的人只会是在政治上阿谀奉承的虚假人格的人，而不可能是道德责任上真正过关的合格人才。

（2）教育方法不具有人性化

在学校的道德责任教育中，教育者的主要职责是把自己知道的道德精神、道德理念通过自己的认识去促成学生的认识，通过自己道德责任感的展现唤起学生心灵的共鸣。从道德责任的知识层面上讲，道德责任需要在个体品德心理发展过程中解决一个认知的问题，但是现实的学校道德责任教育方法过于死板。道德灌输由于其强制性和封闭性特征，很容易造就无责任的人或者只对外部负责而唯独不对自己负责的人。道德责任体现为个体对道德责任的认识和尊重，道德作为人类对世界的精神把握方式，需要充分尊重个人主体性的发挥。没有个体意志的自由、主体性的发挥，所有道德责任教育都是一种反人性的活动。所有道德规范都是出于人性的需要，应该把它建立在人与人之间相互理解的基础之上。理解是理解者在心理上重新体验他人心理、精神的一种复制和重构的过程，是通过自己的内化、想象、领会来把握其他具有主体性人格的人的特点。在道德责任教育过程中，教师需要从尊重学生的生命出发，走人性化道路，关注道德责任要求与受教育者内在意义的关联，从而引发学生对道德的敬重之心。

（3）教育者道德责任感淡漠

教育者道德责任感淡漠主要有以下几个方面：一是对学生不够关心。不体恤学生的疾苦，有的甚至为满足个人欲望而变相收费、摊派。二是工作责任心不够。对自己的本职工作敷衍了事，不备课、不批改作业等。三是自身道德行为不端正，缺乏道德责任感。在学校道德责任教育中，教育者对学生的影响不仅是对道德责任知识的传授，更应率先垂范，用行动来潜移默化地影响学生。然而，在现实中，教育者的道德责任行为与其向学生进行的道德责任教育大相径庭。教育者在课堂上向学生传授的道德责任意义和理念并没有体现在现实社会生活中，这就给学生正确地理解并实践道德责任造成一定的困境。

4. 社会不良环境影响

（1）社会文化变革的影响

中国古代传统文化处处强调一种权威和神圣，使得个体可以有所畏惧，无论是对自己还是对他人，甚至是对大自然。自五四运动以来，中国的新文化运动就开始寻求强国之路和探求现代化道路，要建立一个适应新社会发展的新价值体系，其核心是自由、民主、科学。但后来不论是选择资本主义还是马克思主义，一直效仿西方文明，本质上都是对中国文化某种自觉或不自觉的否定。旧的传统文化被破坏，文化积淀中的许多有积极意义的思想被冲击掉，曾经长期支配人们的思想和行为蜕去了原有的权威性与神圣性，伴随着这种神圣和权威性的失落是个体道德责任的失落。人们的自由选择空间因原先的封建束缚被消除而瞬间扩大，社会文化价值由封闭走向开放，由绝对性趋于相对性，由追求共性转向共性与个性并存、单一性与多样性并存。虽然主流道德仍然是共产主义道德，但和它并存的有全人类的普遍道德、西方的个人主义道德、中华民族的传统道德，以及各种宗教道德等。多元文化价值的影响削弱了学生对主导价值的认同，而个体价值的生成在个人主义的狂热中导致了个体道德责任感的偏执，甚至在选择自由中逃避道德责任。

（2）市场经济负面效应的影响

由于市场经济是一种强调个体利益、凸显个体利益的经济，容易使人们产生这样三种观念：第一是个体本位观念。这种观念是根本不同于社会本位观念的，它使每个个体关注自身，把自己从实际存在的各种关系中独立出来，以自身的利益为自身行为的成败标准和出发点。第二是为己观念。它认为每个个体都是一个独立的存在者，独立地生存，也自主地把握自己的前途命运，如果自己在市场竞争中失败，就意味着自己被市场无情地淘汰。因此，每个个体都只为自己考虑，而很少关心或者顾及他人利益和社会整体利益，不愿意承担任何责任。第三是金钱万能观念。在这三种观念的影响下，社会上出现了某些消极腐败现象，生产销售假冒伪劣商品、抬高物价、垄断市场、进行不正当竞争、偷税漏税等，只要能赚钱，什么都敢做。这些观念和消极腐败现象的存在对当代大学生道德责任感的形成产生了极其不利的影响。

（3）社会道德评价不完善的影响

当代我国的现代化进程就其特征而言，是首先由政府顺乎民意所发动的、以经济体制改革为切入点所带动的社会全面性的结构变革。在经济体制转换的过程中，社会道德评价无意间侧重于对个体所取得的经济成就进行宣传与评价，利益增长掩盖了发展的一切层面，道德陋习并未被重视，许多个体不顾自己的道德责任，为获得高利润不择手段的现象比比皆是。社会道德评价日益从一元趋向多元。多元化的价值观念本来应该是孕育人文精神的重要条件，但目前的价值观念多元化却走向了一个只有事实、功利，没有善恶美丑的无价值判断、无道德批判的多元。社会彻底地实现这种价值多元，就会缺乏一种相对权威的、占主导地位的道德价值体系和评价标准，就会因为缺乏基本的价值基础而分崩离析，导致没有一套社会共同认同的价值体系，无法形成一个相对定型、相对稳定的社会道德评价体系，社会道德相对主义就会逐渐占领整个伦理生活。而道德相对主义的盛行只能削弱个体对自身道德责任的认识和落实，个体的个人选择就有了很大的随意性，行为的合理性只存在于个人的内心，社会对个体的约束便由于道德价值相对主义的存在而弱化了。道德相对主义其实就是否定公共的、统一的道德标准，其实质是否定一切价值，同时也否定了由一定价值观念所维系的道德责任。

（4）社会网络环境的影响

随着计算机网络技术的发展，网络以其自身的特点在多元文化的传播中形成了一种典型的文化意识氛围，即有别于现实生活的虚拟世界。网络有着与现实生活空间大相径庭之处，深刻地改变着人们的生活方式、思想观念，震撼着人与人交往的伦理道德观念、道德责任意识和道德责任行为。网络社会的一大特点在于它生存的无限循环，空间的无边无际，以及无中心。因为在互联网设计之初，就采用离散结构，不设置拥有最高权力的中央控制设备或机构，这样国际互联网就成了一个没有绝对中心的网络世界。而且，从地缘上看，它覆盖于整个地球表面上，既没有明确的国界和地区界限，也没有开始和结束。一旦进入这个由光纤电缆和调制解调器构成的世界，人们就会变成电子化的飞速运行的“数字化符号”存在，互联网的这一特点为直接源于后现代主义的道德相对主义提供了生成土壤。

在网络这个崭新的信息世界中，主体的行为往往是在“虚拟世界”的情形下进行的。在网络技术的帮助下，每个人都可以成为隐形人，其身份、行为方式、行为目标等都能够得到充分的隐匿和篡改。由于建立在现实社会基础上的传统道德规范不适用网络社会的新环境，从而使之受到严峻的挑战和巨大的冲击，其约束力明显下降。但是面临新的网络伦理境遇，又一时没有新的道德规范，从而导致大量的网上行为处于既不受道德规范的制约，又无规范可依的状态。网络行为主体的匿名、匿行而导致的主体模糊，使得规范所体现的伦理道德观念已经难以再放到传统意义上的社会关系、社会实践中加以认识、检验和适用。因此，在网络道德教育发展的初期，由于新旧道德规范并存、交替、更迭，从而造成网络道德规范内容的脱节，并引发了大量的道德责任行为失范。

第五节　加强当代大学生道德责任教育的对策

一、加强家庭道德责任教育的导向性

1. 提高家长自身道德责任意识

苏联教育学家马卡连柯曾经说过："父母怎样穿衣服，怎样和别人说话，怎样谈论其他人，怎样表达开心和不快，怎样对待亲朋和仇敌……所有这一切对孩子都有重大意义。"父母自身的品德会直接影响孩子的品德。一个天天对他人撒谎、言行不一的人，想要教育子女做人要诚实、讲信用，是很难收到良好的教育效果的。因此，做父母的要想让孩子具备高尚的道德责任感，担当起自己的责任，必须注意提高自身的道德责任意识，在日常生活中处处为孩子做出表率。首先，家长自己应做一个对家庭有责任感的人。家庭是孩子成长的第一环境，父母是孩子的第一任老师。家长的举手投足往往是无言的规范，对孩子的影响胜过千言万语。古人云："言教者讼，身教者从。"道德是社会中的力量，更是人本身的力量，人本身若无道德的要求，任何外力也不能使他变为有道德的人；而个人的道德要求受道德情感的召唤，这些道德认识和情感的产生都离不开家庭生活中"身教者"的影响。家长要想孩子日后孝敬自己，首先自己要孝敬父母。在日常生活中父母对待亲人的态度和责任表现是孩子最直接有效的教科书。因此，要想培养孩子的家庭道德责任感，父母首先就要做一个对家庭负责的人；其次，还应对集体和社会负责，做一个勇于担当社会责任的人，这也是对孩子最好的影响和教育。

2. 转变家长教育理念

现代家庭教育的理念应该是"以德育人"，加强孩子的道德教育已成为一种世界趋势。以德育人就是要对孩子进行做人的教育，一是重视个人修养，强调诚实本真，提倡人伦价值，推崇仁爱意识，弘扬道德责任，实践知行统一。具体表现为，要和孩子一起对他人有感激和关爱之心，对物件有爱惜之情，对自己的欲望适当克制，对工作和学习有责任意识等。二是在社会生活中正确地处理好人与人之间的关系。在家庭道德教育中，要培养孩子的孝敬之心、多为他人着想的关爱之心。培养孩子与人合作相处的能力，包括善于与人交往，有竞争和合作意识，尊重他人和具有合群性，能正确处理与自我、与他人、与集体、与社会、与国家的关系等，不要事事处处以自我为中心。三是学会

以赏识的眼光看待孩子，根据孩子的个性特点因材施教。父母要帮助孩子了解自己的身心发展特点，针对不同年龄阶段的特点对孩子提出不同的、经过自己的努力能够达到的目标要求，及时肯定孩子经过努力而取得的点滴进步，同时又要耐心地指出存在的不足和继续努力的方向与要求。四是培养孩子有道德的理想境界和道德情操，有法纪观念、有健康的心态，能自我约束、勤奋进取。有意识地锻炼孩子从小养成生活学习有计划、有目标、有行动、能坚持、能自控的良好行为习惯。

3. 改进家长教育方法

孩子的成长不仅靠老师、学校，还要靠父母、靠家庭，但现在很多家长对如何教育子女缺乏真正了解。有些家长用老一套方法，对孩子的过失，不是打就是骂，不但没起到教育效果，还适得其反。有的家长总爱拿自己的孩子与别人对比，或者让孩子按照自己的要求去做，“应该怎样怎样”，严重挫伤了孩子的积极性，遏制了孩子的健康成长。那么，在教育好孩子方面，家长应和学校积极配合，注意以下几个方面。

第一，因材施教是教育的一个普遍原则，在家庭教育中同样发挥着不可忽视的作用。不同的孩子在智力、体力、能力各方面都存在着巨大差异，客观公正地评价、分析孩子的特点，对家庭教育非常重要。正确的家庭教育要因材施教，有针对性地教育孩子，既要着眼于孩子自身的特质，又要合理预计孩子可能的发展空间，制定切实可行的教育目标。同时家长要结合孩子所学的专业和兴趣，不要盲目跟风。

第二，不要替孩子选择。中国家长对待孩子，常有一种“不放心”的心理，很多事情都帮着孩子做。从小帮着孩子穿衣服；从小让孩子跟大人睡；孩子上学，帮其检查文具、书本；不让孩子干家务活；甚至长大了找工作、结婚，家长都要大包大揽。在这种包办中，孩子的好奇心和想试试看的心理被抹杀，变得懒惰、依赖、怕苦怕累、没有主见、不负责任。孩子能做的事，要早日放手让孩子自己去做；关键的选择，要让孩子自己去选，以便增加孩子的责任感和自信心。

第三，错误与成功同样重要。大多数家长总认为“孩子犯错不好”，但对于孩子的成长来说，错误和成功一样不可避免，一样有意义。孩子犯错误的过程，是孩子不断尝试、不断创新、不断成长的过程。孩子因为害怕犯错，什么也不敢尝试，小心翼翼、胆战心惊地成长，那才是最大的失败。错误也是一种美丽，也是一种成功。孩子有了错，家长一定要平静对待，当它是一件好事，当它是孩子进步、成长的机会，切勿大惊小怪、横加指责，更不能

因害怕孩子犯错，而不给孩子尝试与实践的机会。

第四，学会夸奖孩子。夸孩子也是一门学问、一门艺术，只有运用得当，才能取得理想的效果。

夸奖要公正合理，实事求是，不要夸大，也不要缩小。如果夸得不准，孩子就会产生疑问，起不到激励作用。如果夸错了，孩子就会把错的当成对的，产生消极作用。

夸奖要真实，只有真心、真情地夸奖，孩子才能积极回应。心不在焉，敷衍了事，孩子往往会感到是在欺骗他。家长对孩子每一点进步给予发自内心的夸奖，会使孩子受到真心和亲情的感染，树立“今后我要做得更好”的决心和信心。

夸奖要及时，否则时过境迁，没有了当时的氛围，夸奖作用也会降低。夸奖的形式很多，除真诚的语言外，还有赞赏的目光和微笑，亲切的拥抱，轻轻地抚摸等。孩子的成长不是一朝一夕的事，家长要时刻关注孩子的行为和举止，经常夸他的优点和进步，让孩子充分感受父母的信任和鼓励。

帮孩子建立自信和自尊。我们的家长朋友常常忽视培养孩子的自信、维护孩子的自尊。比如，为孩子大包大揽，孩子没有机会去做事，自尊和自信就无从建立，做人的根本就不能确立。我们应经常对孩子的独立思考和自我决策行为予以鼓励。在批评孩子的错误之前，首先要表扬他好的方面，这样就维护了他们的自尊和自信。即使孩子做错了，仍要表扬他独立解决问题的行为，然后再解释他为什么错了，这样才有助于孩子自尊心的维护和自信心的培养。很多批评可以变成对孩子提出问题，其效果也会比直接批评更有效。

对待孩子要有耐心。在教育孩子方面，不少家长缺少耐心，不明白“过程”的必要和重要，对待孩子学习、犯错误等问题，表现得急躁、没耐心。忽视过程的教育，是一种虚荣和功利的表现，无论是教师还是家长，都要回避这种心理，要懂得责任心比虚荣心更重要；诚实和勤奋是最终成功的基石。

二、提高学校道德责任教育的实效性

1. 教育方法多样化

学校对学生进行道德责任教育要走出困境和实现时代要求下的道德责任教育培养目标，就必须运用科学的教育方法。实施道德责任教育方法要多样化，要运用不同的教育方法来全面地、深入地对学生进行道德责任感的培养。在这里我们选取了几种方法供大家参考。

首先是角色承担法。角色承担法是通过让学生实际扮演特定情境中的社会角色，来实际处理问题、解决困难，或者是让学生通过选择、扮演另一个社会角色，体验其心理，从而形成某种习惯、改变某种态度的一种方法。角色承担法对个体感悟和践履道德责任的支点在于通过承担各种角色，学生的移情理解能力和道德敏感性有所发展。角色承担能够发展学生的移情理解能力。移情是一种想象自己处于别人的境况，并理解他人的情感、欲望、意念和行动的能力。移情作用是维系积极的社会关系，激发和促进社会行为的重要动因。一个人只有对他人所处的情境有所理解，对他人当时的情绪体验有所觉知，才能设身处地，站在他人的角度去考虑问题，做到推己及人，坚定不移地履行自己的责任。

在实际生活中，每个人总会面临处于不利的状态，而有必要履行自己的某种道德责任的情境。角色承担是自我行为与助人行为之间的一个重要的中间变量。学生通过扮演某种角色，切身领会不同角色的责任并学会分析自己的行为，鉴别其因果，同时能理解别人的某种需要和问题，能够设身处地地为别人思考问题。道德责任教育的作用就是为学生提供各种以经验为基础的学习情境，让学生实际参与各种人际互动或社会互动，尝试探究和识别自己及他人的思想、感情，洞察和理解自己及他人的立场、观点和内心感受，形成解决人际或社会问题的技能和态度。角色承担法强化了学生的责任动机，提高了践履责任行为的可能性。

其次是活动法。活动法强调通过学生的各种自主活动来促进学生的道德的发展，使学生学会负责。活动法是培养责任感最独特而又最重要的一种方法。只有在活动中，学生才能发展真正的责任意识和义务感。因为道德的根本关系是人与人、人与群体之间的利益关系。这种利益关系只有通过活动和交往才能体现出来。而基于这种利益关系所要求的责任、义务也只能通过活动才能产生。没有合作、交往，人既不能产生真正的责任意识，也不会履行自己的责任。活动是实现道德责任个体意义的根本途径。活动不仅能让学生理解履行道德责任的必要，而且能体验到尽责的神圣与精神的愉悦。学生正是在现实的人与人的交往中，通过日益加深对道德规范的认识，达成一种基于互惠的道德义务和责任，并且在履行这些义务和责任的过程中，切实领略到真正符合人性的东西，体验到更深刻的自我肯定、自我完善。活动体现了教育的主体性和实践性特征。道德教育必须重视学生的主体地位，发挥学生的主体性作用，培养学生的主体性道德人格，而学生主体性的实现最有效的途径就是利用学生的活动。活动法还体现了道德教育的时间性特征。

最后是公正团体法。公正团体法是一种集体教育方法，最根本的特征是建立各种管理组织，鼓励学生民主参与，营造一种民主的道德氛围，在民主

管理过程中，发展学生的集体或共同的价值意识，把集体力量作为一种教育资源，实现学生自治，并促进学生的道德发展，学会对集体和个体的发展负责。公正团体法是根据集体教育原则形成的，旨在影响学生的道德判断和道德行为的一种“团体实践模式”。在平衡自由与责任、培养自我意识与集体意识、发挥个人主权与集体力量在个体道德发展中的协同作用等方面，公正团体法为学生提供了有益的尝试，并形成了许多合理的、成功的建议。公正团体法有助于形成学生的利他精神和集体责任感，促进学生道德判断和更好的发展，真正内化和践履各种集体行为规范。只有在集体教育中真正尊重学生的权利，并把这种权利具体化为各种现实活动，才能收到良好的教育效果。

以上这几种道德教育方法不应该单独运用，因为真正的道德责任的培养是知、情、意的相互联系、相互作用、互为条件、协调发展的结果。有效的责任教育决不能依赖某一种孤立的方法，也不能把几种方法机械地拼凑，而是应该有机地组合起来，这就要求学校的道德责任教育方法要多样化。

2. 教育过程实践化

个体对道德责任的认识是一个不断深化的过程，个体的责任观念与责任认知能力总是处于持续的积累与生成之中，责任感的形成和发展日趋深刻，实际表现出的自由选择与责任承担能力便日趋提高。个体完美德性永远只是一种可能性，如果要把这种可能性转化为现实性，就必须不断进行教育，深化个体对道德责任的认识，并加以道德实践巩固这种责任认识，使之能在人生的不同阶段做出正确的道德选择。学校是进行道德责任教育的集中场所。学校道德责任教育要注重个体的道德实践。道德主体对某一具体道德行为善恶的控制力，不是偶然发生的，不能仅仅依靠希望和决心或“善良意志”，而要靠不断的、长期的社会道德生活实践和运用适当的手段来做到。正是在反复的实践中，通过自觉地承担相应的道德责任，积极地把外在的要求转化为个体内心的自觉要求，才能促进道德责任感的形成，促使道德责任的履行。当然，道德责任的履行在一定程度上有可能外在于个体而存在，如果个体仅仅是迫于外界要求而去履行，尽管道德责任已经唤醒本我，但道德责任仍具有非我的外在性，是一种与个体的主体性相抵触的因素。因此，学校要注重培养个体的德性，使个体在不断履行道德责任的实践过程中不断将其内化和升华为德性，成为自身的一种品质，这种品质可以赋予个体自觉自为的主体性，使之获得自主地、创造性地开展各项活动的能力，这时的个体才会达到自由的境界。把“重灌输”变为“重实践”，树立以学生为本的观念。

借鉴国外道德责任教育成功的经验，我们在道德责任的教育上应该将知识学习、道德责任判断能力培养及道德责任实践行为训练结合起来。在教学方式上，强调采取启发式、讨论式、双向交流式，重视学生的主体地位，增强学生自主选择的能力，培养学生的自学能力和独立人格意识，发挥其积极性、主动性和创造性。道德实践活动的设计要注重弘扬学生的主体性，挖掘和引发学生的自觉性、积极性、独特性和创造性。可让学生自主设计一些他们乐于参加的课外实践活动，让他们从中体会自身的价值和责任。使学生能够自觉地把权利和义务结合起来，自觉抵制不良的思想和行为，认认真真做好自己身边的每一件事，并以自己良好的道德行为习惯去影响自己身边的人，以便互相启发、互感互动，形成“道德服务链”，在学校中形成文明之风。

3. 提高学生的责任认识

当代大学生首先要具备责任心，而责任心又以责任认识为前提。没有是非标准，责任心就无从谈起，所以要提高他们的责任认识。责任认识是指个人对自己和他人，对家庭和集体，对国家和社会所负责任的认识和理解。从层次上看，责任认识可划分为感性认识和理性认识；从内容上看，无论是感性或理性层次，都是为了要掌握责任的概念和规范要求，以及对其所选择的行为造成的后果的认识。知然后才能行，大学生只有知道对错、知道好坏，才能从道德价值上分清是非、善恶、美丑，才能帮助自己选择符合道德要求的负责任的行为方式，并将责任认识转化为负责任的行为。责任认识的过程，既是对责任知识进行感知、记忆、思维的过程，又是责任观念、责任情感、责任意志和责任信念形成发展的过程，责任认识通过对责任情感的调节、指导作用，协助责任情感促进责任意志的形成，保证责任意志的合理方向，以便形成符合道德要求的责任行为。责任认识是形成责任行为的基础。提高当代大学生的责任认识，应加强以下三方面的教育。

第一，加强“三观”教育。“三观”指世界观、人生观、价值观。“三观”教育乃是当前道德责任认识教育的主要内容之一。一个对世界、人生、价值具有正确看法的学生，才能对自己、他人、家庭、国家有负责任的认识。因此，加强“三观”教育，乃是提高责任认识的基本途径。

第二，加强“爱心”教育。一个热爱自己、热爱他人、热爱家庭、热爱国家的学生，自然就会对自己的言行负责任。苏联著名教育家苏霍姆林斯基为了培养学生对家庭、对学习负责任，每年当一年级新生入校时，便在校门口挂上这样的横幅：“热爱你的妈妈吧！”如果一个连对自己妈妈都不知道爱的人，怎么要求他对别人、对集体、对国家负责。

第三，从点滴小事做起。不论做大小事情，都要有责任心。对小事的责

任心，往往是对大事的责任心的基础，大的责任心是在小的责任心基础上逐步积累起来的，一个对“小事”马虎的人，在他身上就难以形成对大事负责任的行为。因此，在教育工作中，为了提高学生的责任认识，应抓紧小事不放松，以便日积月累，逐渐形成负责任的习惯。

4. 激发学生的责任情感

责任情感即责任感，是一个人意识到并下决心履行社会角色的反应，是指人在社会生活中对自己完成任务、履行责任的情况持积极主动的态度而产生的情绪体验。这种情绪体验有两种：当行为与责任规范要求相一致时，便产生积极的情感体验；如果两者发生矛盾，便产生消极的情感体验。责任情感包括是非感、义务感、事业心、同情心、自尊心、荣誉感、羞耻感等，其发展是一个由情绪到情感再到情操递进的过程。在行为品质构成中，责任情感具有三种作用。

首先是评价作用，即以赏识的情绪表明对某种责任关系和责任行为的评价态度。其次是调节作用，即以某种情绪态度来强化或弱化个人的某种责任认识和责任行为。再次是信号作用，即通过各种表情动作来示意行为的道德价值。所以，责任情感一旦形成，就会积极地影响和调节人们的道德行为，使个人的某种行为加速或延缓、中断或持续，而且，责任情感还可以同责任认识结合在一起，增强或减弱人们履行某种责任的意志。责任情感是责任意志的动力，是责任行为的心理动因和必要条件。一个人的责任情感越强烈，其责任意志就越坚强，做任何事情都容易成功。“富有责任感的人无论做什么事，都会比那些责任感差的人更容易成功”①，“一个缺乏责任感的人，失去的将是社会对自己的认可，失去的将是别人对自己的信任与尊重，而且也将失去自身的立命之本——信誉和尊严”②。这样的人无论做什么事，都很难获得成功。个体责任感的形成开始于个体对自己承担的责任的认知，根源于个人对社会角色的正确解读。但个体不能仅仅停留于对责任的认知，只做一个口头革命派，还需要在此基础上产生为他人、为集体、为社会作贡献的坚定信念，产生出对他人、对集体、对社会的责任情感。只有在责任认知的基础上向责任情感转化，个体才会产生履行责任的动力，才会具有普遍的责任感。从责任认知向责任情感转化的关键是个体把责任认知加以深化，深化到不仅认识自己承担的责任是什么，而且认识到这一责任是怎样关系到包括自己个人利益在内的人民的利益、国家和民族的利益，使责任情感在内心

① 杰拉尔德·福斯特著. 责任制造结果［M］. 陈小龙，译. 北京：中信出版社，2003.

② 郑一群. 责任第一［M］. 北京：地震出版社，2007：1.

升华，责任的外在要求也就转化成了个体履行责任的内在要求。由此，个体的责任认知支撑着责任情感，责任情感又强化着责任认知，两者相互渗透，融为一体。如果个体在责任认知的基础上升华起来的责任情感十分强烈，甚至达到激情的地步，则会表现出履行责任的超乎寻常的心理能量，做出非凡的英雄之举。董存瑞舍身炸碉堡、黄继光以胸膛堵住敌人的枪眼等，是战争时代英雄的代表；数十年如一日默默奉献在平凡的工作岗位上，为广大乘客所喜爱的李素丽；为改变中国水稻产业现状而成功攻克杂交水稻难关，被人称为"杂交水稻之父"的袁隆平；执法为民、维护公平正义赢得百姓爱戴的政法干警表率任长霞、宋渔水、魏艳玲等，都是当代英雄的代表。他们都具有强烈的道德责任情感，正是这种情感，让他们达到了忘我的境界。一个缺乏责任感的人，是不会真正关心他人，无法与他人真诚合作的，也是无法适应社会的。如果一个人具有强烈的道德责任感，他在现实生活中就会是一个有道德的人，反之，他就会出现迷惘、困惑、摇摆，甚至堕落。目前当代大学生所表现出的不负责任的现象，从根本上说是一种责任感的缺乏。培养大学生的道德责任感，就是让他们认识到自己所肩负的责任，认识自己所处的社会角色。一个人只有深刻地认识和体验到个人的生存和发展依靠着社会的发展和别人的劳动，认识到社会的发展也离不开每个人的共同努力，才能增强道德责任感，自觉承担起对社会、对他人的道德责任。

5. 培养学生的负责行为

作为社会主体的人，都负有这样或那样的道德责任。可以说，做人首先就得承担责任，"每一个在道德上有价值的人，都要有所承担，没有任何承担、不负任何责任的东西，不是人而是物①。"做人的根本原则，就是要承担起对自己、对他人、对社会，乃至对自然的起码责任，正是在承担责任的过程中，人类的价值和尊严才得以体现。"负责任是每个人永不过时的素质，当一个人听从内心中职责的召唤并付诸行动时，才会发挥出自己最大的潜力，而且也能更迅速、更容易地获得成功②。""每次承担责任就是一次自我的实现③。"一个人在社会生活中，只有自己意识到自己的道德责任、道德义务，并自觉地承担责任，他才能在现实生活中具有做人的尊严、价值和品格。作为个人"肩负责任是困难的，然而，对承担责任的回报将是长期的自信、被尊重和有力量的感觉"④。的确，在问题面前推卸责任，"指责别人或把失

---

① 康德著. 道德形而上学原理［M］. 苗力田，译. 上海：上海人民出版社，2005：7-8.

② 郑一群. 责任第一［M］. 北京：地震出版社，2007：2.

③ 林方. 马斯洛《人的潜能和价值》人本主义心理学译文集［M］. 北京：华夏出版社，1987：261.

④ 杰拉尔德 · 福斯特著. 责任制造结果［M］. 陈小龙，译. 北京：中信出版社，2003：7.

败的理由归结于别的因素会给人一种轻松感——似乎你的所作所为不会被追究，你不必再为自己面对问题的挑战，你也不是造成问题的主要原因。但是，一旦你逃避责任，就是你和所有世界的其他人脱离了联系。这种行为降低了人的社会性，使你变得软弱无力[①]。”把责任推给别人，就是把力量给了别人。因为你总是在推卸责任，等到有一天真的需要你来承担重大责任时，你会因为没有承担过责任，而缺乏承担责任的能力，最后只好看着机会白白地溜走。这时，你想承担责任也不可能了。这就是通常人们所说的“机不可失，失不再来”。责任在成功者面前是勇气、是信心，每一个成功人士都是履行和承担责任的典范。一个人对责任的承担需要他的意志来维持，责任意志又依赖于责任情感的动力支持和责任认识指导的整合，责任意志是责任行为的心理过程和充分必要条件。责任行为是责任意志的外显形式，责任意志水平与责任行为必定完全一致，一个人的责任意志强，其责任行为必高，责任行为高者，其责任意志必强。当代的大学生是未来国家的栋梁、社会的精英，应该教育他们从承担责任做起，让他们牢记承担责任，不找任何借口，哪怕有再多的困难和问题，也要迎难而上、敢说敢当、义不容辞。从自己做起，从现在做起，从小事做起，对自己负责、对家人负责、对集体负责、对社会负责、对未来负责。这就要求锻炼他们的责任意志，强化他们的责任行为，使负责任变成他们的一种习惯，使其自然而然地来承担责任。承担每一个责任就等于抓住了每一个机会，离成功也就会更近一步。久而久之，他们就会成为一个受人尊敬的人，一个具有道德责任的人，社会才会接纳他们，他们的个体价值才会得到充分的体现。

三、完善社会道德环境

1. 建立以责任为中心的道德评价体系

一定的社会道德调控都是个体通过社会舆论力量的肯定评价或否定评价来评断出孰对孰错，进而推断出自己对将要选择的行为承担哪种道德责任。个体在具有一定的道德意识和自由选择的基础上，在众多行为方案前会做出一定的道德选择，其考虑的后果是要承担什么样的道德责任，然后个体会根据社会道德评价再形成新的道德认知，从而在自由选择的前提下重新进行选择。在这一循环体系中，社会道德评价体系起着不容忽视的作用。因此，社会道德评价作为一种价值评判标准要有一个正确的价值导向，避免道德相对主义。社会道德评价可以调整个体的认知领域，衡量个体的道德责任。这种

---

① 成成．责任到此，不能再推：没有任何借口续篇［M］．北京：中信出版社，2004：17.

调控的根本在于它是实现道德对个人本能欲望及其道德行为表现出的直接具体的约束机制，能有效地监督个体道德责任的践履。这种社会道德如果评价合理，个体就会形成日常系统的自我道德评价，在合理的道德体系内不断地调整道德选择，从而践履相应的道德责任。评价体系如果不具备相应的与现实相符的正确的价值导向功能，个体便会在缺乱的道德选择面前行为失措，从而违背践履道德责任的一贯承诺。所以要使个体自觉认识到自己的道德责任并践履之，就要形成一个良好的舆论氛围，形成一个良好的社会道德评价体系。这种文化氛围越是体现社会的至善，他就越是对这个社会有认同感，个体对自己的角色认知以及价值定位就越是明确，就能更好地践履自己的道德责任。完善社会道德评价体系需要社会的健康有序发展，需要每个人都能肩负起自己的道德责任，并让大家对社会应该提倡什么、否定什么能有明确的认识。唯有如此，个体才能在现实允许的范围内进行合理的道德选择，才不至于因对社会的评价体系缺乏认识或对社会的道德要求过低而导致道德相对主义，也才不至于最终迷失自己的道德责任意识。

2. 实施道德责任制度和加快社会道德建设

增强人们的道德责任感还需要制度上的保证，特别是建立和健全各种形式的经济责任制和工作岗位责任制。各种形式的责任制所规定的“责任”与道德责任的内容并不完全相同，后者比前者有着更广的范围和更高的要求，但是实行各种形式的责任制，把责、权、利联系起来，无疑是有利于增强人们道德责任感的。根据社会心理学的研究，当人们在一起做事而没有明确的个人责任时，有的人在一定程度上会失去个人的责任感，在责任出现以后，认为别人应该而且会分担他的责任。过去我们存在吃大锅饭的弊端，企业吃国家的大锅饭，个人吃企业的大锅饭，助长了某些人的懒汉思想，削弱了人的责任感，使得整个社会道德环境中的道德责任感弱化。道德责任制度是道德环境中的重要因素，道德观念的形成和道德责任制度有着密切的关系。道德规范是告诉人们应当怎么做，道德责任制度是要求人们必须怎样做；道德规范的基础是人的自觉性，对不自觉的人则无能为力，而道德责任制度是对人们价值理念的约束和惩罚，是因人性的弱点而设的。如拾金不昧是一种道德规范，对拾金不昧者予以表彰则是一种鼓励性的道德制度。如果没有这种道德制度确立的奖惩机制，拾金不昧的风尚就难以真正形成。在治理社会和国家的过程中，如果道德单独起作用，它常常会由于缺乏必要的强制力量而显得软弱无力，所以，社会主义道德建设必须有相关的制度建设作保障。制度对人的制约作用往往是有决定性的。邓小平说过：“制度好可以使坏人无

法任意横行，制度不好可以使好人无法充分做好事，甚至会走向反面。”要提高整个社会的道德水平，营造良好的道德环境，必须把道德建设制度化，以道德责任制度来有力地保障和促进道德建设。

目前，在社会主义市场经济建立初期，由于各种道德责任制度的不健全、不配套，人们的思想道德观念还比较落后，因而仅靠道德行为的自觉性是不够的，甚至可以说是行不通的，这就需要有健全的道德责任制度或法律法规来约束，要以国家强制力作后盾，把市场经济中需要的社会主义道德行为准则以制度形式、法律条文的形式固定下来，借助制度的力量以保证社会主义的道德行为准则得以贯彻和实施，然后再经过长期的历史积淀，使这些道德规范逐渐成为人们的思想，直到形成一种比较自觉的道德行为。如在新加坡，即使往地上吐一口痰，也要受到法律的制裁，最终使这种道德约束变成了一种良好的道德习惯，成为人们习以为常的活动，形成一种道德定势。所以，道德责任制度是一种社会的保障和监督机制，对加快社会的道德建设起着一种促进和保障作用。

第六节　构建当代大学生道德责任教育的模式

教育模式是在一定的教育理论指导下，依据教育过程的规律而形成的比较稳固的教育程序及方法的策略体系。它包括教育过程中诸要素的组合方式、教育程序及相应的策略。教育模式上承抽象理论，下接具体实践，既是教育理论的规范化，又是具体经验的概括化。它以范式所独具的具体性、可操作性区别于一般教育理论，又以其内在的逻辑性和完整的科学性而有别于具体的道德教育经验。教育模式是连接教育理论和教育实践的桥梁和纽带。

一、活动型教育模式

活动教育模式就是通过学生的各种自主活动来促进对学生的道德责任教育，教育学生学会负责。活动教育模式是培养道德责任感的最独特而又最重要的一种模式。只有在活动中，学生才能发展真正的责任意识和义务感。因为道德的根本关系是人与人、人与群体之间的利益关系，这种利益关系只有通过活动和交往才能体现出来，而基于这种利益关系所要求的责任、义务也只能通过活动才能产生。没有合作，没有交往，人就不能产生真正的责任意识，也不会履行自己的责任。活动教育模式突出强调了道德责任教育的主体性本质和道德责任教育的实践性特征。活动性教育模式试图通过让学生自主参与活动，加深学生对道德责任知识的认识，培养学生的道德责任行为习惯，以此来解决知行统一这一道德责任教育问题。它是一种与认知主义互补的道德责任教育形式，这一模式是对当代认知主义道德责任教育的补充。运用活动教育模式，首先应该保证活动应该而且只能是学生的自主活动。用卢梭的话来说，就是让学生始终按照他自己的思想而不是按照别人的思想进行活动。行为者本身才是其行为改变的整个过程的主角和动因。个体的行为无一不是其主观能动性的体现，活动本身也要求行为者充分发挥积极性和主动性。只有当学生认识到自己行为问题的真正动因应该而且正是“我”自己时，才能更加深刻地体会到自己所承担的责任。所以，自主活动是提高学生道德责任感的一个重要途径。其次，必须贯彻兴趣原则和需要原则。道德责任教育的任务是确定活动内容的一个出发点，但只有切合学生生活实际，满足学生的兴趣和需要，才能取得实际效果。具体活动内容应根据不同年龄阶段的学生的兴趣和需要确定。只有尊重学生的兴趣和需要开展的活动，才具有真正的教育价值，才能培养出真正的责任者。作为高校教育工作者，要了解大学生这一阶段的兴趣和需要，有针对性地组织一些既让学生感兴趣，又能体现道德责任感的活动。最后，必须把学生的自主管理活动与社会活动、校内活动与校外活动结合起来，并在实践中加以推广。通过社会活动进行道德责任教育是近年来学校道德教育的一个侧重点。许多学者认为，适当的社会服务活动有助于发展学生利他主义和自尊自重的观念，增强他们的道德责任心。

二、关心体谅型教育模式

这是一种调动人的道德责任情感的德育模式。关心体谅模式也称学会关心的道德责任教育模式，形成于 20 世纪 70 年代初，风靡于英国和北美，是英国教育家彼得·麦克菲尔和他的同事创立的。他们系统深刻地探讨了以道德情感为主线的学校德育理论，认为道德教育的开展必须首先了解作为道德教育对象的学生的真实需要，只有洞悉学生的道德需要及弄清如何满足这种需要，道德教育才能被学生乐于接受，也才能卓有成效。通过大规模的、详尽的调查和实验，麦克菲尔发现学生普遍希望获得体谅、被别人关心和体谅别人、关心别人的需要，以及与教师平等相待、与他人和谐相处的需要。因而他们致力于发展“教学生如何关心”的学校德育模式。在这里，“关心、体谅”既指教师在教育中对学生要“多关心，少评价”，又意味着道德教育应该使学生学会关心别人、体谅别人。麦克菲尔认为，一个有道德的人就是能够深思熟虑地考虑别人的意见，察觉别人的感觉而与人和谐相处，能时常从别人的角度去考虑问题的人。这不只是一种思维方式，而是一种道德风格，

它不仅是理智上的，而是深植于整个人格之中，更是一种健康的道德情感。道德情感与道德认知、道德意志和道德行为的品德心理特征系统，是道德结构系统中的重要系统。知、情、意、行四个方面是相互影响、相互生成的。要学会体谅别人，首先就要学会爱别人，爱能够产生力量。正如美国著名心理学家戈尔曼指出：一个人一生中最基本的道德立场根源于潜在的情感能力。情商让我们更具有充分展示人性的一系列特性和品质，它对我们的命运具有广泛的影响。关心体谅模式的最大特点在于关心的方式是愉快的方式。因为这种方式符合人性发展的需要，不论对自己还是对别人，都是有价值的，是学生乐于接受的。关心体谅模式从学生的真实需要出发，以情感教育为指导思想，倡导生动形象的道德责任情景设计，由浅入深、层层推进目标达成系统，对我们的重道德责任理性培养和道德责任知识灌输、轻学生情感生活和实践活动的高校道德责任教育而言，具有很强的实用性和启发意义，值得我们研究和借鉴。

关心体谅模式提出的“关注他人，关心别人”的教育理念，对当前高校的道德责任教育尤为必要。当代大学生基本上都是 20 世纪 90 年代后出生的，其中多数是独生子女。特殊的生活环境以及家庭教育方式，使得许多大学生养成了以自我为中心的处世方式和做人准则，因此无法处理好同学之间，尤其是朝夕相处的同宿舍同学之间的关系。作为高校教育工作者就要要求学生首先从关心、体谅、理解别人开始，培养对他人的责任感，进而培养对自己、对社会、对国家的责任感。因此，引入关心体谅教育模式，设计出适合我国国情和符合大学生心理特点的教学方案和教学案例，让学生在教学活动中，既能够“由人及己”地考虑别人的难处，理解别人的苦衷，也能够“由己及人”地从自身的经历体验出发体察别人的艰难处境，感受别人难以出口的痛苦和无奈显得尤为重要。学会如何去关心别人和与他人沟通、合作，在关心他人以及与他人的友好相处中，感受付出的快乐与欢欣，感受人间的温情与爱心，从而有利于培养学生丰富的道德责任情感，强化其道德责任感。

三、理解型教育模式

理解与被理解是人类的基本需要，人们彼此都需要其他人的关心，需要被理解、被给予、被接受和被承认。当代大学生既被家长所宠爱，又被社会所怀疑，他们的想法、他们的心声、他们所做的一切，更需要被理解。他们曾把“理解万岁”作为座右铭。理解教育模式的诞生为他们所拥护，能够被他们接受，最终达到我们的教育目的。理解教育模式就是要求在进行道德责

任教育时，首先要理解学生，理解他们的需要，理解他们的要求和愿望。这样他们才有积极性和主动性，道德教育才能取得良好的效果。在理解教育中，道德责任和道德责任教育都统合其中。所谓有效的理解是指亲情度、现实和交流三者之间的相互作用。亲情度意味着爱、喜欢和其他情感；现实即一致性，它以认同为基础；交流是主体间的沟通。其中，亲情度与现实是交流的基础，没有一定的意愿和一致的基础，交流就难以有效地进行，而没有交流和基本的情感反应，便没有现实。同样，没有基本的一致和交流，便没有亲情度。交流需要出自真心，需要同情，而亲情度则意味着亲情、真情、同情。亲情是消除误解、达成理解、形成善解人意品质的法宝，从这个意义上说，理解型教育是以真情、同情和亲情为基本结构而演化出来的道德责任教育模式。亲情意味着相互关爱、彼此关心，形成比较亲密的关系。真情是人的真实情感，出自真心的真情会换来亲情，没有亲情就不会主动而持久地投入对方的内心世界里，就难以达到同情的效果；而同情能够拉近双方的距离，产生真情和亲情。理解型教育模式的道德责任教育便是以亲情、真情和同情为基本要素的“三情教育”。理解型教育模式要求：第一要创设理解教育氛围；第二要树立自我教育的意识；第三要建立情感沟通渠道；第四要丰富理解教育的活动。总之，理解型教育模式把善解人意作为最基础的教育内容，把消除误解、增进理解作为达成道德责任教育的基本方式，来达到对大学生进行道德责任教育的目的。

四、对话型教育模式

对话型教育模式是针对当前学校道德责任教育中的一些弊端而提出的。受传统教育方式的影响，高校道德责任教育的弊端主要表现在三个方面：第一，教育内容脱离实际；第二，强调灌输说教的教育方法，忽视学生的主体性；第三，教育者与受教育者的隔离。对话型教育模式强调对“对话”的关注，这有助于弥补传统教育的缺失，对当前道德责任教育具有重要意义。其一，对话强调对话内容与学生生活实际的联系；其二，对话强调相互理解的重要性；其三，对话是师生之间心理交流的过程。为了保证对话“通畅”，应注意师生在对话中要平等地对待对方；师生双方有共同的话语和遵循一定的原则；师生对话的态度要真诚；教师要循序渐进，根据学生的具体情况提出适当的要求。从理论上说，对话型教育模式的提出是基于对当代社会生存理念的关注和对相关理论的借鉴吸收，比如实践的观点、主体性观点及价值性观点。对话型教育模式旨在凸显人的主体性、价值性，强调个体的理性自觉和个体德性的自主生成，该模式强调的基本原则包括平等原则、差异原则、

个体原则及开放原则。应该说，对话型教育模式渗透在日常生活的方方面面，渗透在整体教育情景之中。在这一模式的践行中，要注意以下几点：第一，营造自由的对话情景；第二，鼓励学生的自我表达；第三，培养学生的质问意识，构建开放的话语空间。

五、肯定赏识型教育模式

在《现实疗法》一书中，格拉塞认为，人有趋向“成功的认同”和回避“失败的认同”的需要，认为人的不良行为与个体缺乏“成功的认同”有关，从而强调帮助来访者建立“成功的认同”的重要性。道德责任教育过程中，同样存在着类似的两种认同：积极的认同和消极的认同。积极的认同与道德责任权威或道德责任教育者的肯定、表扬、鼓励有关；消极的认同与道德责任权威或道德责任教育者的否定、批评、惩罚有关。积极的认同可以让大学生产生愉悦的情绪情感体验，引发积极良好的行为，从而形成优良的道德责任品质；消极的认同可以让大学生产生负面的情绪情感体验，引发消极不良的行为，使大学生产生自暴自弃的想法。大学生在道德责任品质形成过程中，不可避免地会存在一些“不道德”“不文明”的言行，这是道德发展过程中正常的现象，并不能预示他们将来的道德责任状况。对此，道德责任教育工作者应该有科学的认识，多关注学生身上的优良品质，并进行肯定与赏识。“肯定赏识”不仅能够进一步强化其优良品质，对抗消除不良的品质，还能激起大学生的内在道德责任感，把道德责任教育的外在要求内化为自我要求，养成自我教育、自我监督的良好习惯。《现实疗法》反对纠缠个体过去的经历和痛苦的体验，强调现在和人的潜能，主张建立良好的人际关系，反对惩罚，反对“贴标签”。大学生正处于追求自我意识、自我发展的时期，个体的心理逐渐成熟，渴望并追求平等和尊重，反对权威和惩罚。过多的权威命令和惩罚手段，会使他们产生逆反心理，不利于道德责任教育的顺利开展，对大学生的身心健康也是不利的，这也是造成当前大学生道德责任教育“低效”的重要原因之一。因此，在道德责任教育过程中，我们应该采用肯定赏识的教育模式，以促进大学生产生积极的自我认同，养成良好的道德责任行为习惯；少用、慎用或不用惩罚手段，以避免大学生产生消极的自我认同和形成不良的道德责任行为习惯。

第七节 拓展当代大学生道德责任教育的基本途径

家庭、学校、社会是学生生活的三大空间。高新技术的进一步发展使学生接收信息的渠道愈来愈多，也使家庭、学校、社会的联系更加紧密，学生聆听着家长的教诲，接受着学校的正规教育，同时也经受着社会的洗礼和网络的冲击。因此，道德责任教育不仅仅是教育工作者的事，家庭、学校、社会、大学生本人也应该通力协作，创造良好的环境，共同加强大学生的道德责任教育。

一、家庭是道德责任教育的基础环节

家庭是社会生活的基本单位，每个大学生都生活在一定的家庭之中。可以说，家庭是大学生接受道德责任教育的起点。

首先，提高家庭成员的道德责任素质。良好的道德责任教育必须从娃娃抓起。每一位家庭成员的思想状况、言行举止、道德责任感都会在彼此之间形成潜移默化的影响。家庭成员的道德责任素质对大学生道德责任行为的养成往往有巨大的影响，家长道德责任行为的示范意义是巨大的。每一个家庭成员都要以身作则、言行一致，不断提高、充实自己，给孩子树立良好的榜样。

其次，注意教育方式，加强沟通。家长应善于与子女交流，通过一定的思想沟通，平等地学习与交流，而不是总利用自己的“家长权威”，要求大学生“应该怎样”“必须怎样”。在家庭中，应形成家庭互动学习氛围，努力创设良好的家庭学习与成长的环境。还要实行家庭民主、赏罚分明、择机而教、尊重子女意见，对子女的错误要有效引导。

最后，转变教育观念。家长应更多地关心孩子的人格、品质的发展和对人、对事负责任的教育，而不应是仅仅注重孩子的学习成绩。同时，家长对子女的期望值要有一个科学限定，使之切合双方实际。还要让子女适当参与家庭生活决策，实实在在地体验当家长的难处。只有这样，孩子才能在家庭中健康地成长，长大以后才能对自己、对家庭、对社会负责任。

二、学校是道德责任教育的主阵地

学校是培养人才的场所，学生在学校里不仅要学好知识，更重要的是要学会如何做人，学会如何做事，学会如何运用所学知识去实现人生理想和个人价值，切实履行自己的义务和责任。现代大学的培养目标是全面发展的高

素质人才，它不是单纯的“知识工厂”或高级职业培训机构，而是促使学生身心全面发展的精神和文化殿堂。正如有的学者所说，大学的本质要求它自身不能只是作为职业训练场所而存在，还应该在培养具有较高道德水平的人方面发挥自己不可推卸的责任。应该说，学校是道德责任教育的主阵地，应很好地发挥道德责任教育的作用。

首先，加强“思想政治课”的主渠道作用，尝试开设《大学生责任教育》选修课，夯实道德责任教育的理论基础。正确的道德责任信念来源于马克思主义理论的武装，来源于在这一科学理论指导下对社会历史发展规律和人的全面发展的清醒认识和正确把握。马克思主义理论的科学性赋予道德责任以科学的理论基础，为道德责任教育指明了正确的方向，能够使道德责任教育从感性上升到理性。学校可以组织有关的专家、学者编写相应的教材。此外，在教学中还可以开发多媒体教学软件，将我国当前大学生中履行道德责任的现状以图表的形式标注出来，并附上相应的解释说明。这样图、形、声并茂的教学方法，会大大增强道德责任教育的实效性。

其次，改变教育方法，把“重灌输”变为“重实践”，树立以学生为本的观念。借鉴国外道德责任教育成功的经验，我们在道德责任的教育上应该将知识学习、道德责任判断能力培养及道德责任实践行为训练结合起来。在教学方式上，强调采取启发式、讨论式、双向交流式，重视学生的主体地位，增强学生自主选择的能力，培养学生的自学能力和独立人格意识，发挥其积极性、主动性和创造性。道德实践活动的设计要注重弘扬学生的主体性，挖掘和引发学生的自觉性、积极性、独特性和创造性。可让学生自主设计一些他们乐于参加的课外实践活动，使学生从中体会他们的价值和责任。

三、校园文化是道德责任教育的环境氛围

校园文化是学校整体育人环境不可分割的重要组成部分，是学校物质财富和精神财富的总称。它包括精神文化、物质文化和制度文化，是学校师生长期教育实践过程中所创造的反映人们在价值取向、思维方式和行为规范上有别于其他社会群体，并且是具有特色的一种团体意识精神氛围和精神力量，对培养大学生的人生观、责任观、价值观和审美观有着至关重要的作用。校园文化建设可通过以下几个渠道进行：一是要积极组织以道德责任教育为主题的系列讲座；二是积极开展丰富多彩的校园文化活动；三是利用校园广播加大对道德责任教育的宣传力度，使之真正起到氛围育人的作用；四是建立专门的道德责任教育网站；五是加强社会实践环节，实现自主式教育，让学生在实践中自主选择如何履行和承担道德责任，使学生在实践中体验生活、

磨炼意志、关爱生命、完善人格，把丰富的感性体验升华到理性层面，从而进一步激发他们的道德责任情感，进而促进大学生负责任的内在动力和自觉承担责任行为习惯的养成；六是加强校风和学风建设，校风和学风是学校的软环境，它虽然听之无声，望之无影，但对学生却有巨大的感召力和规范作用。校风和学风作为学校中存在的一种文化现象对人才的培养有着特殊的意义，对学生的成长有着行为规范的制约作用和个性心理品质的促进作用。我国高校的文化建设虽然取得了很大的成绩，但仍需要从“软”“硬”两个方面加强校园文化建设。一方面要创建一流的校园环境，提供必要的文化娱乐设施；另一方面，要制定严格的校规校纪，加强以校风、教风、学风及校训、校歌等为主要内容的校园精神文明建设，积极开展丰富多彩的校园文化活动，并把道德责任教育的内容贯穿于其中；还要发挥教育者的人格魅力，这比理论教育和活动教育更有说服力。教育学生要有道德、负责任，教育者自己必须要有道德、负责任。教育工作者要为人师表、率先垂范，明确自己在学校管理、学生成长和发展中的责任；对社会消极现象既不回避，也不放弃正确的引导。这种人格魅力，会在潜移默化之中影响学生，引导他们不说假话，面对现实，勇于承担自己的责任。可敬的教育工作者应该是“德行高洁而不虚伪，心地仁慈而不优柔，说话坦率，言行一致”，让学生在模仿和评判中优化个性结构，促使他们的个性得到健康发展。

四、社会是道德责任教育的重要渠道

俗话说：“学校教育一点钟，抵不过社会一刻钟。”大学生道德责任感的培养同社会环境的优化息息相关。因此必须努力营造一个以负责任为荣、不负责任为耻的社会舆论氛围，使人的责任感最大限度地得到释放。大学生道德责任感的培养需要一定的社会制度作保障。尽管责任作为一种客观的社会要求对于任何一个主体来说都是无条件的、义不容辞的，但要使人们自觉自愿地尽职尽责，从根本上说，必须同人们的实际利益相挂钩。利益因素对履行道德责任的态度至关重要。在个人正当利益得到保障的前提下，绝大多数大学生会自觉自愿地履行道德责任。因此，大学生道德责任感的培养有赖于责、权、利相结合的社会制度的保障。只有个人与社会的利益关系达到水乳交融的程度，才能使人们真正在心理、情感和行动上同社会的责任要求保持一致。在社会层面，要净化大学生成长的道德责任环境，还大学生健康成长的一片蓝天。只有社会的经济环境、政治环境和教育环境成为养成良好道德风尚的积极因素，道德责任教育才能取得良好的效果。

首先，创设良好的社会责任氛围。目前，我国的一些相关部门也都曾组

织过道德责任教育的活动，但毕竟是零散的、阶段性的，没有形成系统。社会上不同人群的道德责任意识也有较大差别，尤其是在市场经济条件下，一部分人为了满足自己的经济利益，完全置他人利益于不顾，造成了不良的社会影响。因此，在构建和谐社会的进程中，必须加强对全体公民的道德责任教育，“要在全社会营造人人负责任的良好风气，增强全民族的责任意识”，树立“人人为我，我为人人”的观念，引导国民从我做起、从小事做起、从今天做起。在全社会树立“以负责任为荣、以不负责任为耻”的良好风气，为大学生的道德责任教育提供良好的沃土。

其次，建立和健全各种形式的责任制度。诚然，各种形式的责任制度所规定的“责任”，与道德责任的内容并不完全相同，后者比前者有更广的范围和更高的要求，但是实行各种形式的责任制度，把责任与利益联系起来，无疑是有利于增强人们的道德责任感的。因此，建立健全各种形式的责任制度，并辅以相应的赏罚机制，也是道德责任教育不可缺少的环节。大到国家、社会、政府的责任，小到每个单位、每个科室的责任，都应该做到有章可循。

最后，加强社会舆论力度，创造浓厚的道德责任教育氛围。社会舆论的导向作用对道德责任的培养与提高起着重要作用。社会可以充分利用电视、广播、报纸、计算机网络等多种大众传媒方式和手段，大力倡导道德责任教育，以生动的社会示范引导大学生认识到应提倡什么、抵制什么，督促大学生反思自己的道德责任行为，强化道德责任意识，进而激发他们的道德责任使命感。社会还必须树立一些现实生活中负责任的典型，对他们的事迹进行大力宣传，形成新时期具有时代精神的先进典范，为大学生提供学习的榜样。

总之，应该在全社会倡导人人负责的理念，营造人人负责任的氛围，形成一套行之有效的道德责任教育体系，使每个人都明确自己的责任，以适合社会发展的需要，担负起历史重任，在构建和谐社会的进程中发挥自己的作用。

五、大学生自己是道德责任教育的关键因素

与教育相比，自我教育乃是一种更为深刻、更为根本的教育。从某种意义上讲，学生能否进行自我教育以及在什么水平上进行自我教育乃是衡量教育是否成功以及在什么程度上成功的一个重要标准。道德责任教育要特别注意发挥人的自觉性。良好道德责任行为的养成不仅要靠“外炼”，更重要的还是要靠“内化”。事物的发展和前进是以外因为条件、内因作根据的，外因只有通过内因才能发挥作用，道德责任的教育也是如此。

可见，一个人要养成良好的道德责任行为习惯并不是一件容易的事，它

需要长期教育、引导和训练的积累，更需要自我审定、自我吸取、自我成型。所以，大学生要想成为一个有道德的人，成为一个高尚的人，成为一个受人尊重的人，成为一个有道德责任感的人，就要做到以下几个方面。

第一，加强自身修养。个人内在的修养是建立道德责任意识的基本因素，只有通过内在的修养，才能把外在的道德责任要求转化为自身的道德责任意识。自省是加强个人修养的基本前提，一个人缺乏自省，他就永远不能求得良好的发展和完善。

第二，做到知行统一。培养道德责任感就要从具体工作做起，从一点一滴做起，那种放纵自己的欲望、不遵守纪律、任性妄为的行为是错误的，大学生应当学会把握自己的言行，自觉承担责任、履行义务，努力做到知行统一、言行一致。

第三，加强实践。大学生要不断主动、积极地认识、体验、实践，把道德责任规范和要求内化为精神财富。只有在生动、具体的道德责任实践中，亲身体验和感悟到高尚道德情操和高度责任感的伟大力量，才能加深对高尚道德情操和道德责任规范的理解，从而提高履行道德责任的自觉性，把道德责任认识、道德责任观念逐步升华为相对稳定的道德责任行为，从而履行好自己的道德责任。

总之，大学生只有不断地加强自身修养，并外化为自己的责任行为，加强实践，并努力做到知行统一，才能实现自己的远大理想和抱负，才会做一个有益于国家、有益于社会、有益于家庭和有益于自己的有价值的人。正如现任微软公司全球副总裁的李开复博士在一本书里写到的那样：“成功就是做最好的自己。”

道德责任教育是一个系统工程，必须纳入社会的大体系，建立和健全家庭、学校、社会、自身四位一体的教育网络。家庭是道德责任教育的基础环节，正确进行家庭道德责任教育十分重要；学校是道德责任教育的主要阵地，是使大学生形成道德责任人格的中心环节；社会是多种道德责任教育因素共同发挥作用的综合性渠道。因此，社会关系及社会风气的好坏，对人们尤其是大学生的道德责任人格的培养有着重大的影响。大学生自己是道德责任教育的关键因素，只有自己不断加强修养和锻炼，并加强实践，才能形成良好的道德责任行为习惯。只要整个社会各个领域、各个部门、各个方面都共同行动起来，发挥主动性，互相紧密配合，就会为道德责任教育营造一个奋发向上的精神状态和氛围。我们在运用这些教育渠道对教育对象施加道德责任影响时，必须做到方向一致、协调统一、齐心合力、避免相互抵消。

长期以来，我国高校德育中责任教育存在的缺失和弱化倾向及其带来的相关社会后果，已经引起了全社会的广泛关注。《中共中央、国务院关于进一步加强和改进大学生思想政治教育的意见》中明确指出，一些大学生不同程度地存在社会责任感缺乏等问题。现实生活中，道德责任的丧失使道德教育改革势在必行。通过对道德责任的内涵、意义与实现条件的分析和现有的高校道德教育的反思，我们可以看到，责任教育还存在一些不尽如人意的地方，如道德教育价值的狭隘与功利主义、目标设定的管制与防范取向、内容的封闭和单一、方法的强制与灌输、教师观与学生观的偏失，这些因素的存在必然使道德教育实效低下。为此，高校必须把道德教育变成学生自由活动的领域，建构一种以学生为主体、以自由为基础的道德哲学和道德教育模式。在道德教育中准确定位，如何把学生的自由具体化等问题，需要各界人士的共同思考与探索。

第七章 新时代大学生自我责任意识的培养

改革开放三十年多来，我国的社会生活发生了巨大的变化，人们的生活水平显著提高，人们的社会心理也发生了深刻变化，尤其是出生与成长在这一时期的大学生，他们更加自信、进取并积极地追求有价值的人生。但与此同时，由于当代大学生生活经历单纯，心理和自我意识发展不成熟，在面对复杂多变的社会环境时，出现了一些诸如自杀、诚信缺失、道德下滑、心理问题凸显等对自身不负责任的现象。当代大学生自我责任感的缺失已经成为一个突出问题，如果对此不加以正确引导而任其发展，将会严重影响他们的健康成长，影响他们社会责任感的增强，影响高校德育工作的开展以及和谐社会的建设。因此，对当代大学生自我责任感的培养显得尤为重要而迫切。

马克思一向关注人的全面发展，在《共产党宣言》中，马克思、恩格斯第一次向全世界宣告了共产主义的伟大理想："每个人的自由发展是一切人的自由发展的条件[①]。"之后，马克思在《资本论》中又明确指出，未来的新社会是比资本主义更高级的"以每个人的全面自由的发展为基本原则的社会形式"[②]。在《德意志意识形态》一文中，马克思对历史上人的发展曾做出考察，并且指出，个人的自由而全面发展"正是共产主义者所向往的"[③]。马克思和恩格斯既把人的自由全面发展视为人类社会发展的理想目标，又把它看成是一个历史生成的发展过程。在这里，马克思、恩格斯既为我们展示了人类社会的最终目标——自由而全面发展，又为这种终极目标的实现设定了前提——每个人的自由而全面发展。每个人自由而全面地发展是人自身发展的高级形态。而自我责任感所要追求的目标也是要达到个人的自我发展和完善，它是每个人自由全面发展的前提和条件，也与人类社会最终目标相一致。

① 马克思，恩格斯．马克思恩格斯全集［M］．第23卷．北京：人民出版社，1982.
② 马克思，恩格斯．马克思恩格斯全集［M］．第23卷．北京：人民出版社，1982.
③ 马克思，恩格斯．马克思恩格斯全集［M］．第3卷．北京：人民出版社，1972.

第一节 大学生自我责任意识的内涵

自我责任感是指个体对自己在承担自身发展的责任中做出的行为选择、行为过程及后果是否符合内心需要而产生的情感体验。自我责任感的内容包括自我生存的责任感和自我发展的责任感，如自我生命的责任感和自我身心健康的责任感可以满足自己的物质生活需要，丰富自己的精神生活，有明确的奋斗目标和人生理想，能够捍卫自我人格尊严，并履行自己的义务，从而提升自己的人生境界。归纳起来，自我责任感就是人们对自我生命以及身心健康的责任感，有正确的世界观、人生观和价值观和有良好的道德修养。自我责任感的核心是自爱、自尊、自律和自强。自爱，即爱惜自己的身体、人格和名誉，是个人责任的基础。自尊，表现在尊重自己，维护自己的人格和尊严，重视自己在社会中的存在价值，喜欢和热爱自我的情绪以及接受自我的意向。一个人如果缺乏自尊就没有人格的追求，就无法体现他的个性，也就否定了自己的存在。自律，即个人自觉地按照“应当如何”的要求去选择和约束自己的行为，这样有利于他们在平时的学习和生活中正确地把握自己。只有达到了自律，才会成为一个有教养的、高尚的和有责任感的人。自强，就是独立自主、自力更生，通过自己的努力奋斗使自己不断进取、不断进步。自强是一种不满足现状、不断向上的奋斗精神，在人们履行自我责任的过程中，自强为人们实现自我责任不断提出新的目标和努力的方向，并要求人们为此而做出不懈的努力，它是自爱、自尊、自律的升华。当然，自强绝不是自我封闭、自我孤立，而是强调矛盾的主要方面在自己，成功与否的主要责任在自身。

第二节 大学生自我责任意识与社会责任意识的关系

一、自我责任感与社会责任感的区别

自我责任感是指个体对自己在承担自身发展的责任中做出的行为选择、行为过程及后果是否符合内心需要而产生的情感体验。具体内容包括自我生命的责任感、自我身心健康的责任感、满足自己的物质生活需要、丰富自己的精神生活、有明确的奋斗目标和人生理想、捍卫自我人格尊严、履行自己的义务、提升自己的人生境界。它表现为一种自我认知、自我设计和自我发

展的意识和行为。社会责任感就是在一个特定的社会里，每个人在心里和感觉上对其他人的伦理关怀和所应尽的义务。社会绝不是无数个独立个体的集合，而是一个相辅相成、不可分割的整体。当代大学生社会责任感包括除对个人以外的他人、家庭、集体、社会、生态环境等的责任感，表现为一种有利于他人和现实社会良性发展与协调发展的行为；坚持道德上正确的主张或真理；坚持实践正义原则；愿为他人作出奉献和牺牲等。所以我们一定要有对社会负责、对其他人负责的责任感，而不仅仅是为自己的欲望而生活，这样才能使社会变得更加美好。

二、自我责任感与社会责任感的联系

首先，责任感是人对客观事物的态度体验及相应的行为反应，二者都在调整着个人的行为。无论是具有较强社会责任感的大学生，还是具有较强自我责任感的大学生，都会在现实社会中表现出一种负责任的行为。其次，二者在调节个人行为时相互影响。自我责任感的养成是社会责任感养成的前提和基础。因为，人首先是作为个体而存在的，一个人首先应对自己的生存和发展负责。从客观上说，如果一个人对自我的生存和发展都不负责任，也就不可能对他人、集体和社会负责任。从主观上说，一个人若对自己的生存和发展不负责任，那么他也不会对他人以及社会的发展负责。因此，如果个人没有自我责任感，社会责任感也将不能形成或保持稳定。反过来，一个对他人、集体和社会等负责任的人也必定是一个对自我负责任的人，也就是说，有高度社会责任感的人，也一定是有高度自我责任感的人。没有高度的社会责任感，低层次的自我责任感就不能得到相对稳定，就不能得到自我显现、自我肯定和自我转化。同样，一个人没有自我责任感，社会责任感也就很难形成。总之，个人对自我负责是承担社会责任的基础，社会责任感的培养则使自我责任感保持正确的方向，两者相互统一。

三、自我责任感应自觉上升到社会责任感

自我责任感与社会责任感之间的关系体现了个人与社会、个人发展与社会发展、个人利益与社会利益之间的关系。马克思主义告诉我们，一方面，人首先作为个体而存在，个人是社会的组成部分，没有个人，社会也就成为抽象空洞的神秘之物。另一方面，社会是个人的规定和限度，社会提供个人生存的可能，使个人成为特定的角色。人的本质，在其现实性上是一切社会关系的总和。离开特定的社会，单个的人是无法存在的，从来就不存在脱离社会、超越社会关系的个人。因此，人类社会作为一个主体，既依赖个人，

又超越个人。个人作为价值主体，必须对自己作为人类的一员而负责，为人类的继续发展和后代的生长创造更好的环境作出更大的贡献。同时，个人也必须对自己生活中的他人、群体和社会负责，应当创造出高于自身需要的价值贡献给社会，促进社会的和谐与发展。所以，当个人利益与社会利益发生冲突时，应当自觉以社会利益为重，把自己置身于时代和社会之中，把个人利益与国家利益、民族利益连在一起。我们所崇敬的科学家爱因斯坦曾讲过这样一段话："我们吃别人种的粮食，穿别人缝的衣服，住别人建的房子。我们的大部分知识和信仰都是通过别人创造的语言由别人传授给我们的，个人之所以成其为个人，以及他的生存之所以有意义，与其说是靠他个人的力量，不如说是由于他是伟大的人类社会的一个成员，从生到死，社会都在支配着他的物质生活和精神生活。"个人发展依赖于社会，大学生要自觉地由对自我负责上升到对社会负责。

第三节　大学生自我责任意识的培养必要性

一、有利于大学生的自我完善和发展

根据辩证唯物主义的原理，物质决定意识，意识对物质具有能动的反作用，意识一旦形成，反过来能够指导人们的行为。意识的能动作用有两种不同的性质：正确的思想意识能够指导人们采取正确的行动，促进事物的良性发展；相反，错误的思想意识会引导人们采取错误的行动，对事物发展产生阻碍甚至破坏作用。自我责任感是属于正确的意识范畴，对人的行为具有正确的指导作用。首先，自我责任感有利于大学生的自我认知。自我认知包含认识自我的智能、情感、个性、行为的现状及其发展的可能性，能够主动地认识自我的优点和不足。其次，自我责任感有利于大学生的自我调控和自我设计。大学生通过自我认知和自我反思，认识到自己的缺点、不足，自身的不和谐以及与他人、集体、自然界乃至整个社会的不和谐，就会进行有意识的自我改变、自我调整，扬长避短，进行新的自我设计，以便使自己的智能、情感、个性、行为达到协调和谐。自我发展和自我完善是大学生逐步学会运用认知能力强化自我意识，自觉地协调、发展自己的知情意行，并尝试实现自我的过程。在这一过程中，大学生主动培养自尊、自爱、自律、自强意识，并将已认知的自我责任意识迁移到各种活动中、内化为自身品质。它具体表现为大学生能随时随地注意自己的知情意行，并有较强的自我学习、自我保

护和自我调控能力。大学生正是通过这种“择其善者而从之，其不善者而改之”的过程来不断地提高自己、完善自己。

二、有利于大学生社会责任感的增强

个人是社会的一分子，一个对自我负责的人通过不断的自我认知、自我反省、自我设计、自我调整，从而实现自我提高和完善，使自己成为一个积极向上的人，成为一个自尊、自爱、自律、自强的人，成为社会整体中的一个健全、独立、完满与和谐的部分，这本身也是对社会负责的一种表现。任何对社会的责任都是基于个体人格独立、健全、完整之上的责任担当。对自我负责是对社会负责的基础和前提，没有自我责任感，社会责任感也将不能形成或稳定。自我责任感还有助于大学生形成正确的世界观、人生观和价值观。自我责任感较强的大学生生活态度积极，有明确的奋斗目标和人生理想，他们会把自己的行动与社会的要求协调起来，自觉地把自己融入社会的大环境；把自己的利益与集体的利益、国家的利益、民族的利益以及社会的发展连在一起，在与社会的和谐发展中实现自己的人生理想和人生价值。有自我责任感的大学生能够自觉学习、勤俭自强，能够为社会创造更多的财富；有自我责任感的大学生也注重个人道德修养的提高，他们更懂得尊重自己、尊重他人，自觉做到爱国守法、明礼诚信、勤俭自强、敬业奉献、保护环境、节约资源，这些都有利于大学生社会责任感的增强。

三、有利于高校德育工作的开展

大学的道德教育就是要教育学生如何做人，培养出有责任感、能肩负历史使命、具有奉献精神的人。这既是高校道德教育的重要目的，又是高校道德教育的核心内容。思想道德素质状况的核心评价标准是责任意识的强弱，因为责任所包含的道德强制力和道德理性是所有道德规范中最多的，也是社会的道德要求和个人的道德信念结合得最紧密的。也就是说，责任在整个道德规范体系中是处于最高层次的。道德教育实际上就是责任教育，它教人负责地行动。当前我国高校的道德教育，不仅要求大学生有渊博的知识，而且要有较高的道德修养。大学生在自己履行责任的过程中，不仅积累了丰富的知识，同时也把道德的外在要求内化为对自身的要求，提高了自己的道德修养水平。

四、有利于和谐社会的构建

社会主义和谐社会的特征是民主法治、公平正义、诚信友爱、充满活力、安定有序、人与自然和谐相处，这是一个法治与德治充分融合的社会，是一个人与自身、人与他人、人与自然以及人与社会和谐相处的社会。大学生自我责任感的培养不仅有利于大学生自我身心的和谐，而且有利于大学生与他人、与社会以及与自然的和谐。大学生是祖国未来的建设者和接班人，他们在建设和谐社会过程中有自身的优势，即他们在承载科学知识的同时，也在接受、创造、传播着人类文明。他们不仅为社会提供先进的科学技术成果，也为社会提供优良的精神产品，他们将会为社会主义和谐社会的建设提供极大的物质财富和精神财富。大学生通过自我责任意识的培养，养成知法、守法、护法意识；强化自身的法制观念，维护法律的权威尊严；提高自身的道德主体意识、合作精神、团队意识以及集体主义精神；培养自身热爱自然、爱护环境、节约资源的社会公德意识，从而将自身塑造成个性自由发展的、具备强烈自我负责意识与社会参与意识的现代社会的合格大学生。这样不仅可以使当代大学生成为一个个优质的个体，成为社会的优秀建设者，同时，他们在自我成长和自我完善的过程中也可以影响和带动其他人群，共同成为社会主义和谐社会的合格建设者。

第四节　大学生自我责任意识的培养问题与现状

为了准确把握当代大学生自我责任感的现状，笔者于2009年6月对我院学生进行了问卷调查。调查的内容主要包括大学生的生命责任感、身心健康责任感；人生理想、信仰和价值追求；对生活、学习、择业、恋爱等的态度和行为；大学生的道德修养等。

一、当代大学生自我生命和健康的责任感现状分析

首先，大学生应对自我生命负责。生命权至高无上并且不可复制。在公民的人身权利中，生命权是最重要和最基本的权利，如果生命权利得不到应有的尊重，那么其他任何权利都无从谈起。众所周知，我们的生命仅有一次，一定要严肃而又慎重地度过这一生。大学生鲜活的生命中充满着青春和活力，同时也承载着重要的责任和使命。他们的生存状况直接影响着家庭的幸福和社会的稳定。他们享有选择延续或放弃生命的权利，但是他们不应轻易行使放弃生命的权利，放弃生命就意味着逃避责任。正确的选择应是尊重并捍卫自己的生命权，让自己的生命丰富而精彩，活得有价值、有意义。其次，大学生对身体健康负有责任。所谓身体健康，通俗地说就是没有疾病，身体好。人的全部生命活动都是建立在生物躯体正常活动的基础之上的。大学生的身

体素质与成才是密切相关的，健康的身体是成才的物质保证。一个人只有身体强健，其良好的思想素质、文化素质和能力素质才能充分地发挥作用，并通过不断地自我完善，从而成为社会的有用之才。如果身体不健康，身体各个方面的机能不协调，难以保证正常的学习、工作与生活，也就难以负起对他人、对社会的责任。所以身体健康是成才的最基本保证，是奉献社会的基础。再次，大学生应对自我心理健康负责。世界卫生组织明确规定：健康不仅是身体没有疾病，而且应当重视心理健康，只有心理健康、体魄健全，才是完整的健康。一个当代大学生如果没有良好的心理素质，缺乏必要的心理承受力和抵抗挫折的能力，就不能适应瞬息万变的社会，不能积极地参与市场竞争，也就不能很好地施展自己的才华。所以大学生必须重视心理健康，重视良好的心理素质的锻炼和培养，以便使自己的聪明才智得到充分的发挥，成为社会有用之才。

1. 自我生命的责任感

在有效的 341 份调查问卷中，问及“你遇到困难或不顺心的事时想过轻生吗？”时，239 人选择“从没有”，69 人选择“很少”，两项之和占比高达 90.3%。另外有 3 人选择“总是”，4 人选择“经常”，25 人选择“有时”，即有 9.4% 的人有不同程度的轻生想法。这一数据表明绝大部分大学生认识到珍惜生命的责任意识，不会放弃自己生存的权利。但有过轻生念头的 9.4% 的学生已是个不可忽视的数目，这部分学生心理脆弱，经不起挫折，对现实自我失去信心，极易产生过激行为。在“你过马路时，闯过红灯吗？”中，有 114 人选择“从没有”，157 人选择“很少”，此两者之和占比为 79.5%。另外，4 人选择“总是”，3 人选择“经常”，63 人选择“有时”，即有过此行为的占 20.5%。同时，在另外一项调查中，98.5% 的学生认为自己应该掌握一些日常安全小常识。这三项调查结果说明绝大部分大学生主观上爱惜生命，在实际生活中，却有部分大学生没能足够重视可能给生命构成威胁的一些方面。这种对生命责任的知行背离的行为在实际生活中并不能时时处处尽到保护生命安全的责任。

2. 身体健康的责任感

调查结果显示，80% 的同学认为“保持健康是自己的责任”，表明大学生对自己的健康有较明显的责任意识。但在下列关于对自己身体健康的责任行为的问题中，如当问及“你熬过夜上网看影视剧、聊天或打游戏吗？”时，只有 68.6% 的同学选择“很少”或“从没有”。另外，有 6 人选择“总是”，15 人选择“经常”，85 人选择“有时”，即总共有 31% 的大学生有过此行为。

在“你吃过有害健康的食品吗？”调查中，16人选择“总是”，86人选择“经常”，194人选择“有时”，即比例高达86.8%的大学生选择吃过有害健康的食品。这两组调查结果表明：大学生主观上认识到保持身体健康的责任，在客观实际生活中，并没有保持身体健康、爱惜身体的良好作息、饮食习惯。对身体健康的责任存在着知易行难、知行不一的特点，这一特点造成大学生事实上并未尽到爱护身体、保持健康的责任。

3. 心理健康的责任感

心理健康的人能够了解自我、悦纳自我、接受他人、善与人处，能够正视现实、接受现实、热爱生活、乐于工作，能够协调与控制情绪、心境良好，能够保持人格完整和谐；能够使自己的心理行为符合年龄特征。从上面所列内容选择几个方面进行调查，结果如下：第一，22%的大学生对自己的心理健康不满意，19.9%的大学生缺乏自我认知。如在“你对自己的心理健康满意吗？”一题中，27人选择“非常满意”，170人选择“满意”，两项之和占比为57.8%；72人选择“不满意”，3人表示“非常不满意”，两项之和占比为22%；选择“不清楚”的有68人，占19.9%。这些数据表明有大部分大学生对自己的心理健康满意，在心理上能够接受自我、悦纳自我。但也有高达22%的大学生对自己的心理健康不满意，甚至有19.9%的大学生对自我认知不清。第二，7.6%的大学生对前途没有信心，20.2%的大学生缺乏自我认知。如在“你对自己的前途有信心吗？”中，72.1%的大学生认为自己“有信心”或“非常有信心”。另外，24人对前途“没有信心”，2人表示“非常没有信心”，两项之和占比为7.6%，还有69人表示“不知道”，占20.2%。这一数据也表现了绝大部分大学生对前途充满信心，7.6%的大学生没有信心去接受未来生活的挑战。另外20.2%的选择“不知道”的大学生存在对自我认知不清的特点。第三，7.6%的大学生愿为金钱出卖自己的自由和人格。如在“以人身自由换取万贯财产，你愿意吗？”一项中，76%的大学生选择“不愿意”或“非常不愿意”。剩余人数中，6人选择“非常愿意”，20人选择“愿意”，两项之和占比为7.6%，还有56人选择“不知道”，即没有明确表示“不愿意”，表明这一部分大学生在金钱的诱惑下已开始动摇。这一数据表明部分大学生对自己的人格、尊严和人身自由表现出不负责任的态度，不惜以人格或人身自由换取财产，这种态度不利于大学生的人格完整和谐，同时也不利于其心理健康发展。第四，绝大部分大学生人际关系良好，少部分存在着人际关系紧张的问题。如大学生与父母的关系选择“很好”的有86.5%，“一般”的有12.6%，“说不清”“不好”或“很不好”

三项之和占比为 0.9%；与朋友的关系选择“很好”的有 71%，“一般”的有 23.8%，其余三项之和为 5.3%；与亲戚的关系选择“很好”的有 47.5%，“一般”的有 44.9%，其余三项之和占比为 7.7%；与同学的关系选择“很好”的有 39.9%，“一般”的有 47.5%，其余三项之和占比为 12.6%；与老师的关系选择“很好”的有 24.9%，“一般”的有 60.7%，其余三项之和占比为 14.4%。

二、大学生的世界观、人生观和价值观现状分析

大学生的世界观、人生观和价值观是大学生自我责任感的重要组成部分。科学的世界观、人生观和价值观使大学生的自我责任感始终处于积极与稳定的状态，并使之保持正确的方向。通过对大学生的世界观、人生观和价值观的现状分析，可以了解大学生的理想、信仰和价值观。

1. 世界观

世界观是指人们对整个世界的总体看法和根本观点，其中包括对自身在世界整体中的地位和作用的看法。世界观决定着人们认识世界、改造世界所持有的态度和采用的方法。马克思主义世界观是迄今为止最正确、最科学的世界观，列宁曾做过这样的评价：“它完备而严密，它给人们提供了绝不同任何迷信、任何反动势力、任何为资产阶级压迫所作的辩护相妥协的完整的世界观①。”大学生对马克思主义的认识如何直接反映了他们的世界观。我们来看看如下的调查结果，在“你对马克思主义理论的认识”中，90 人选择“科学理论，关键是如何运用”，15 人选择“放之四海而皆准的真理”，211 人选择“需要在实践中不断完善和发展”，三项之和为 316 人，占 92.7%。这一数据表明了绝大部分大学生能以发展和辩证的眼光正确地看待马克思主义。他们面对纷繁多样的社会思潮，能够保持清醒冷静的头脑，而没有随波逐流，没有被西方的社会思潮所“西化”。而认为它“已经过时了，不再适应当代社会了”的只有 6 人，另外 19 人选择“其他”，两项之和为 7.3%。这一数据表明也有少部分人学生不能正确看待马克思主义理论，这在现实生活中也有明显的反应。如部分接受过高等教育的大学生却加入求神拜佛以及占卜算命的队伍中，这种现象带给人们的震撼是巨大的。也许这些大学生并不都是“宿命论者”，这样做可能也只是出于好奇或寻找一种精神寄托，表面看来无可厚非，其实这种现象背后隐藏着一种很深的社会危机——大学生在巨大的升学、就业压力之下，自己的信心以及心理承受力正在逐渐降低。于是，在面对未来不可预知的困难的时候，他们不是选择用自己的实力去克

① 列宁．列宁选集第 1 卷［M］．北京：人民出版社，1995：309-310．

服困难，而是不约而同地选择了逃避。如果放任这种现象蔓延，对处于成长期的大学生的危害是显而易见的，他们很容易以此为借口来逃避困难和责任，而且更容易放弃对马克思主义理论的信仰。

2. 人生观

人生观是关于人生目的、人生态度、人生价值和人生理想的根本观点。共产主义人生观，即无产阶级的人生观，是迄今为止人类历史上最科学、最高尚、最壮丽的人生观，因为它是建立在马克思主义世界观的基础之上的。它注重把人生理想的实现与实践紧密结合；它倡导无私奉献，主张“利他主义”。共产主义人生观强调国家、民族和人民的利益高于一切，主张大公无私、全心全意为人民服务，为共产主义的壮丽事业无私地奉献自己的一切，甚至生命。人生理想是人生观的重要组成部分，科学的人生理想是个人的生活理想与远大的社会理想的统一。改革开放以来，随着市场经济的发展，大学生开始更多地追逐个人理想，如拥有较高的收入、体面的工作、自我提高和完善、幸福的家庭等。通过调查，我们可以看到大学生不再仅仅选择那些为社会、为他人而活着这样远大的理想，考虑较多的是与自己切身利益密切相关的追求。如 34.6% 的大学生选择“孝敬父母”，21.1% 的大学生选择“建立幸福家庭”，27.9% 的大学生选择“提高和完善自己”，4.4% 的大学生选择“找个好工作”，另有 14.4% 的大学生选择“为了让他人快乐幸福地生活”。从调查数据我们可以看出当代大学生选择人生理想时更加具体、务实，注重实际和实效，注重与自己息息相关的人或事，注重个人的提高和完善以及自我价值的实现。这在大学生的入党动机中也有所体现，40.2% 的学生的入党动机是“希望自己成为先进的一分子，为社会多做贡献”，30.8% 的学生选择“为自己以后的发展提供政治条件”。大学生追求个人的正当利益是必要的，但是自我利益的追求必须很好地把握一个“度”。假如这个“度”把握不好，走向了极端，过分地追求个人利益，一味地钻到个人理想的小圈子里而斤斤计较，甚至只盯着与自我利益息息相关的事情而不顾他人、集体以及国家的利益，这样不但丧失了自我创新、自我完善的能力，进而成了可怕的“极端个人主义”。大学生只有把人生目标置身于时代与社会之中，并紧紧地把个人的理想与国家、民族的发展连在一起，他才可能有作为、有抱负，其才智才会得以充分发挥，其人生价值才会得以实现。否则，他就会与整个社会、整个时代显得格格不入，即使是真正的英雄也可能无用武之地。

3. 价值观

价值观是人们在对人生目的和实践活动进行评价时所持的基本观点和观

念。价值观是以人生活动中客体与主体的价值关系为反映对象，在价值体系中居于深层次的核心地位，对主体的行为有着根本的导向作用。树立正确的价值观，关键的问题是摆正个人与国家、个人与集体、个人与他人的关系，把实现个人价值与中华民族的复兴大业紧紧连在一起，积极投身于社会主义建设事业之中，努力发挥自己的作用。集体主义是中国传统价值观的思想基础，贯穿中国传统价值观的方方面面，体现了传统价值观的根本性质。在处理个人与整体的关系时，中国传统价值观主张整体本位主义，强调整体利益大于个人利益，甚至把个人淹没于整体之中。改革开放以来，经济主体的多样化使人们在自主追求经济价值的同时开始越来越关注自己的个人权利与利益等各方面的价值；人们也开始真正勇敢地追求自己的合法权益。追求个人利益的各种口号开始名正言顺，中国社会进入了重视个人利益的时代。

当然，重视个人利益并不是忽视或漠视集体利益，而是在承认和维护集体利益的基础上更多地重视个人利益，真正维护个人权益。接下来的三个问题分别反映出大学生如何处理个人与他人、个人与集体、个人与国家的关系。调查问卷中“当与自己毫不相关的陌生人遇到生命危险时”，83.3% 的大学生认为“应该伸手相救”，表明他们对好坏、善恶、美丑、是非有正确的认识。“其他”所填写的内容大部分认为要先看自己有无能力，若无能力，绝不作无谓的牺牲。这一数据表明大部分当代大学生关心他人利益，在帮助他人、维护他人利益时也注重保护自身安全和自身利益。只有 2.1% 的大学生对他人利益表现冷淡、势利。在“看到扒手在行窃，你会怎么做？”一项中，60.1% 的学生选择“悄悄提醒受害者”，14.1% 的学生选择“悄悄打电话报警”，6.2% 的学生选择“直接制止该行为”，4.7% 的学生选择“大声叫喊有小偷”，即有 85.1% 的大学生关心他人、帮助他人、主动伸张正义。其中 74.2% 的大学生采取更加自保的方式来帮助他人，不忘保护自身的安全和利益。另外，11.1% 的学生选择“装作没看见”或“赶紧避开”，表现出对他人的冷漠。这两项调查结果表明大部分大学生具有较高的思想觉悟。同时，在帮助他人时，更注重保护自我，量力而行。只有少部分大学生对他人表现出冷漠、势利、“事不关己、高高挂起”的态度。下一个问题则体现了大学生对待个人利益与集体利益关系的态度，61% 的大学生以集体利益为重，这说明集体主义为核心的价值观仍然占主要地位。其中也有 17.3% 的大学生对集体主义已开始动摇，但他们在集体主义价值观和个人自由或利益的矛盾冲突中仍然没有放弃集体主义。22.3% 的大学生采取适当形式，在不损害集体利益的前提下，追求个体自我利益的价值观。14.1% 的选择“其他”的大学生所填写内容多为：如果二者产生冲突，参加集体活动还是自我活动要取决于哪项活动对我更重要，也就是以活动对自我的利害大小来衡量，这表明这部分大学生以自我利益为重。另外，还有2.6%的大学生完全无视集体主义。从这一数据的总体趋势来看，随着时间的推移，在集体的事与个人的事发生冲突时，将会有更多的大学生选择以自己的事为重。

我们再来看看大学生对个人利益与社会利益之间关系的态度，通过调查数据可以看到，50.7%的大学生仍以国家和社会的利益为重，31.4%的大学生倾向于对个人的权利、地位、金钱的满足及个人的享乐。在这其中，10%的选择“社会地位的高低”的大学生仍然受传统思想的影响，爱面子、讲虚荣，认为地位高就代表有身份、有价值。18.2%的选择“活得潇洒自在”的大学生不再受外在形式的约束，而是更注重自己活得潇洒自在的目的。另外，15.5%的选择“其他”的大学生则多数认为人生的价值应该体现为既为国家、人民创造财富，又能为个人谋福利。此项调查表明大部分大学生仍然以国家、社会利益为重，有约1/3的大学生开始倾向于追求与自己密切相关的利益。还有部分同学既照顾到国家社会的利益，同时又不忘追求个人利益，兼顾国家社会利益与个人利益。大学生价值观的调查结果显示，当代大学生价值观的主流仍然是好的：大部分大学生关心他人、关注集体利益和社会利益。同时，其价值观也呈现出兼容性、务实性和主体性的特点，即部分大学生在帮助他人、关注集体和社会利益的同时也注重自身正当利益的追求。这一特点表明大学生既受传统价值观的影响，又有对新价值观尝试的向往和冲动；既有对现实社会的批判，又有对现实道德行为和意识的妥协。

总之，当代大学生是在求新与守旧、求异与从众、奉献与索取、个人与集体的价值冲突中形成了自己的观念和行为。但在巨大压力存在的情况下，也有一些学生将目光定格在个人的努力与拼搏上，凡事从“我”出发，以“我”为中心，无视他人、集体和国家的利益。

三、当代大学生的思想道德修养现状分析

“修养”一词最早出现在儒家的论著中，是指通过内心的反省和不断的自我完善，实现人格的健全。我们平时讲的修养主要指两个方面：一是指表现在学识、理论等方面的水平以及在文学、艺术等方面的造诣，我们不妨称之为“学养”。在这一方面，大学生普遍表现良好，他们尊重知识、热爱科学，具有较高的知识理论水平。二是在思想觉悟、道德水准和处世方法与能力等方面的表现，这便是我们常讲的思想道德修养。思想道德修养是自我责任感的重要内容，一个有自我责任感的大学生必定注重自己的形象，自觉提高自己的思想道德修养。社会主义国家的大学生，如果只具备较高层次的科技文

化知识，而不懂得做人的社会准则和行为规范，那就不是一个全面发展的人。

1. 当代大学生思想道德修养的积极表现

当代大学生的思想道德修养在主流上是健康的、积极向上的。大部分同学有良好的道德修养，他们能够爱护公物、爱护国家财产、保护环境、团结友善、勇于负责，表现在如下几个方面。

（1）具有良好的社会公德

社会公德是指一定社会的全体成员为了维护人类社会共同生活关系、公共生活关系，调节整个社会的道德秩序而必须共同遵循的基本道德准则。它是千百年来人类社会文明的积淀，是社会公共利益与社会共同生活得以维持与发展的需要，也是为大多数社会成员所公认的最简单、最起码的公共生活准则。在当代社会，社会公德已成为一个社会文明进步的标识之一。我们来看关于当代大学生社会公德的调查结果：87.7% 的大学生排队时“很少”或“从没有”插过队；85% 的大学生“很少”或“从没有”随地吐过痰；70.4% 的大学生“很少”或“从没有”践踏过草坪；86.5% 的大学生“很少”或“从没有”乱扔过垃圾；96.5% 的大学生“很少”或“从没有”在旅游景点乱刻乱画；93.9% 的大学生“很少”或“从没有”伤害过野生动物；85.1% 的大学生最后一个离开时能够做到“总是”或“经常”关灯或关水管。这表明绝大部分大学生具有良好的社会公德。大部分大学生能够遵守纪律、爱护公物及国家财产、节约资源、保护环境，只有很少一部分大学生的个人行为有待于进一步改善，公德意识有待于进一步提高。

（2）团结友善

调查显示，在人际关系方面，当代大学生能够和周围接触的人群和睦相处。如大学生与父母的关系选择“很好”的有 86.5%，“一般”的有 12.6%；与朋友的关系选择“很好”的有 47.5%，“一般”的有 23.8%；与同学的关系选择“很好”的有 39.9%，“一般”的有 47.5%；与老师的关系选择“很好”的有 24.9%，“一般”的有 60.7%。另外，当他人处于困难或利益受到侵犯时，当代大学生能够主动帮助他人。如当看到扒手行窃时，85.1% 的大学生能够主动报警或制止行窃。通过调查结果分析，我们发现当代大学生具有团结友善的良好品质。

（3）勇于负责

调查结果显示，大学生对自己的行为后果具有勇于负责的精神。如在“天黑时，你骑自行车匆忙回家，在一条人烟稀少的小路上，不小心碰倒了一位老人，你会怎么做？”这一项中，320 人选择“主动下车扶起他，看他是否受伤，若受伤就带他去医院”的占 93.8%，这一比例说明大部分大学生是勇于对自己的行为后果负责的，而不是逃避责任。

2. 当代大学生思想道德修养的消极表现

部分当代大学生的思想道德修养也存在着消极的表现，如在学术方面存在严重的抄袭现象；有说脏话、粗话或骂人的现象；还有部分大学生知法违法以及大部分大学生在经济上不独立等。

（1）诚信缺失

近年来论文抄袭之风在校园蔓延，作弊现象屡禁不止，作弊手段层出不穷，这不仅严重影响了学校的校风、学风的建设，而且影响了人才培养的质量。大学生的学术诚信缺失已成为一个严重现象。如对于“你有过作业或论文抄袭吗？”4 人选择“总是”，28 人选择“经常”，143 人选择“有时”，即有过抄袭行为的大学生占 51.3%。这组调查数据表明当代大学生有严重的学术抄袭行为，在学术方面缺乏诚信。在“你考试时有过作弊吗？”一项中，2 人选择“总是”，2 人选择“经常”，16 人选择“有时”，即有过作弊行为的占 5.9%。这两项调查表明部分大学生在学业方面存在诚信问题。大学生明明知道论文抄袭、考试作弊是欺骗行为，却明知故犯。他们多数是由于懒惰，不愿刻苦钻研，不愿动手动脑查资料。这从某些方面也表现出当代大学生缺乏吃苦耐劳的精神、独立自主及自律意识。

（2）文明礼貌的缺失

文明礼貌要求言语文明、行为文明，对人有礼貌。文明礼貌是最容易做到的事情，也是最容易忽视的事情。人的文明礼貌体现在其一言一行中。大学生要做到“不以恶小而为之，不以善小而不为”。在每一个细节上，都要严格要求自己，做到讲文明讲礼貌。调查显示，部分大学生缺乏文明语言，对人没礼貌。如在“你说过脏话粗话吗？”这一问题中，5 人选择“总是”，占 1.5%；10 人选择“经常”，占 2.9%；90 人选择“有时”，占 26.4%，即共有 30.8% 的大学生承认自己说过脏话、粗话。大学校园是圣洁的殿堂，是文明的场所，是培养德才兼备的人才的地方。大学生说粗话、脏话不仅会玷污校园的环境、损害学校的形象，更有辱自己的道德修养，也是对自己不负责任的表现。这部分大学生还需要加强自身修养，加强自律意识，做到讲文明、讲礼貌。

（3）缺乏自律

自律，即个人自觉地按照“应当如何”的要求去选择和约束自己的行为。调查显示，当代大学生在面对权利和义务时，对有利于自己利益的权利积极

维护，但是为了自己的眼前利益也出现了不尽义务甚至无视法律的行为。如“你因被怀疑偷盗而被误关押一天后放出，对此事你会怎么办？”87.1%的大学生选择“用法律武器来维护自己的名誉”，这表明大学生能够凭借法律手段积极维护自己的利益。在“你对购买盗版书籍、音像软件的态度”一项中，只有25人选择“反对，因为这是纵容违法”，190人“默许，因为价格便宜”，102人选择“无所谓”，后两项之和占比高达85.6%。这一数据表明，大学生尽管知法却不守法、不护法，当个人利益与法律或与应尽的义务发生冲突时，他们选择个人利益而忽视法律的尊严，不能严于律己，不能严格地守法、护法。这是一个不容忽视的问题，很多同学在学校不能做到自律、守法，这种贪图一时便宜而忽视法律的做法会为他们走上社会埋下祸根。这种大学生一旦走上社会，在更大的诱惑面前，他们也许会约束不了自己而铤而走险，最终会害己、害人、害国家。

（4）缺乏自尊自爱

自尊自爱，即爱惜自己的身体、人格和名誉，维护自己的尊严。人只有首先自尊自爱，才能赢得别人的尊敬和爱戴。调查显示，在恋爱观方面，部分大学生缺乏自尊自爱。如在“不以结婚为前提的恋爱甚至是男女之间的性行为也是应该得到允许的”的观点一题中，4人选择“非常赞同”，55人选择“赞同”，113人选择“无所谓”，三项之和占50.4%。此调查结果表现出部分大学生的性开放意识，表现出一种“不在乎天长地久，只在乎曾经拥有”的不负责任的恋爱观，这也是缺乏自尊自爱的表现。爱情是性爱与情爱两者相互作用而产生的，是人类的一种高尚的精神生活。它不仅要求男女双方在思想情感、性格等方面能共鸣和谐，而且要求男女双方共同承担社会责任和义务。爱情的本身是责任、是给予、是奉献，而不是索取和占有。大学生应该尊重自己、尊重别人，爱的情感是和道德责任联系在一起的，只有尊重自己、尊重对方，爱情专一，才能获得美好的爱情。在另一项“以人身自由换取万贯财产”的调查中，6人表示“非常愿意”，20人表示“愿意”，56人表示“不知道”，三项之和占比为24%。从这一数据我们也可以看出部分大学生不惜以自己的人格、尊严甚至人身自由去换取金钱，极端缺乏自尊自爱。

（5）缺乏自立

作为大学生，绝大部分年龄在18岁或18岁以上，已是成年人，应该能够独立自主地生活。然而，很多大学生在走向社会的过程中，出现了各种各样的不适应或者在事业上的不成功，原因是多方面的，其中很重要的一点是与他们缺乏自立自强有关。82.1%的大学生在生活花费上主要依靠父母或其

他长辈，这说明大学生独立生活的能力不强，经济不独立。大学生可以勤工俭学、做家教或利用业余时间做兼职，这样既参加了社会实践，锻炼了自己，又可以赚钱补贴自己的生活消费，但调查显示只有1.5%的大学生的生活费是自己挣的，明显缺乏独立行为。

（6）缺乏毅力和艰苦奋斗的精神

自觉而坚持不懈地学习是大学生的责任和任务，毅力和艰苦奋斗的精神是他们学有所成的重要因素。在“如何对待自己的功课”一项中，只有45.7%的学生能够做到“制订计划、主动学习、永不放弃”；19.6%的大学生选择“平时不学习，临时靠突击”；2.1%的大学生表示“父母或老师监督才学习”；24.3%的大学生表示“学习中遇到困难就放弃”。调查表明，21.7%的大学生缺乏学习的主动性和自觉性；24.3%的大学生不能坚持不懈地学习，缺乏持之以恒的毅力和艰苦奋斗的精神。这对大学生的成才和成功是很不利的。

第五节　当代大学生自我责任感存在问题的原因分析

当代大学生的自我责任感既有健康的、积极的、向上的一面，但也存在着一些不可忽视的问题。下面我们从社会环境因素、学校教育因素、家庭环境因素以及个人角度对当代大学生自我责任感存在问题的原因进行分析。

一、社会环境的影响

1. 市场经济带来的消极影响

改革开放的不断推进和市场经济的深入发展，一方面增强了个体的独立自主意识；增强了人们的平等、效率、民主、法制意识和开拓创新精神；增强了人们的效益观念、竞争观念和追求正当利益的观念等。另一方面，市场经济具有竞争激烈、机遇与风险并存、追求利益最大化、遵循等价交换的原则等特点，也激发了人们对自身利益的高度关注。由于我国社会主义市场经济的监管体制还不健全，容易造成个人主义膨胀，使人们过多地考虑个人利益，同时还带来了一些不正当的竞争和社会腐败现象，如自私自利、损人利己、损公肥私、腐败堕落、金钱至上等。市场经济的消极影响导致一些大学生产生政治信仰迷茫、理想信念模糊、价值取向扭曲、艰苦奋斗精神淡化、心理压力增大，有的甚至产生悲观厌世的情绪等问题。一部分大学生缺乏自主精神，缺乏独立的人格，更缺少艰苦奋斗的精神和坚强的意志力，形成一种病

态的盲目依附的社会性格，以至于陷入拜金主义、享乐主义和极端个人主义的泥潭而不能自拔。如在调查中有 7.6% 的大学生选择愿意以人身自由换取万贯财产。

2. 多元文化的冲击

改革开放以来，西方文化中的“自由主义”“存在主义”等各种社会思潮涌入国门，鱼目混珠。受这些社会思潮的影响，有些人对自由的理解与追求发生了变化，将其片面理解为没有任何约束的个人的完全自由。他们认为人应该自己安排自己，只对自己负责，没有义务去恪守道德准则，也不应承担对他人和社会的责任。这些观念正好为道德判断能力较弱的青年大学生所认可和接受，使部分大学生为以“自我”为中心的思想找到了理论依据，并将其奉为至宝。于是，大学生中出现一些只关心自我，追求实惠，只要权利不愿尽义务的现象。如在“你因被怀疑偷盗而被误关押一天后放出，对此事你会怎么办？”中，87.1% 的大学生选择“用法律武器来维护自己的名誉”。在“你对购买盗版书籍、音像软件的态度”中，55.7% 的大学生选择“默许，因为价格便宜”，29.9% 的大学生选择“无所谓”，仅有 7.3% 的大学生选择“反对，因为这是纵容违法”。对这两个问题的回答表明大部分大学生注重对自己利益的维护，而对于自己应尽的维护国家利益的义务却反应冷漠。

当前，随着网络的普及，各种各样的信息都能够在校园中传播，从而形成复杂的信息环境，使得大学生周围的信息空间难以控制，信息质量大幅度下降，教育空间遭到污染。网络信息中一些不健康的成分对大学生的思想成长造成不良影响。调查结果显示，部分大学生出现了许多不良行为，如无视他人、集体和国家利益；文明礼貌的缺失；论文抄袭等。同时，没有节制地上网也占去了大学生过多的课余时间，以至于影响了大学同学之间的交往、交流和沟通，使得人际关系紧张，信任度降低，心理问题增多。如 12.6% 的大学生认为“自己和同学的关系说不清或不好”。这一调查结果虽然不能直接被视为大学生同学关系不健康的主要原因，但肯定与此有关。上网还占去了大学生休息或运动的时间，如 31% 的大学生表明自己“熬过夜上网看影视剧、聊天或打游戏”，这样也会影响到大学生的身体健康。

3. 法律法规不健全的影响

我国还处于社会主义的初级阶段，目前我国的法制体系还不健全、各种规章制度还不完善；广大人民的法制观念、法制意识比较淡漠；再加上监督不力、执法不严和惩治不足导致有些人投机取巧、钻法律的漏洞，肆意践踏法律。比如目前出现的假冒伪劣、环境污染问题、贪污腐败、学术作弊以及竞争中所出现的钱权交易、色权交易等现象。如果社会中很多人利用法律漏洞和道德舆论的软弱来获取不正当的利益，不仅会严重破坏社会公平、正义以及社会道德，而且会直接影响着大学生的思想道德修养和价值取向，甚至有些大学生会群起效仿。比如“你对购买盗版书籍、音像软件的态度”一题中，55.7%的大学生选择“默许，因为价格便宜”，29.9%的大学生选择“无所谓”，二者之和占85.6%。大学生之所以出现漠视法律的态度，与执法不严有直接的关系。又如5.9%的大学生承认“自己考试有过作弊”，51.3%的大学生承认“自己有过作业或论文抄袭”。大学生的这些行为直接与社会上假冒伪劣、贪污腐败以及其他钻法律漏洞却没有受到法律制裁的行为有关。

二、学校因素的影响

大学生的自我责任感并不都是在大学期间形成的，而应该在中小学阶段就开始培养了。我们目前的中小学教育，在应试教育的指挥棒下，主要以灌输知识为主，而对学生的责任教育严重缺乏。作为高校，不但没能使大学生在中学阶段形成的一些不良责任意识和习惯得以纠正，反而导致这些不良责任意识和习惯得到了强化。因此，高校在大学生自我责任教育过程中也存在着问题。

1. 高校道德教育的不足

学校是培育学生自我责任感的主阵地。目前，在小学、中学、大学都开设了有关法律、思想品德教育等方面的课程，这对于增强青少年的自我责任感无疑是十分有益的。但现有的道德教育也存在着一系列的问题，如内容单一，缺乏时代性、层次性和针对性，游离于学生现实生活之外。作为高校，同样存在着类似的问题，不但没能使大学生在中学阶段形成的一些不良责任意识和习惯得以纠正，反而将这些问题和行为进一步加强。对大学生来说，从小学、中学到大学，学校都在教育学生要为祖国、为社会而读书，却很少教育学生对自己负责；教育学生爱祖国、爱人民、爱集体，却很少强调学生首先要爱自己，珍惜自己的生命，爱惜自己的身体，关心和维护自身的正当利益；常重视对学生知识的传授而忽视对学生身体素质、道德修养和心理素质的关注。同时，课程设置也与社会需要之间的联系较少，脱离了学生丰富多彩的现实生活，远离学生的实际生活，过于理想化，空谈对他人和社会的责任，使大多数人觉得崇高的责任感遥不可及。这样的责任感教育实质上是一种灌输责任知识的教育，教给学生的都是些毫无生气的责任概念和责任规范。因此，“这种游离于学生个体之经历、感受、体验、需要及个体之间共

识之外的模式化的规范认知教育，最终只能以失败而告终[①]。”调查中，8.8%的大学生承认自己经常逃课，还有 38.7% 的大学生偶尔逃课。这一现象不仅与大学生本人的纪律性不强有关，而且与高校教育德育内容脱离社会及学生本人实际也有很大关系。此外，高校德育课没有充分调动一切教师在所任教的课程中渗透德育内容，只是靠有限的德育课教师，在有限的课堂上大班讲授德育课。这样的现实在某种程度上也限制了高校德育课教学方法的多样性和教学内容的拓展。

2. 高校教学和管理方法的影响

高校思想政治教育和管理工作存在着途径单一化、方法简单化等特征。灌输式教育仍占主体地位，使得高校德育工作有效性不强。教师们更多地强调理论教育，把书本上的道德准则、行为规范宣讲给学生听。在课堂上只有单一的理论灌输，缺乏多样化的有效指导；在开展的为数不多的责任感教育活动中，存在着简单化、形式化的倾向，这使得责任感教育无法引起学生兴趣，无法使学生对道德信条产生认同感。他们对于责任感和许多道德信条的理解只能停留在表面，只是认识但并不太认同，无法产生共鸣，更不用说内化为自己的行为，结果导致学生知行分离，成为“理论上的巨人，行动上的矮子”。调查中大学生所表现出来的对责任的知行不一、知易行难便是最有力的证明。高校的管理工作也存在着与教育环节脱节的问题。管理者只负责管理而不渗透教育，对学生缺乏应有的沟通和理解，缺乏对学生的实际想法和生活现实的详细了解，简单的说教以及强制性的管理无法起到很好的教育效果，反而使学生容易产生逆反情绪。

3. 高校教师的影响

大学生自我责任感的有无及强弱与高校教师有着正向的关系，教师是文化、文明传递的关键环节。只有具有高度责任感的教师才能培育出具有高度责任感的学生。如果教师在承担自我责任方面率先垂范，就会对大学生自我责任感的形成和发展产生潜移默化的促进作用；如果教师否定和推卸自己应当承担的责任，则会对大学生自我责任感的形成和发展产生极其不利的影响。近年来，在市场经济大潮的冲击下，“安贫乐道，默默奉献，旨在树人”的传统精神在一些大学教师身上已经萎缩，如有的教师不注重自身道德修养、业务素质和政治素质的培养，在言行上不能起到带头作用，个别教师在生活作风上甚至为学生所不齿。还有个别教师教书育人和服务育人的态度不端正，

---

① 赵文静. 试论责任和责任教育［J］. 山东教育科研，2000（10）15-17.

对待学生的态度恶劣，动不动就训斥学生，使得部分学生产生对立情绪。这样的老师很难让学生尊其人而信其道。

4. 校园文化的影响

校园文化是学校在长期的办学实践中形成的具有学校特色的物质文化、精神文化和制度文化的总和。校园物质文化主要包括校园的建筑设计、设备设施及校园环境的美化等诸多物质条件，它是校园文化建设的硬件部分和物化表现形式。校园精神文化是一所学校个性和风貌的集中反映，是校园文化的核心，包括校风、学风、教风及校园文化活动等。校园制度文化包括学校的各种规章制度、道德行为规范等。校园制度文化是校园物质文化和精神文化的保证，对人们的行为具有规范和约束作用，能促进学生养成良好的行为习惯和道德作风。优秀的校园文化具有强大的吸引力、凝聚力和感召力，在大学生责任感的培育中具有不可替代的重要作用。然而，许多高校比较注重硬环境建设，却忽视了软环境。在不少学校中，校风、学风、教风只是一个口号而没有真正形成或者落实到实际生活中，各种规章制度执行不力，这些因素直接影响学生的学习效率、审美情趣和日常行为及德育效果。如 19.6% 的大学生“平时不学习，考试靠突击”，42% 的大学生承认“自己作业或论文有过抄袭”。

三、家庭因素的影响

家庭是孩子的天然学校，父母是孩子的第一位老师，家庭教育对一个人来说，既是启蒙教育，也是终身教育。就目前来看，家庭教育功能的弱化是影响积极自我责任感形成的重要因素之一。具体而言，应该包括以下四个方面。

1. 家庭结构的影响

首先，由于市场经济的深入发展，内地大量农村青壮年劳动力流向城市，只有老人和小孩留守农村，这对农村教育形成了重大挑战。祖辈对孙辈的教育存在着若干问题，如过分溺爱会导致孩子不自立、不合群、自私等性格特征。长期跟祖辈在一起生活的孩子在成长过程中，不同程度地受到祖辈教育观念的影响。其次，离婚率的逐年上升或其他变故导致单亲家庭增多，家庭的自然结构被破坏，这使得缺陷家庭中的大学生不能充分享受父母的关爱，而且也失去了父母之间带有天然和谐的那种差异教育。在这种家庭背景下成长起来的大学生心理承受能力差，一旦受到嘲讽、冷落、挫折等打击，更容易产生心理问题，比如自卑、孤僻、厌世、多疑等。由此可见，当代大学生在社

会化过程中出现的严重心理缺陷在一定范围内与家庭结构变化的失控有关。

2. 家长教育方法的影响

我国的家庭教育方式主要有三种。第一种，娇惯溺爱。传统中国社会是以家为本位的，重视亲情是中国文化的一大特色。所以中国的父母可以为子女的成长与教育作出一切牺牲，加之现在多是独生子女，情之深较以往更是有过之而无不及。父母对子女的责任心呈现“超重”的趋势，父母承担了本不该他们承担的责任，家务劳动全部包办代替，甚至出现了“陪读”现象。子女却相应地出现了责任“失重”的状况，把本该是自己承担的责任推给父母，他们饭来张口，衣来伸手，习惯于接受，而不懂得付出。这样的孩子缺乏生存的基本技能与自我负责的精神，很少有回报他人的实践。如 82.1% 的大学生的生活费是父母或其他长辈给的，6.2% 的大学生的入党动机是父母的期望，这充分显示了大学生对家庭的依赖心理。第二种，粗暴打骂。有些家长“恨铁不成钢”，对于孩子在成长过程中出现的问题缺乏沟通、交流，缺乏科学、合理的指导。有的甚至不分青红皂白一顿打骂，久而久之，子女便容易出现暴力倾向、叛逆心理等问题。第三种，放任自流。有些家长对于涉及子女个人的学习、健康和生命方面的问题时，态度极端严格，而对于涉及道德修养、个人与家庭和社会关系的问题时，态度又往往是听之任之。家长的一味放任和顺从易使子女产生利己、嫉妒、任性、自满、爱虚荣、自命不凡、不合群等不良心理特征。这三种错误的家庭教育方式给子女的身体、心理及其道德意识的培养带来了极其严重的影响。

3. 家长自身文化素质的影响

我国是一个农业大国，大约 80% 的人生活在农村，因此，相当一部分大学生来自农村。在本次调查中，60.7% 的大学生来自农村。由于农村教育资源缺乏，大多数家长文化水平不高，而且跟不上知识更新的速度，面对瞬息万变的社会，他们常常受到自身文化素质的限制，对子女的教育力不从心。一些大学生比他们的父母知道得更多，所以厌倦父母空洞的说教。同时，不同时代人的观念、心理等也有了一定的差异，这种差异制约了家庭成员的有效沟通。使得很多家长根本不了解自己的子女，更谈不上对其进行具有时代性、针对性的教育，或者进行有效的心理疏导。这种教育内容的缺乏、单调、滞后性不仅影响大学生的理想选择、价值定位和道德修养，而且对大学生的身心健康也是不利的。比如近视率的增多，军训中出现大学生晕倒现象的增多，部分大学生只重视学习、考证而不重视实际操作能力和动手能力，不重视自身的心理健康教育等，都与家庭教育内容的片面和不足有直接的关系。

4. 家长教育目标的影响

大多数家长偏重于智育的培养而忽视德育，重视技能的培养而忽视人格的塑造。培养的目标只是希望孩子长大后能光宗耀祖、当大官、挣大钱，过上好日子。家长在对孩子的未来充满憧憬的同时忽略了培养孩子正确的世界观、人生观和价值观，更没有注意到孩子的品行、意志和心理等方面的教育。家长这种培养目标的偏差必然对孩子的成长造成不利影响。一些家长只盯着子女的成绩，而对他们的身体素质、心理素质和道德素质一概忽略，认为子女只要成绩好就一切都好，这严重制约着学生的德智体美全面素质的提高。这样的教育目标直接影响到子女的价值取向和人格的培养，使他们认为奋斗的目标就是好好学习，将来能够出人头地、光宗耀祖，而不是成为一个人格健全、身心健康、乐于奉献、对他人和社会有用的人。这种教育目标的错位又往往与专制、拔苗助长等错误的教育手段相结合，结果出现一些悲剧。如上海、北京就曾发生过由于父母过分干涉子女的选择而被子女残杀的悲剧。这虽是极个别现象，但足以让每位家长深深反省自己的教育目标是否与孩子的个性发展相适应。

四、大学生自身因素的影响

影响大学生自我责任感的社会环境因素、学校教育环境因素、家庭因素等诸多因素都是外因，而真正起决定作用的是大学生自身的内部因素，我们从以下几个方面来分析影响大学生自我责任感的内部因素。

1. 大学生心理不成熟

在生理发展的基础上，大学生的心理发展处于走向成熟而又未完全成熟的阶段，其心理发展过程充满着复杂的矛盾和冲突，极易受到他人和外界环境的影响。在这个年龄段，他们的智力发展达到高峰，抽象逻辑思维能力占据主导地位，思想活跃、精力充沛、反应敏捷、善于独立思考、敢于标新立异、自我表现欲强、具有探索精神。但他们毕竟缺乏社会实践，思想易脱离实际，不能一分为二地看问题，也不能恰当处理生活中的矛盾，易出现一些心理问题和行为过激。首先，他们不能正确对待理想与现实的反差。原来认为自己出类拔萃的大学生在群英荟萃的大学里很快感到强中还有强中手，自己的成绩和水平并不像自己想象的那样出众，一旦遇到考试失败或其他打击、挫折，自信心便很容易受到沉重的打击，转而产生自卑感、焦虑、厌学及畏惧等情绪。其次，大学生情感丰富而强烈，但感情容易冲动和变化，自制力较差。现实生活中常因一点小事振奋不已、豪情万丈，或意志消沉、悲观丧气。最

后，还表现在强自尊和弱承受力的矛盾。大学生脱离了父母的管束和高考的压力，其独立意识、自尊心迅速增强，他们渴望独立地做成某事，渴望得到别人的尊重和承认，他们爱面子、好虚荣。但由于自理能力不强或生活中缺乏磨难，一旦遇到困难就会迅速怀疑自己，产生自卑、自暴自弃等心理问题。

2. 大学生个人生活目标不明确

从大学生心理发展来看，由于特定的社会环境和教育体制的约束和限制，他们从小的目标就是考大学，至于考上大学后要干什么，往往只有一些朦胧而美好的想法。他们很难站在更高的角度审视将来，也很难对社会本身有理性、科学、客观的认识，更难有一种思辨和分析的能力，从而也不能正确认识自己与他人、集体及社会的关系，这样就很难确定一个正确的奋斗目标。这时的青年学生心理发展实际上处于一种非常重要的转变时期，即他们长期为之艰苦奋斗的核心目标失去了意义，新的符合社会发展需要的学习、生活目标还没有完全建立起来，奋斗目标就处于空位状态，行为目标也就不明确。如有的学生选择上网逃避现实；有的学生选择随波逐流、得过且过；有的学生选择刺激、尝新，由于法律知识的欠缺或自律的不足而走向犯罪；有的学生选择恋爱来填补生活的空虚；也有一些学生将目光定格在个人的努力、拼搏上，凡事从“我”出发，以“我”为中心，当集体利益与个人利益发生矛盾时，更多强调个人利益。

第六节　增强当代大学生自我责任感的对策

当代大学生自我责任感的培养应遵循社会、学校、家庭以及大学生个人四位一体的原则，通过外因、内因共同作用于大学生自身，使自我负责意识内化为个人的品质，外化为良好的责任行为。

一、优化社会环境

1. 建设社会主义核心价值体系，引领社会思潮

社会主义核心价值体系的基本内容包括马克思主义指导思想、中国特色社会主义共同理想、以爱国主义为核心的民族精神和以改革开放为核心的时代精神、社会主义荣辱观。这五个方面的内容，各具功能、各有侧重，相互联系、相互贯通、相互促进，是一个有机统一的整体，共同构成了社会主义意识形态领域的根本体系，是一个结构完整、逻辑缜密的科学体系。社会主义核心价值体系是一种揭示了自然界、人类社会和思维发展的普遍规律的基

本理论、立场、观点和方法，是一种关于社会发展和人生进步的根本价值取向、目的追求和精神境界。它不仅作用于经济、政治、文化和社会生活的各个方面，而且对每个社会成员的世界观、人生观、价值观都有着深刻的影响。

经过40年的改革开放，我国的社会经济成分、组织形式、利益分配形式和就业方式等日益多样化，人们的价值取向、道德观念和文化生活也日趋多样化。在当前思想活跃、观念碰撞、文化交融的时代背景下，必须用社会主义核心价值体系引领多元的价值观念和社会思潮，努力在全社会形成统一的指导思想、共同的理想信念、强大的精神支柱和基本的道德规范。这样不仅可以为大学生的身心健康发展创造良好的社会环境，而且社会主义核心价值体系能够包容当代大学生的普遍而合理的价值追求，能够引导他们走出片面、狭隘、自私的价值追求，也就能够使青年大学生焕发出极大的热情和积极性，能够使他们普遍地认同和信奉社会主义核心价值体系，在正当基础上向高尚和伟大的价值挺进，能够使他们相信只要坚持去做、用心去做，每个人都会不断有所收获、有所提高。

（1）合理吸收各种社会思潮的有益成分

用社会主义核心价值体系引领多样化的社会思潮，首先要主动汲取多样化社会思潮中的各种有益成分，既不断追求自身的发展和创新，又不断寻求和扩大社会思想共识，以共识巩固发展，不断提升社会主义核心价值体系的生命力、凝聚力和感召力。在形形色色的多样化社会思潮中，存在着大量与社会主义核心价值体系的基本精神和主要方向比较一致的进步思潮。这些思潮或者本身是社会主义核心价值体系的一个构成要素，或者是在社会主义核心价值体系的影响推动下形成和壮大的。只有大力弘扬中华民族的优秀传统文化，积极借鉴人类有益文明成果，主动汲取和广泛聚合多样社会思潮中的一切具有科学价值和人文精神的有益成分，才能真正激发活力、引领潮流，才能确保当代中国社会思潮的主流体现社会主义先进文化的前进方向，才能进一步打牢全党全国各族人民团结奋斗的思想道德基础，也才能形成全民族奋发向上的精神力量和团结和睦的精神纽带，更好地建设中国特色的社会主义文化强国。

（2）充分包容多样社会思潮中的无害因素

社会主义核心价值体系既突出坚持一元化指导思想，又强调“尊重差异、包容多样”；既明确了共同的理想，又涵盖了不同阶层不同群体的愿望；既坚持了先进文化的前进方向，又尊重了不同群众的思想状况；既体现了先进性要求，又体现了广泛性要求。用社会主义核心价值体系引领多样化的社会思潮，要在坚持导向一元的基础上，充分尊重社会文化的多样性特点和合

理性部分，善于包容多样社会思潮中与社会主义核心价值体系的基本精神和主要方向并不相悖的成分，在尊重多样性、包容差异性中构建社会主义和谐社会。我们只有尊重差异，才能超越民族、城乡、地域和阶层等多方面的差异，增强社会成员的归属感和向心力；只有尊重差异，才能扩大社会认同；只有包容多样，才能增进思想共识，才能团结不同阶层、不同认识水平的人们，才能充分挖掘和鼓励不同阶层、不同群体所蕴含的积极向上的思想精神，也才能最大限度地形成思想共识，凝聚力量，万众一心地建设中国特色社会主义。

（3）坚决抵制并批判各种社会思潮中的危害因素

习近平同志指出，意识形态领域历来是敌对势力同我们激烈争夺的重要阵地，如果这个阵地出了问题，就可能导致社会动乱甚至丧失政权。敌对势力要搞乱一个社会、颠覆一个政权，往往总是先从意识形态领域打开突破口，先从搞乱人们的思想下手。当前，我国意识形态领域的主流是积极、健康、向上的，但是各种思想文化相互激荡，先进文化、有益文化与落后文化、腐朽文化并存，正确思想和错误思想、主流意识形态和非主流意识形态相互交织。错误思潮的存在和传播，不可避免地带来了价值领域一些不容忽视的问题。对于多样化社会思潮中的消极有害的因素，特别是各种反马克思主义的社会思潮，我们必须用社会主义核心价值体系加以引领，弘扬主旋律，坚决果断地抵制并批判各种消极乃至危险成分，使以马克思主义指导思想为灵魂的社会主义核心价值体系不断巩固和发展。

总之，只有用社会主义核心价值体系引领社会思潮，才能为当代大学生自我责任感的培养创造良好的社会环境，才能够引导当代大学生积极追求合理的价值取向。

2. 健全法律法规及责任制度，提供制度保障

我国在完善社会主义市场经济体制的过程中，出现了一些不良社会风气，如“以权谋私”“权钱交易”“色权交易”“假冒伪劣”“食品安全”“环境污染”“仗势欺人”等。这些严重影响着当代大学生的思想道德观念和价值取向。现代教育理论证明，青年大学生虽然有思想，但由于他们的思想还不成熟，极易受到周围环境及社会风气的影响。青年大学生自我责任感的形成与提高不仅取决于价值引领，还跟社会对不良现象的有效遏制和惩处有关。而这些不良现象的遏制和解决单纯靠人们的道德约束是不够的，需要建立和健全法律制度。对违法事件进行严厉制裁，绝不手软，坚决维护法律的尊严，让那些腐败和违法乱纪以获取不正当利益的行为无路可走，真正做到保证公平、正义。同时还要制定各种形式的责任制度，并且要严格地落实。一方面

可以督促人们去履行责任；另一方面要进行严格的惩罚和制止，有效的追究责任。严格落实责任到人，对于责任的履行要奖罚分明，对认真负责的，要奖励和表彰；对失职渎职、互相推卸的，要予以追究和严惩。只有明确了责任规定和落实责任追究制度，人们才能自觉自愿地承担自己的责任，才能在全社会确立一种良性的责任导向。

二、优化学校环境

在新时期新阶段，高校思想政治教育工作进入一个新的更加开放的环境，丰富大学生思想政治教育的内容既面临着巨大的机遇也面临着许多的挑战。在这种时代背景下，高校思想政治教育的内容要结合社会现实及学生的实际情况，体现时代性和针对性。高校思想政治教育要坚持以理想信念教育为核心，以爱国主义教育为重点，以思想道德建设为基础，以大学生全面发展为目标。

1. 优化教学和管理方法

高校德育要充分利用现代科学技术和手段，积极借鉴国外责任教育的有益经验，改革和创新教育方法，改善管理方式，拓宽德育渠道，以便有效促进当代大学生自我责任感的养成。

（1）在教育方法方面，灌输和启发相结合

自我责任感是属于道德层面的，而道德不是自发形成的，需要有计划、有目的地灌输。而道德行为是发自内心的，道德行为习惯的养成还需要靠不断地启发自觉才能奏效，因而，高校教育要采取灌输和启发相结合的方法。

在我国学校的道德教育中，谈不上启发和诱导，主要是灌输式教育，致使学生产生逆反心理，达不到学生主动接受的目的。在这一方面，我国的教师要积极借鉴国外责任教育的经验，注意教学方法的研究与改进。如新加坡大学生责任意识的培养始终贯穿“以学生为主体”这条线，注重灌输和启发相结合。在教学中，教师要多启发、多诱导，让学生参与互动，调动学生的主动性和积极性，让学生放开手脚，让学生动起来，形成知识迁移。同时让学生在讲故事、朗诵、问答和角色扮演中自己教育自己，逐步意识到自己身上所承担的责任，从而自觉地去履行自己的责任。

（2）加强道德实践，发挥大学生的主体作用

人的自我责任感是认识过程、意志行为过程和情感过程的统一，而实践是这一切的基础。人对自己的道德行为的控制力不会偶然产生，它只能通过道德实践活动，在各种社会关系和交往中判断道德的是与非、善与恶，形成

道德情感，从而养成良好的道德行为习惯。学生是道德责任的主体，培养大学生的责任感，就要尊重学生的主体地位和主体人格，不能仅靠“道德灌输”和对道德规范的死记硬背来达到，还必须通过各种社会实践活动，发挥学生的主体作用，强化他们对责任感的认识。社会实践活动能促使大学生对社会生活的认识更加深刻，在观察、感受社会生活中培养责任感，增强自己的责任意识和责任行为能力。

（3）建立责任评价制度，以他律来推动自律

高校要建立一套科学合理的责任评价和管理制度，用规范来监督、约束和遏制不负责任的思想及行为，以“他律”来推动“自律”。如果有责不担，将会受到相应的追究和惩罚，并为此付出相应的代价。只有这样，责任感才会在大学生的内心成为一种自觉，才能达到有效遏制校园中一切不负责任的行为。需要做到如下两点：首先，建立一套合理的责任评价体系和奖惩标准，明确规定哪些行为是被鼓励的，哪些行为是被禁止的，对于自觉承担和履行责任的学生要给予鼓励和奖赏，对于逃避责任的应给予相应的惩罚，充分发挥责任评价机制的教育引导作用。其次，把大学生的责任评价作为大学生综合素质评定的一个重要方面，如实记录，并写入学生的期末档案，作为以后个人贷款、抵押、用人单位招聘或升迁的一个参考指标，直接与大学生未来的工作和生活密切联系起来。在这一约束机制下，大学生就不会轻易放弃自己的责任。

（4）拓宽德育渠道，加强德育隐形教育，增强实效性

高等学校应该在普通课程和专业课程的教学中以及学生的管理工作中不断加强德育渗透。高校应实行德育的“全员教育、全程教育、全方位教育”，让德育渗透到各学科、各专业、各阶段，并把德育工作作为一项重要的任务长期来抓。在教学中，充分发动一切教师在所教学科中无形地渗透德育内容，如计算机专业，教师可以教育他们充分利用高科技为社会创造财富，而不是利用高科技搞破坏；环境学科的教师可以教育学生要珍惜我们生存的空间，爱护环境、节约资源等。在管理工作中，高等学校应设有专家咨询团队，从事非学术的咨询评议活动，当学生遇到某些心理、学习、生活上的困难时，由专家负责解答这些问题。此外还要有精神学、法学等方面的专家，定期对学生的思想、心理及生活问题给予评议，旨在培养学生健全的人格。在组织校内外活动中，也可以渗透教育的内容，使学生在不知不觉中受到道德的熏陶。

2. 加强高校师德修养

当代大学生自我责任感的树立与高校教师的言传身教有着直接的关系。

邓小平同志曾指出："一个学校能不能为社会主义建设培养合格的人才，培养德智体全面发展、有社会主义觉悟的、有文化的劳动者，关键在教师。"教师的职责不仅是"传道、授业、解惑"，更应该为人师表。当前高校应全面提高教师队伍的职业道德素质和责任意识，加强管理和培训。高校教师本人也应自觉学习教育法律法规、教学管理规章制度、教师职业道德规范和优秀教师事迹等，结合工作实际，自觉提高道德修养以改进工作作风；严格履行岗位责任，严谨治学，从严执教，真正做到以德修身、以德治教、以德育人。教师在传授知识的同时，通过良好的仪表、文明的语言、高尚的道德等给学生以潜移默化的影响。在课堂教学活动中，教师要为人师表，不宣泄个人情绪，不散布不良言论，敢于管理，既要严格要求学生，又要热爱学生、尊重学生和关心学生，积极引导学生自主学习、健康成才。

3. 建设良好的校园文化

校园是培养人、教育人的地方。良好的校园文化环境具有鲜明正确、鼓舞激励的导向作用，它可以促使学生在浓郁的文化氛围中潜移默化地健康成长。建设良好的校园文化需要做到以下几点。

（1）加强基础设施建设

高校要不断加强学校的基础设施建设，努力营造高雅的校园环境，使校园的山、水、园、林、路等达到使用功能、审美功能和教育功能的和谐统一。用优美的校园景观激发大学生对校园的热爱之情，陶冶大学生关爱生命、关爱自然、关爱社会、关爱他人的美好情操。

（2）完善各项管理制度

高校要把修订和完善制度作为工作重点，全面规范学校各方面的规章制度，把此项工作作为推进依法治校的重要环节。通过加强制度建设，进一步规范学校的管理活动；规范广大师生的教、学行为；创造健康和谐的学习和工作氛围。

（3）加强校园精神文明建设

良好的校园精神文化有利于大学生自我责任感的提高。校园精神文化具体体现在建设良好的校风、教风、学风和丰富的校园文化活动方面。在校风建设方面，高校要在充分挖掘学校历史传统宝贵资源的基础上，结合学校发展战略和规划，根据学校办学思想和理念，大力营造崇尚科学、严谨求实、善于创造、具有时代特征和学校特色的良好校园风气。在教风建设方面，高校要扎实开展师德教育，制定完善师德规范，严格师德管理，加强教师思想品德和学术道德教育，宣传师德建设先进典型，积极建设"志存高远、爱国敬业、为人师表、教书育人、严谨笃学、与时俱进”的优良教风。在学风建设方面，高校要制订、完善大学生行为规范，并严格管理，特别是考试纪律管理，营造良好的学习氛围，努力形成勤于学习、奋发向上、诚实守信、勇于创新的良好学风。

此外，高校还要精心设计和组织开展内容丰富、形式新颖、吸引力强的思想政治、学术科技、文娱体育等校园文化活动，把德育、智育、体育、美育渗透到校园文化活动之中，使大学生在活动参与中受到潜移默化的影响，思想感情得到熏陶、精神生活得到充实、道德境界得到升华。总之，良好的校园文化氛围有利于大学生自我责任意识的培养。

三、优化家庭环境

大学生在自我责任感的形成过程中，家庭的影响是最早的也是极其重要的。家长是孩子的启蒙老师，也是孩子的终身老师。因此，家长应自觉负责，以身示范；在日常生活中，注意培养孩子的责任意识和责任行为，同时要改变重智轻德的观念，重视孩子道德的培养和身心健康成长。

1. 家长要自觉负责，以身示范

自我责任感的形成过程是一个在人际交往中观察、模仿他人责任行为的学习过程。父母是子女接触、观察、模仿最多的对象，家长自身的道德品质、责任行为、文化素养以及生活经历等都会对子女的一生产生影响。尤其在子女的成长过程中，父母对子女责任感方面的教育，身教胜过言传。作为父母，自身首先要不断学习，加强文化和思想修养，时时处处以身作则，起到榜样的作用，让子女看到父母做人做事的诚实和负责任的态度。其次，父母要勇于当着孩子的面承认自己的错误并勇于承担自己应负的责任，这样的实际行动比单纯说教更有说服力。

2. 家长要注意培养子女的责任意识和责任行为

家庭教育应注意从小培养孩子的责任意识和良好的行为习惯。首先，帮孩子树立责任意识，教育子女要对自己的言行和选择的后果负责。不要为自己的失败找借口，让其意识到自己是一个独立的个体，要对自己行为的后果承担责任。对子女独立行为的结果，无论好坏，父母都要鼓励子女敢作敢当，不逃避退缩。其次，父母要培养孩子良好的行为习惯。家长要有意识地通过日常生活劳动培养孩子的责任感。比如，让孩子自己整理房间、自己洗衣服；要求孩子按时作息，不挑吃穿，自己的事自己做。同时作为家庭的一个成员，还要帮助洗碗做饭、购物买菜、打扫卫生及其他一些家庭劳动等。通过这些日常劳动培养孩子讲卫生、讲自立、讲奉献、懂节俭、懂感恩的良好行为和习惯。

3. 家长要关注孩子的道德修养和心理健康

家长要改变重智育轻德育的思想，要把培养子女的道德修养和心理健康作为重中之重。家长要用社会所共同倡导的价值观念、行为规范教育子女，帮助孩子正确认识自我与他人、自我与社会的关系；培养孩子尊老爱幼、团结同学、乐于助人、文明礼貌、诚信友爱、遵守纪律、勤俭节约、艰苦朴素、感恩奉献等美德；培养他们自尊、自爱、谦让、合作等基本的道德品质。同时，家长也要关心孩子的心理健康。大学生面对躁动、浮华的世界，容易经不住诱惑，易于陷入狭隘、自私、放纵自我的境地。父母要了解各学习阶段子女的生理、心理特征，能正确对待大学生的情绪和情感变化；要注重与子女进行心与心之间的交流，随时注意子女的思想动态和价值取向，发现有偏差和错误要及时予以有效的引导。父母还要教育子女学会自我调适，养成乐观进取、豁达开朗的精神和健全的人格。

四、大学生要培养自我负责意识

大学生自我责任感的培育固然离不开学校、教师的教育和引导，离不开社会环境的影响，但是，按照马克思主义哲学的观点，这些都是外因，外因是事物发展变化的条件，内因是事物发展变化的根据，外因只有通过内因才能起作用。所以，大学生自我责任感的培养归根结底还是依赖大学生自身作用的发挥。因此，大学生要从自身做起，树立科学的世界观、人生观和价值观，自觉做到自尊自爱、自律自控和自立自强。

1. 大学生要树立科学的世界观、人生观和价值观

马克思主义世界观是迄今为止最正确、最科学的世界观，它为人们认识世界、改造世界提供了科学的观点和方法。世界观决定着人们的人生观和价值观，一个人有什么样的世界观，就会有什么样的思维方式、有什么样的人生态度和价值取向。正确的世界观、人生观和价值观有助于人们对当前国际国内的政治形势做出正确的评估，进而选择正确的立场；有助于人们对一些重大问题有正确的认识和态度，从而战胜形形色色的错误理论和思潮；有助于人民群众对利益采取正确的态度和立场，一切从人民的利益出发，一切言行向人民负责，全心全意为人民服务。大学生自我责任感的培养离不开科学的、正确的世界观、人生观和价值观。当代大学生要树立科学的世界观、人生观和价值观，就要做到以下三方面。

（1）认真学习

大学生要认真学习马克思列宁主义、毛泽东思想和中国特色社会主义理论体系，学会用辩证唯物主义和历史唯物主义的观点和方法去分析问题、解决矛盾。此外，还要学习经济、政治、法律、科技、历史、文学等专业知识，为自身的提高和完善打下知识基础。

（2）在实践中认真进行思想改造

牢固树立马克思主义世界观、人生观和价值观，不是一朝一夕就能完成的，除认真学习外，还要经常进行自我改造。这是一个长期而艰苦的过程，而这个改造最主要的在“内因”。要想认真地自我改造，就要以马克思主义世界观为标准，不断检视自己的思想和行为，进行必要的批评和自我批评，克服任性和偏私，不断地自我调控。还要敢于向一切错误的思想观念、腐朽的生活方式宣战，要勇于接受别人的批评和监督。只有这样，才能达到自我改造的目的。

（3）善于区分观念的正确与否，把握好自己的言行

在全球化、信息化、工业化和城市化的进程中，西方的资产阶级人生观、价值观也乘虚而入，给人们的思想观念带来极大的冲击和诱惑，如个人主义、拜金主义、享乐主义等。对此我们必须要有一个正确的区分，对错误的东西必须要坚决抵制。总之，树立和坚持正确的世界观、人生观、价值观是一个长期的艰苦的过程，我们要有坚韧不拔的毅力，甚至要牺牲个人的一些利益，只有这样，才能成为一个高尚的人，一个有道德的人，一个对自我负责的人。

2. 大学生要自尊自爱

大学生要做到自尊自爱，首先要做到正确地认识自我，全面地评价自我。自我认识的水平高低是一个人文明程度的标志之一。如果对自己的真善美认识不足，也就不知道爱自己的什么。相反，一个人如果能够正确地如实地认识和评价自己，就能正确地对待和处理个人自身，个人与社会、集体及他人的关系；就能克服自己的缺点，充分发挥自己的长处；就能在工作中充分展示自己的能力并发挥自己的作用。在认识自我的基础上，大学生更要学会全面地评价自我。自我评价是对自己能力、品德、行为、兴趣、爱好、思维方式的特点、毅力的恒久性、已有的知识结构、献身精神等方面作出评价，它最能代表一个人自我认识的水平。一个心理健康的人能够作出恰当的自我评价，他们能体验到自己存在的价值，能接受自己，对自己抱有正确的态度，不骄傲也不自卑。心理不健康的人常缺乏自知之明，对自己的优缺点缺乏正确的评价，自高自大、孤芳自赏或自暴自弃。

其次，大学生在正确地认识自我和评价自我的基础上，要做到自觉地、有意识地爱护自我、爱惜身体、珍惜生命。在任何时候都不轻易放弃生命和生存的权利，即使面对再大的困难、打击，甚至疾病的折磨，也要珍爱生命，与困难或病魔做顽强的抗争。珍爱自己的生命还要有健康的生活方式，不抽烟、不酗酒、不赌博、不吸毒、不使自己养成不良的生活习惯。爱惜身体要做到按时作息、饮食有规律、生活有节制、杜绝垃圾食品、坚持运动、重视锻炼，使自己拥有健康的体魄。

再次，大学生还要尊重自我，爱惜自己的人格和名誉，不为金钱、权力、利益、美色等丧失自己的人格和尊严，在任何情况下都不做有损道德的事。在日常生活中，自觉遵守公民道德规范，遵守社会公德、职业道德和家庭美德以及《高等学校学生行为准则》，自觉地以社会公认的道德准则来规范自己、约束自己，并且按照"理想的自我"，力求矫正自己、完善自己，注意完善道德修养。

最后，大学生要学会接纳自我、欣赏自我、改进自我、学会自信，善于释放自己的压力，培养良好的心理素质。

3. 大学生要自律自控

自律是与他律相对应的一个概念，自律是要求个人自觉地按照一定的社会道德评价标准对自己的言行进行自我审视并自我调控，进而达到与社会正常道德水平相一致的自我约束行为，即按照"应当如何"的要求去选择和约束自己的行为。自控即控制自己的情绪和言行。培养责任自觉性，形成道德自律自控，是大学生道德修养的重要目标。一般来说，大学生学习阶段是一个人相对比较独立的时期，即在生活中远离了父母，在学习中又没有高中阶段的严格要求，这一时期的大学生自由性、随意性强。这既为大学生塑造健康独立人格创造了良好的外部环境，同时也孕育着潜在的风险。因此，大学生只有做到自律自控，才能在成长中面对纷繁的充满诱惑力的世界择善而行；才能有利于他们在平时的学习和生活中正确地把握自己，有效地约束和控制自己的言行并及时改正不正确的言行，增强自我责任感。

大学生要做到自律自控首先要做到"慎独"。"慎独"最先见于《礼记·中庸》："道也者，不可须臾离也，可离非道也。是故君子戒慎乎其所不睹，恐惧乎其所不闻。莫见乎隐，莫显乎微，故君子慎其独也。"慎独的修养方法，强调在"隐"和"微"上下功夫。这种方法能够避免社会生活中的双重人格、两面行为。坚持慎独，才能防微杜渐，达到较高的道德境界。

大学生要在慎独上下功夫，一要管好自己的思想。这种内控使自我较少

受到欲望、焦虑、恐惧、盲目乐观或悲观的歪曲，使自我很少有内在冲突，以便有更多的精力从事创造。二要管好自己的语言。不骂人、不说谎话、不诽谤他人、不挑拨离间。三要管好自己的行动。生活中不偷不抢、不贪小便宜，不做有损道德规范或违法的事；捡到别人的东西主动交公或寻找失主；学术上不抄袭不作假，做到洁身自好。四要克服懒惰、享乐思想，克服怕苦怕难情绪；培养艰苦奋斗的精神。五要做到经常充电，不断学习，用丰富的知识充实头脑，用榜样和先进道德人物的高尚精神洗涤自己的思想，提高自己的道德自觉性。

4. 大学生要自立自强

当今社会是一个竞争越来越激烈的社会，一个人如果缺乏独立意识、什么事都依靠别人迟早会被社会边缘化，最终沦为工作、生活的失败者。凡是事业有成的人士往往都是有着很强独立生存能力的人，因为他们在自己的成长过程中独自经历了困难和挫折，因此，大学生要培养自己的独立意识和自强精神。自立自强不但可以使当代大学生在校园学习生活中更加充实、学习更多的知识，为将来走向社会打下坚实的基础，同时也可以使他们有足够的心理准备去应对困难、挫折和打击，使自己在生命的转型中不断地走向成功。大学生在学习期间要从以下几个方面努力培养自己自立自强的能力。

第一，要勤于动手，独立地处理日常生活问题。大学生自从进入大学校门那一天起就意味着从父母呵护的小圈子中走出来，那种原先日常生活中依靠父母的状态就要相应地发生改变。吃饭、洗衣、打扫卫生、生活管理、学习以及与同学、老师的相处问题等都要靠自己来处理，这些基本生活问题的处理是大学生走向自立自强的第一步。

第二，要勤于动脑，思想独立，养成独立思考的习惯，不要人云亦云、不知所措。同时，在做决定时，不要总是依赖别人，或者犹豫不决，而是要在独立思考、综合考虑的前提下自己做决定。思想决定行动，只有思想独立，才有可能行动独立。

第三，要保持经济独立，自己动手，丰衣足食。大学生通过勤工俭学或参与其他正当的社会实践活动，靠自己的体力、脑力或知识挣钱供自己生活消费，这样不仅参与了社会实践，锻炼了自己的社会适应能力，使学得的理论与实践相结合，培养自己自力更生的能力和艰苦奋斗的作风，在实践中不断提高自己，同时又可以减轻父母的经济负担，增强自己的自信心和独立性，正所谓一举两得。

第四，大学生要有坚强的意志，要自强不息。生活中遇到不顺心的事是很正常的，艰难挫折是人生的伴侣，无论社会发展到何种程度它都会和我们同行，只不过是在不同时期不同的人身上表现不一样而已。关键是如何去面对、处理困难。痛苦常使弱者厌世轻生，却使强者更加清醒奋进。当代大学生应当坦然面对生活、学习中的困难，不要轻易放弃。要把困难看作人生的一笔财富，当成磨炼自己意志的机会。当代大学生因为生活环境优越，难以接受艰苦生活的挑战，有些大学生很想有一番作为，却不肯付出努力，没有一点吃苦意识，难以持之以恒，这样的人是很难如愿的。英国著名科学家贝弗里奇说："几乎所有有成就的科学家，都具有一种百折不挠的精神。因为大凡有价值的成就，在面临反复挫折的时刻，都需要毅力和勇气。"伟人之所以取得成功，是因为他们在经历无数的灾难和挫折的时候，拥有摧不垮的精神和不松懈的意志去战胜它。大学生也应该培养自己坚强的意志，任何时候都不屈服、不放弃，这样也就离成功更近了。

第八章　新时代大学生家庭责任意识的培养

在现实生活中，人们常常强调经济责任、政治责任、法律责任、社会责任而较少强调家庭责任。家庭责任作为责任的一个分支，常常被人淡忘，甚至整体缺失。虽然家庭责任只是占据责任这个空间的一个小角，但它发挥的作用在全世界没有谁敢小觑。一个国家的发展、社会的进步、民族的振兴，甚至人类文明进步的程度都与它息息相关。当代大学生具有特殊的身份，一方面，他们在经济和感情上还依赖家庭；另一方面，他们即将走入社会，参加工作，组建自己的家庭。如何加强大学生家庭责任教育，使大学生担当起家庭成员应尽的责任，关系着家庭的稳定和谐，关系着社会的进步、民族的振兴。家庭责任教育是大学生思想政治教育的一个重要内容，是大学生形成健全人格和养成良好道德品质的重要途径。家庭责任教育是一个系统工程，有赖于家庭、学校、社会各层面的全方位协调配合和积极参与。

第一节　大学生家庭责任意识的内涵与意义

高校开展的大学生思想政治教育往往重视社会责任的教育而忽视家庭责任的教育。在理论研究方面，我们对大学生家庭责任以及家庭责任教育的研究都很缺乏，理论研究的薄弱点和空白点很多。当然，大学生家庭责任教育并不是孤立于日常的思想政治教育，也不孤立于大学生社会责任教育，相反，家庭责任教育和社会责任教育同其他的思想政治教育是相互促进、相辅相成的。家庭责任教育同其他思想政治教育的有效形式之间有相互借鉴的必要，家庭责任教育要从其他思想政治教育的形式和方法中寻找有效的路径和方法，同时，家庭责任教育的有效模式、方法和手段可以为包括社会责任教育在内的其他教育形式提供参考借鉴。因此，有必要对当代大学生的家庭责任教育问题做一些探讨和分析，提出一些合理的、切实可行的原则和措施，有效增强大学生的家庭责任意识和家庭责任感，帮助大学生更好地成长、成才，为将来的工作和生活奠定良好的基础。

一、大学生家庭责任教育的内涵

众所周知，家庭通常是指以婚姻和血缘关系为基础的社会单位，包括父母、子女和其他共同生活的亲属在内，而责任通常指分内应做的事或没有做好分内应做的事而承担的过失。由于社会角色的不同，人的责任具有多样性。大学生作为一个半独立的特殊群体，既离开了家庭，又离不开家庭，这就决定了他们与家庭特别是父母之间是若即若离的关系。然而，作为一个家庭成员，他们无论是对自己的现在，还是对自己的将来，都有着无法逃避的责任，这种责任更多地体现在情感方面，因而也更需要教育和引导。对家庭责任的正确理解、责任意识的培养、履行责任能力的提高都在很大程度上通过教育来实现。

1. 大学生家庭责任教育

家庭是指在婚姻关系、血缘关系或收养关系基础上产生的，由亲属之间构成的社会生活单位①。家庭责任就是某人基于自身作为家庭成员而应该为家庭的维系和发展所尽的职责。大学生家庭责任教育是指学校、家庭或社会依据一定社会的伦理思想、道德规范对大学生施加有目的的影响，以帮助他们培养良好的家庭道德品质、健全的人格、浓厚的家庭责任意识，从而促使他们自觉履行家庭责任或提高履行家庭责任能力的过程。大学生作为一个特殊的社会群体，既在“家庭”之中，又在“家庭”之外。在家庭之中，是指他们并未完全独立，无论在经济上还是情感上，都依赖自己所在的家庭。在家庭之外，是说他们绝大多数远离父母，长时间在校园生活，而且独立性日渐增强。但是，作为社会的人，大学生也应该而且必须具有较强的家庭责任意识，这不仅关系到他们个性品质的生成，而且也关系到他们如何与他人相处，如何谋求将来的幸福。其实，大学生所在的班集体、寝室，在一定意义上也可以看成一个小家庭。因此，加强大学生家庭责任教育不仅对大学生正确扮演家庭成员角色、履行家庭责任，而且对大学生如何学会与人相处都具有广泛而深远的意义。

2. 当代大学生家庭责任教育

大学生是祖国的未来和希望。作为一个特殊的群体，大学生最能感受、体会甚至参与社会的改革和发展。当代大学生多是独生子女，在家庭中衣食无忧、备受宠爱。他们中很大一部分学生比较自我，责任意识淡薄，尤其是对家庭责任的认识和感知比较肤浅，很多学生认为家庭责任是离他们很远的

① 罗国杰，吴潜涛. 思想道德修养与法律基础［M］. 北京：高等教育出版社，2010：167.

事情。这种状况显然不利于青年大学生的健康成长、成才，也不利于家庭和社会的稳定和谐，因此，特别需要对他们加强家庭责任教育。当代大学生家庭责任教育是立足现代构建和谐社会和和谐家庭的实际，从当代大学生的身心和实际思想出发，对他们进行包含家庭美德在内的责任意识教育，帮助他们树立家庭责任感，使其自觉担当与自己身份相适应的责任，促进自身健康发展的过程。

二、当代大学生家庭责任教育的重要意义

当代大学生正处于全面建设小康社会，积极构建社会主义和谐社会的大好时期，他们不仅要在推进中国特色社会主义现代化建设，实现中华民族伟大复兴中贡献力量，而且要在积极构建和谐的家庭关系，促进人际关系的和谐，构建社会主义和谐社会方面发挥重要作用。对大学生进行家庭责任教育不仅是弘扬中华民族传统家庭美德，构建社会主义和谐社会的需要，也是培养大学生家庭责任感和健全人格，促进大学生勇于担当家庭责任，促进家庭和谐的需要。

1. 弘扬中华民族传统家庭美德的需要

家庭美德是每个公民在家庭生活中应该遵循的行为准则，涵盖了夫妻、长幼、邻里之间的关系，在维系和谐美满的婚姻家庭关系中更是具有十分重要而独特的功能。但是，现实情况是很多家庭在生活中没有遵守尊老爱幼、男女平等、夫妻和睦、勤俭持家、邻里团结等家庭美德的基本规范，从而导致许多家庭恶性案件的发生。近年来这类事件时有发生，正是因为人们没有积极地履行自己的家庭责任，才发生不少家庭恶性案件。对当代大学生进行家庭责任教育的过程，实际上就是让他们了解中华民族的优良道德传统的过程，也是帮助他们形成家庭责任意识、适当履行家庭责任的过程。这种教育自然应该从整个社会的传统道德教育的优良传统和良好方式中借鉴和吸收经验，从而更好地继承和弘扬传统道德中的积极要素。我们要通过分析和鉴别、取舍和改造，剔除那种带有明显的阶级和时代局限的成分，把中华民族传统的家庭美德继续弘扬下去。

2. 构建社会主义和谐家庭、和谐社会的需要

没有和谐家庭，要构建和谐社会是不可能的。从一定意义上说，构建和谐家庭的过程也是构建和谐社会的过程。江泽民早在 20 世纪末就指出："要深入持久地开展群众性精神文明创建活动，大力倡导社会公德、职业道德和家庭美德。"这就是说，我们要构建社会主义和谐社会，离不开社会的精神

文明建设，而精神文明的建设又离不开和谐家庭的构建，所以，我们要大力倡导家庭美德。2011 年 10 月 24 日印发的《公民道德建设实施纲要》中也明确指出："家庭生活与社会生活有着密切的联系，正确对待和处理家庭问题，共同培养和发展夫妻爱情、长幼亲情、邻里友情，不仅关系到每个家庭的美满幸福，也有利于社会的安定和谐。要大力倡导以尊老爱幼、男女平等、夫妻和睦、勤俭持家、邻里团结为主要内容的家庭美德，鼓励人们在家庭里做一个好成员。"十六大报告又明确指出："我们要在本世纪头 20 年，集中力量，全面建设惠及十几亿人口的更高水平的小康社会，使经济更加发展、民主更加健全、科教更加进步、文化更加繁荣、社会更加和谐、人民生活更加殷实。"

3. 培养大学生家庭责任感和健全人格的需要

从家庭的角度说，家庭责任教育是为了构建和谐家庭，使家庭成员能够更好地从家庭中感受温暖，使家庭成为家庭成员的避风港；从个体的角度说，作为一种特殊的教育方式，家庭责任教育是帮助个体完成道德社会化，提高道德认知和道德觉悟，培养大学生健全人格的重要手段。为家庭尽责，也包括在问责条件下的被动尽责，有学者就此指出："如果说家庭责任是客观的家庭关系对特定主体的行为要求，那么尽责就是特定主体根据这种要求而行动，而问责则是对特定主体因未能按照这种要求行动所造成的后果进行追究。"因此，尽责是责任的主体方面，问责是责任的补充方面；尽责是责任的积极方面，问责是责任的消极方面。作为学校道德教育重要方式之一的家庭责任教育不仅应该被提上议事日程，而且学校应该主动积极地去关注，这也是高等学校坚持以人为本、促进学生全面发展的现实需要。所以我们要主动对大学生进行家庭责任的教育，努力培养他们的家庭责任感和健全的人格品质。

4. 促进大学生履行家庭责任的需要

由于现代家庭的特殊性，父母们对自己的子女疼爱有加，对子女的自理能力、协作精神及责任感的培养不够重视。当代大学生多数是独生子女，在家庭中成为关注的核心，家庭其他成员尤其是父母投入了几乎全部的注意力在他们身上。过度的关注容易使他们习惯"饭来张口、衣来伸手"，喜欢被关注，喜欢被作为"中心"，往往责任意识淡薄，过度自我。

首先，当前我国社会已步入人口老龄化的阶段，中国实行计划生育政策已有三十多年的时间，大部分家庭只有一个孩子，而大部分孩子又选择在异地念大学，部分大学生毕业后或继续深造，或在外工作和发展事业，这让十几年一直围着孩子生活的父母感到莫名的空虚，没有了一家三口的温馨，总

觉得失去了什么。随着年龄的增长、机体的老化、依存的需求、精神的空虚等，需要子女给予关爱。

其次，我们的大学生对未来自己组建家庭的责任不明了，很多大学生从没有认真思考过这方面的问题，包括那些处于恋爱中的青年大学生，往往陶醉于爱情的甜蜜，未曾设想将来要组建家庭以及怎样组建家庭、如何建设家庭。从近年来各种媒体在这方面的报道和反映来看，这种情况不是个例，而是很大一部分青年学生都缺乏基本的认识和责任担当的心理准备。家庭责任教育的立足点在于让他们知道家庭成员各自的工作岗位和主要任务，懂得自己在家庭中应尽的义务，理解父母对自己的养育之恩和对自己的希望。通过对其进行家庭责任的教育，可以培养他们的家庭责任感，增强他们履行家庭责任的意识，提高他们履行家庭责任的能力，从而促进大学生自觉地履行各种家庭责任。

第二节　大学生家庭责任意识的培养基础

家庭责任教育并不是一个新话题，古往今来，许多思想理论家对此问题给予了关注，这为当代大学生家庭责任教育提供了一定的理论基础。可以全面、深刻、准确地理解和把握家庭教育的本质和策略，进而为家庭责任教育提供有力的理论支撑。同时，从古至今的家庭责任教育的实践中，也留下了许多宝贵的经验，可以增强大学生家庭责任教育的感染力和实效性。

一、大学生家庭责任教育的理论基础

1. 家庭教育比学校教育和社会教育更贴近、更深入大学生的精神世界

家庭是学生的第一所学校，也是学生一生的学校，它的教育质量直接影响着学生一生的发展。一个人在成长过程中要接受家庭、社会和学校的教育。但是，家庭成员中的信任度，尤其是父母与独生子女之间的信任度远高于学校和社会上的人际信任度，这使家庭教育能比较方便地把握、深入和影响大学生的精神世界，而这是学校教育、社会教育难以办到的。实际上，在学校出现以前，人的社会化过程都是由家庭教育来完成的，学校的出现只是把家庭教育的一部分职能转移到学校中去罢了，其根底仍在家庭教育之中。可以说，家庭教育是教育的基础，学校教育是教育的关键。

2. 家庭是社会的细胞，家庭责任教育不容忽视

所谓社会的细胞，只是一种比喻。整个社会就像一个有机体，由许多社

会组织组成，如政府军队、法院警署、工矿企业、学校医院、城镇乡村、社区街道等。家庭，也是组成社会的一种组织，但它是最小的。一个个家庭，就像有机体上的一个个的小细胞。为什么这么多的父母甘愿放弃这一责任，我们不得不深思这一现象背后的原因以及应对的措施。

二、大学生家庭责任教育的经验借鉴

家庭教育问题在古今中外皆受到广泛重视，家庭责任教育虽然不同于家庭教育，但是在许多方面同家庭教育有密切的联系。我们可以从家庭教育和家庭责任教育的诸多实践经验中进行总结，形成有助于加强大学生家庭责任教育的基本思路、基本原则和基本措施。

1. 中国传统文化中的家庭责任教育的经验借鉴

我国是有着五千年文明史的国度，是礼仪之邦。自古以来我国的传统文化就很重视人格修养，家庭伦理责任就是其中非常重要的内容。早在商周时期，家庭伦理问题就受到高度关注。“孝”伴随经济伦理规范的形成成为家庭责任的一部分，“父慈子孝”被作为一种基本的道德要求，成为社会道德规则的核心内容之一。据《吕氏春秋·孝行览》记载，商代已经开始重视孝行，商书曰：“刑三百，罪莫重于不孝。”孝的内容很大程度上是与经济生活密切联系的。经过两千多年的历史演变，家庭责任的内容更加丰富，除了夫妻之间平等相爱的道德关系，还包括父母抚养子女和子女赡养父母这两个基本的方面，“父慈子孝”一直是中国传统文化中家庭责任的重要内容。中国传统文化中除了父母对子女的养育义务和子女对父母的赡养责任，家庭成员之间注重相互照料、相互帮扶也是一个显著的特征。从这个角度上说，对大学生进行家庭责任的教育也是传承优秀传统文化的现实需要。

2. 国外关于家庭责任教育的经验借鉴

一个国家或民族的文化发展和道德进步，除了要继承和弘扬本民族文化和道德的优良传统美德之外，还要积极吸收其他民族文化的优秀成果。国外关于家庭责任教育的内容也非常丰富。在西方的传统道德中也非常强调夫妻之间的相互忠诚、相互帮助，强调父母对子女的教育义务和责任。现代西方家庭教育中，一方面十分强调培养孩子独立的个性；另一方面也强调培养孩子的责任意识，包括在家庭中尽自己的一份责任，做自己力所能及的事情。荷兰、瑞典等国家的父母在这方面表现也特别突出；智利人相信，孩子的成功取决于责任感与勤奋努力的统一；泰国人对责任感的重视程度在世界上是最高的，他们认为责任感是一个人成家立业的基础。在大学生的责任意识教育方面，国外多通过学生自己组织自己管理的各种课外小组（不同于中国的兴趣小组，除了传统体育艺术团队外还有环保、慈善、商务等，一个大学通常有数百个这样的学生组织），鼓励和培养学生对自己负责、对家庭负责、对社会负责的精神。和我国家庭教育相比，国外责任意识的培育更多的是强调个体的社会责任，强调个性和独立学习与独立生活能力的培养，就家庭责任意识的培养方面，也有不少值得学习和借鉴的，特别是注重通过学生课外小组的实践活动，培养责任意识，尤其值得我们学习。

第三节　大学生家庭责任意识的缺失表现与原因

家庭作为社会的细胞，是社会稳定的基础。同时，社会的发展变化也会深刻地影响家庭关系，甚至动摇家庭基本责任的履行。大学生作为半独立的社会人，家庭对其影响越来越弱，而学校和社会的影响越来越强。许多学生在对家庭依赖性减弱的同时，对家庭的那份责任也比较淡漠。分析当代大学生家庭责任缺失的现实表现和成因，有助于我们寻找有针对性的措施，增强大学生的家庭责任意识。

一、当代大学生家庭责任意识缺失的主要表现

由于大学生是半独立的社会人，一方面，在经济和感情上都还在一定程度上依赖自己所在的家庭，另一方面，他们又憧憬未来的幸福生活。这就决定了大学生家庭责任体现在现实的家庭责任教育和潜在的家庭责任教育两个方面。作为子女，他们应该对父母尽孝，虽然没有独立的经济来源和经济能力，但是，在情感方面应该关心父母，经常同父母沟通，并力所能及地尽一些家庭责任。作为即将毕业走入社会的“半社会人”，他们不仅要有自食其力的能力准备，而且要有组建家庭的思想准备，其中就包括对家庭责任意识的培养，就当代大学生而言，家庭责任缺失主要表现在以下几个方面。

1. 对所在家庭的责任的淡漠

当代大学生多数为独生子女。他们在享受改革开放带来的丰富的物质财富的同时，也享受着所在家庭老人们的溺爱，加上多元文化的涌入，这些都影响了他们正确的人生观、价值观的形成。因此，当他们进入大学后，在思想上、心理上、道德上和行为上的多种不符合社会主流价值观的表现，尤其是从学生自身的消费观与家庭实际收入情况之间的对比、本人的人际交往与本人父母或亲人的问候之间的对比等几个方面，可以很明显地看出他们对所

在家庭的索取意识要强于责任意识。他们通常认为父母给钱上学读书是天经地义的事情，而自己作为学生没有经济能力，也就谈不上什么家庭责任。殊不知，家庭责任不仅仅是经济责任，也有伦理责任。近年来，关于大学生对父母缺乏感恩，甚至完全不负责任的事例时常见诸报端。

2. 对自己将来组建家庭的责任缺乏应有的认识

对于多数大学生来说，大学的集体生活只是一个阶段性的存在，大学毕业后就要面临工作和成家的现实问题，而且，随着《普通高等学校学生管理规定》的修订，大学生也可以在校期间结婚，组建家庭。然而现实生活中的一些问题不得不让我们去思考，他们确实达到了法定年龄，但是在心理年龄上却还很不成熟，对组建家庭后自己的那份责任还没有完全意识到位。2013年《重庆晚报》刊登了一篇题为《每五对夫妇就有一对离婚》的调查报告。报告指出，“80后”这个群体是最近几年的结婚大户，同时也成为离婚主力。据重庆民政局调查数据显示，从1996年至2008年重庆市各婚姻登记机构依法完成国内结婚登记2617531对，国内离婚登记491158对，结离婚比约为5：1。2014年上半年，离婚原因中填写“草率结婚”的有1439对，大部分是“80后”。当然，这是整个婚姻登记的调查。其中，部分大学毕业生做出了一定的“贡献”，这与他们大多数是独生子女、被父母溺爱、比较任性有直接的关系。与20世纪六七十年代出生的人相比，“80后”在婚姻生活中忍让性、宽容度都不够，导致了他们婚姻的稳定性下降。一些青年还存在“这山看着那山高”的思想，一旦出现更好的，就毫不珍惜地离婚。现在的在校大学生在个性表现上与“80后”没有本质的区别，这是个性弊端的表现。在23至32岁这个年龄阶段，许多大学生毕业后忙于自己的事业，思想不稳定，感情转移快，如果前期的家庭责任意识没有树立起来，认为恋爱、结婚、离婚这些事情都是个人的事情，就难免对婚姻草率处理。因此，出现在此期间的恋爱分手或结婚一两年就离婚的普遍现象不足为奇。

二、大学生家庭责任缺失的成因分析

大学生家庭责任缺失，既有社会、学校、家庭的原因，也有大学生自身的原因，具体分析如下。

1. 社会环境的因素

人是社会中的人，大学生作为成年人也不例外。虽然大学生大部分时间生活在学校，但是，社会环境对他们的影响是多方面的，也是深刻的，况且大学本身也是社会的一个组成部分，大学也不是一方净土，社会影响充斥着

校园的每个角落。社会环境对大学生认识和履行家庭责任的影响是全面而又深刻的。

首先，当前我国处于社会主义初级阶段，社会主义市场经济虽然已经建立，但是还很不完善。作为一种经济发展模式，市场经济是一把双刃剑，它在推动我国经济快速发展的同时，也拉开了人们之间的利益差距。经济地位的变化，特别是经济的不稳定性严重影响现代家庭的稳定性，影响家庭对子女的教育和子女对家庭的感情和责任。

其次，在日益开放的环境下，西方社会思潮更加肆无忌惮地渗透到人民大众的工作和生活的方方面面，特别是对传统伦理价值观念和道德标准的冲击更大，使人们的思想行为变得更倾向于功利主义。已有的传统伦理观念和道德标准受到冲击，新的符合社会主义价值取向和主体意识的现代伦理观念和道德标准尚在建立之中，这就使得功利主义、个人主义等社会思潮和道德原则有了可乘之机，从而直接影响到人民群众的精神生活。当代大学生正是在这种现实的背景下成长起来的，他们或多或少不可避免地受到一定的消极影响。作为一个特殊的群体，大学生的价值观念具有不稳定性，容易为社会经济发展中出现的诸多问题所困惑，容易受到不良思潮的影响。

最后，现代大众传播媒介在社会风气方面的影响和导向作用也非常明显。本应大力倡导和宣扬社会主流价值，积极引导人民群众精神追求的传播媒介，却有意无意地在宣扬独立、个性和追求时尚生活娱乐方式的过程中传递个人至上、金钱至上的歪曲观念，这对大学生的影响是不容低估的。最近国家广播电视总局专门发文制止电视台低级媚俗的电视节目就是一个很好的证明。对于思维敏锐的大学生来说，收听收看这些节目，在促进他们个性发展和独立意识增强的同时，也会产生一定的不良影响，某些带有个人主义色彩的价值观念对青年大学生认识家庭责任和履行家庭责任方面产生很大冲击。一些学生奉行“只恋爱不结婚”“只在乎曾经拥有，不在乎天长地久”“学得好不如嫁得好”的片面准则，很少甚至从没考虑过读书期间如何为父母和家庭分忧，将来结婚后如何担当家庭责任等问题。

2. 学校教育的因素

一方面，我国传统的学校教育是注重知识的传授、技能的提高和单纯的德育教育，没有太多地重视学生人格的塑造和个性的发展，总是从社会某一角度来判定学生的人格，喜欢用一些外在的标准来评价学生的品德，从根本上脱离了学生的实际生活。学校也是学生社会化的另一个重要的社会环境。面对社会的发展，时代的变迁，学校偏重于对学生社会适应力、竞争力等方面素质的培养，从而忽略了对学生进行家庭责任方面的教育。另一方面，大学生思想政治教育在探索如何引导大学生继承和弘扬中华民族优良传统美德以及如何培养健全人格方面未有根本性的突破。教育的形式主义和单一说教的方式不能很好地引导大学生践行优良传统美德，使得关于家庭责任之类的教育在边缘化中失去吸引力和感召力。比如，大学生在校期间的教育，尤其是思想政治理论课的教育都是围绕着社会主义核心价值体系进行讲解，但是当他们从身边、从社会上看到某些消极、腐败、不符合主流价值的现象时却又无所适从。这种认识与实践的反差、校园内外的对比、理想与现实的差距，也是造成当代大学生家庭责任缺失的重要因素。

3. 家庭教育的因素

当代大学生所处的家庭环境复杂，多数是三口之家，部分是三代同处，有单亲家庭，也有留守儿童等。无论是生长在城市还是农村，在物质生活上都有所提高，但是在精神生活方面关注的力度差异比较大。经济条件好一点的家庭，父母如果没有正确地引导孩子的消费观和注意自己的言行，过分地在物质上满足孩子的欲望，忽视对孩子进行责任教育，就会使孩子习惯于别人为他做什么，而不习惯于自己能为别人做什么，只懂得享受权利，不懂得履行义务和责任。而许多经济条件差一些的家庭，父母为了孩子上学不惜债台高筑，又怕沉重的经济负担影响到孩子，总是把困难留给自己，这其实正是忽视了对孩子的责任引导和教育。个别家长甚至不管家庭经济状况的好坏，一味满足子女的要求和虚荣心，而子女并不知道父母的良苦用心，反而养成了以自我为中心、心中无父母、心中无他人的好逸恶劳的恶行，不懂得责任和义务，甚至对古代的“父慈子孝”之类的道德要求嗤之以鼻。

在精神生活上，父母忽视了对他们良好生活习惯的教育与培养，没有注重给孩子营造积极、健康、向上的精神生活，没有适时加强对孩子在责任和义务方面的教育，同时也忽略了在帮助他们学会感恩的同时应让其学会尽一些必要的法律和道义上的责任。当然，一些父母不重视自身应有的示范和榜样作用，将不规范的言行举止展现在子女面前，就更难以使孩子学会感恩，学会尽义务和责任。当代大学生中还有一部分是来自中国首批农村留守儿童，他们从小都是和爷爷奶奶或者外公外婆一起生活的。在青少年成长的关键时期，他们没有和父母在一起，也没有享受到来自父母亲的精神关爱。这种孩子往往会出现两种情况，一种是“穷人的孩子早当家”，他们能够体谅父母、祖父母或外祖父母的艰辛，懂得如何为老人及家庭成员分担压力，懂得责任和奉献；另一种情况则往往相反，因为家庭经济条件的好转而学会了“享受”，

认为是父母欠他们的，不但不知如何感恩和尽责，反而认为父母没有尽好责任，甚至带有怨恨。由此不难看出，当代大学生家庭责任缺失的最重要因素之一在于家庭教育的缺失。

4. 大学生自身因素

当代大学生正赶上我国经济高速发展、中国特色社会主义蓬勃发展的时期，可以说是在经济起步的时代出生，在经济稳步上升的年代成长，在经济全球化的今天走进象牙塔。多数学生经历了从家里的“皇帝”到幼儿园的“宝贝”，从小学的好儿童到中学的佼佼者，从高考的优胜者到大学校园骄子的成长历程，没有经历过什么风浪，也没有什么机会去深刻理解和体会对家庭责任的担当。从客观上说，他们生长在一个和平发展的年代，生活在一个丰衣足食的年代，大多数人过着无忧无虑的生活，虽然有不少学生家庭经济困难，但是相对整个大学生群体来说，也仅仅是一小部分，况且即使家庭经济困难，也更多的是靠父母在支撑，很少是靠自己养活自己，因此，他们没有机会去体会什么是家庭负担，什么叫家庭责任。从主观上看，绝大多数大学生受诸多客观因素的影响，比较注重自我价值目标的确立和实现，比较重视自我权利的保护和享受，不太重视或不认为自己应该担当家庭义务和责任，认为那些都是很遥远的事情，因此，没有主动去体会和认识作为家庭成员应尽的义务和责任。

此外，大学时期是一个人思想和行动都相对比较自由和角色变化较快的一个阶段。从青年成长发展的生理和心理方面看，可能会出现角色冲突、角色不清，甚至角色失调的现象，在这种角色失调的过程中逐渐淡忘并最终导致家庭责任缺失也是见怪不怪的现象。2010 年 8 月 11 日央视一套节目《今日说法》播出了北京科技大学读了六年本科仍然获得肄业通知书的事例，很好地说明了大学生自身的认识不清和角色定位失误是大学生家庭责任缺失的一个重要因素。当然，并不是说有生理和心理方面的自然条件，出现过分自我、忽视责任和义务的现象就是合理的，相反，我们要在学习了解这些基本知识的基础上积极引导大学生进行正确的角色定位，认识其自身的多重角色和多重责任，包括伦理责任。

第四节　大学生家庭责任意识的培养原则

家庭责任是一种道德上和法律上的双重素质，这种素质的提高需要通过一定的教育才能实现。但是教育是有讲究的，不同的教育对象和教育内容都要遵循相应的原则并采取相应的措施。要使对大学生的家庭责任教育坚持正确的方向，取得真正的实效，就必须遵循相应的原则并采取切实有效的措施。

家庭责任教育作为一个时代课题，应根据当今时代的特点、教育发展规律和学生身心发展规律来开展，因此，应遵循以下几个方面的原则。

1. 主导性与包容性相结合的原则

家庭责任教育属于思想政治教育的内容之一，而思想政治教育内容是属于社会意识形态的范畴，所以这种教育在不同的社会形态下都有其主导性。换言之，在不同的社会制度下，家庭的内涵和责任虽有相同之处，但在教育引导方面，发挥主导作用的思想道德体系和价值原则却是不同的。按照马克思主义的观点，生产方式是人类社会发展的最终决定力量，也是社会意识形态得以产生的源泉和变化的动力。“物质生活的生产方式制约着整个社会生活、政治生活和精神生活的过程。”任何社会的道德要求和价值原则都是基于该社会的经济基础以及占统治地位的阶级关系，反映统治阶级的意志和要求。马克思、恩格斯指出：“统治阶级的思想在每一时代都是占统治地位的思想。占统治地位的思想不过是以思想的形式表现出来的占统治地位的物质关系；因而，这就是那些使某一个阶级成为统治阶级的关系在观念上的表现，因而这也是这个阶级的统治的思想。”由此可以认为，统治阶级的思想道德体系和价值观念体系始终是该社会进行思想政治教育必须始终坚持的理论指导和价值导向。在我国社会主义初级阶段，这种主导性表现为始终坚持社会主义价值在意识形态领域的主导地位。当然，也正是因为我们处于并将长期处于社会主义初级阶段，人们的思想观念和道德水平都呈现出显著的差异性，特别是在日益开放的社会条件下，在多元文化和价值观念的影响下，人们的价值追求呈现出多样性和发展性的要求。这就要求我们在进行思想和道德教育时必须坚持主导性与多样性的结合。对大学生家庭责任教育而言，主要体现在坚持社会主义主导价值原则与多样性状态的包容相结合，始终将主导性与包容性相结合的原则贯穿教育的整个过程，实现主导价值引领有力度，多样化状态包容有限度，使家庭责任的教育更加有针对性和实效性。

2. 主体性原则

所谓主体性，是指在一定的对象性关系中，主体通过对象性活动生成和发展起来的把科学性与价值性相结合，符合规律性与目的性相统一的本质属性。教育活动是一种双向互动的活动，在家庭责任教育中，教育者与受教育者、教育与受教育在整个教育过程中都是相辅相成、相互促进的。教育的过程是受教育者接受教育和自我教育的过程，当然也是教育者教育他人的同时再接

受教育和自我教育的过程。所以，正如有的学者所指出的那样，不管是教育者还是受教育者，在家庭责任教育活动中都具有主体性。当然这并不是说在教育活动中教育者和受教育者就完全履行同样的职责和义务，实际上，教育者发挥的是主导作用，受教育者更主要体现主体的能动性作用。因为就教学内容和要求来说，教育者是掌握内容和要求的一方，受教育者是接受教育内容、实现教育目的的一方。坚持教育的主体性原则是教育活动始终贯穿以人为本的基本原则，是发挥教育者和受教育者主观能动性的必然要求。因而，主体性原则始终是我们进行家庭责任教育的一个重要原则，是关系家庭责任教育成功和有效的关键。

3. 渗透性原则

众所周知，现代家庭教育非常强调民主和平等意识的教育。虽然家庭成员在家庭中扮演的角色各不相同，承担的责任和义务也迥异，但是就家庭成员的地位而言，不仅夫妻之间是平等的地位，而且家庭其他成员在人格地位上来说也是平等的。即便是丈夫对妻子、父母对子女也不能用旧社会的“三纲五常”来约束，而应该在民主平等的气氛中生活。但是，父母对子女必定有教育的责任和义务，这种责任和义务的最佳实现方法是通过日常生活中潜移默化的渗透式教育来实现的。正所谓“言传不如身教”，就是这个道理。当然，从学校教育的角度来说，家庭责任教育本身就不是学校教育的内容和核心，要专门花很大的精力抓大学生的家庭责任教育是不可能的，也没有这个必要。这就要求对大学生进行家庭责任教育应该结合日常的思想政治教育，在常规教育中渗透家庭责任的教育内容。家庭责任教育不能单一地采用直接的方式进行教育，我们在进行家庭责任教育过程中应坚持渗透性的原则，采用多种形式，进行多方位、多角度的渗透式教育。比如通过包括广播、电视、网络、报纸等现代大众传媒手段，倡导大学生适时适度尽一份家庭成员的责任，为家庭分忧，体谅父母，主动与父母进行感情交流和思想沟通等；比如采用隐形课程等方法，引导大学生加强对家庭责任的认识和理解，并通过一些特色活动引导大学生体验作为家庭成员应尽家庭责任的感受，培养他们的家庭责任意识和能力；比如通过宣传一些先进典型，熏陶和影响大学生自觉地履行家庭责任。这往往会让家庭责任教育收到事半功倍的效果，让学生觉得这不是强加给他们的命令和要求，而又使家庭责任教育无所不在。2010 年潍坊某大学探索了大学生暑期“三进三同”（进基层、进村庄、进农户，与农民群众同吃、同住、同劳动）社会实践活动。这项活动搭建起大学生家庭教育与学校教育协同进行的桥梁，不仅带队老师深入基层、深入农村，与农

民群众同吃、同住、同劳动，加强了学校同家庭的联系，而且大批学生深入基层、深入农村、深入家庭，体验和实践为家庭分忧的那份责任。这是一种引导学生力所能及地履行家庭责任的有效形式，是一种值得推广的家庭责任教育的有效方法和实践模式。

4. 知行统一原则

家庭责任教育的过程本身包含鲜明的实践性特点，要求教育者在整个教育活动中注重知行结合，使理论知识转化为自身的内在素质，同时，教育者本身也要做到知行统一。古人说："修以求其粹美，养以期其充足，修犹切磋琢磨，养犹涵育熏陶也。"家庭责任教育的过程实际上也就是学生知、情、意、行辩证统一的过程，只有让学生在知行中不断地锻炼，才能逐步地增强自我教育、自觉履行责任的能力，最终才能有效地实现家庭责任教育的目标。

第五节 大学生家庭责任意识的培养对策

对大学生进行家庭责任教育是当前高校大学生思想政治教育的一项重要教育内容，我们必须积极主动地采取切实可行的措施，在提高认识、丰富内容、创新形式、发挥合力作用等几个方面下功夫。

1. 提高对大学生进行家庭责任教育重要性的认识

社会良知、公民责任、生命伦理，是每一个人应当坚守的道德底线和应当完善的生活方式。在众多家庭悲剧中，我们看到其中不乏受过高等教育的"不孝之子"，折射出受过高等教育或正在接受高等教育的群体对家庭责任的淡漠甚至缺失。一个人的不负责任会导致连环的负效应，我们应当意识到这些问题的出现和事件的发生将对家庭、社会、国家产生不利的影响。履行家庭责任不仅是为父母减轻负担、为家庭分忧的现实任务和基本职责，同时大学生在毕业后组建家庭的过程中也应担当相应的职责。如果说对于出生的家庭的责任担当是处于"配角"的地位，那么对很快步入社会后自己组建家庭的责任担当则必然是处于"主角"地位，且带有更大的必然性和强制性。因此，引导大学生深刻认识作为个体对家庭的责任担当并自己践履家庭责任既是现实的需要，也是帮助大学生今后更好地担当家庭责任，扮演好社会角色，特别是家庭主角角色的潜在任务。为此，对大学生进行家庭责任教育刻不容缓，我们必须认识到对他们进行家庭责任教育的重要性，并有针对性地引导他们从履行与自己职责相当的家庭责任做起，从为父母、为家庭分担任务，减轻家庭压力做起。

2. 丰富大学生家庭责任教育的内容

对当代大学生进行家庭责任教育除了传统的道德内容教育，还要针对当前大学生在家庭责任教育的基本原则和主要措施方面出现的问题，有针对性地丰富其教育内容。

第一，生命责任教育。通常人们都很容易地认为生命是属于自我的，个人有选择生或死的权利。生命权从根本上说是一种个体的自我权利。但是就个人与社会、个人与家庭的关系来看，没有谁是孤立存在的单个个体，从本质上看，人始终是处于社会关系中的个人。马克思指出："人的本质不是单个人所固有的抽象物，在其现实性上，它是一切社会关系的总和。"因此，从这个意义上说，人的生存既有个体意义，也有社会意义；既有个体价值，也有社会价值。从家庭的角度来说，每个人的生存都有其"合理性"，也有一定的责任，随意地选择结束自己生命，既是对自己的不负责任，也是对家庭的不负责任。但是，现在不少大学生十分"自我"，包括在对待生命责任的问题上，往往没有深入思考过，认为生命权是个体的权利，选择好好生活还是选择结束生命，没有谁"管得着"。有的大学生因为自己在经济上或者感情上不顺心，往往还会抱怨父母不该生下自己。近年来，大学生群体中因为某些方面的不如意或者遭受重大的挫折就轻视生命、选择"自尽"的现象不时出现。对于一个生命个体的自然属性来说，它的存在只有自身的意义；而对于一个生命所具有的社会属性来说，它的存在就有其非凡的意义所在了。所以，引导大学生对自身行为负责是家庭责任教育的起点。其一，作为一个已经成年且正在接受高等教育的人来说，要负起自己的家庭责任，最基本的条件就是要保证生命的存在。只有教育学生热爱生命、保护生命，才能承担家庭责任。其二，应教育学生要懂得母亲孕育的艰难、分娩的痛苦、养育的艰辛，要感谢父母养育之恩，必须热爱生命、保护生命。其三，一个人的成长离不开社会、离不开国家的培养。当然，要细细数来，还有很多理由让我们要关爱生命，不能轻易地轻视、伤害和结束自己的生命，只有好好地活着，才能诠释生命的全部意义，才能回报社会的关爱，才能回报国家的培养。

第二，人生观教育。人的生命过程与其他动物的生命过程不同，人生不仅仅是一个自然过程，还包含着极为丰富的社会内容。人不仅活着，还要生产、交往、创造，形成一定的人生价值目标，以一定的人生价值观指导自己的行为，赋予人生不同的意义。而人生观就是人们在实践中形成的对人生目的和人生意义的根本看法，它决定着人们实践活动的目标、人生道路和对待生活的态度。因而，我们一定要抓住这个关键期，对大学生进行人生观教育，同时让他们结合个人实际、家庭情况和社会现实，去思考“人的本质是什么”“人生为了什么”“怎样的人生更有意义”等问题，划清是非、善恶、美丑的界限。只有通过人生观进行教育，才能让他们确立正确的人生目的、积极进取的人生态度，最终让他们领悟人生的真谛，创造人生价值。

第三，爱情与婚姻家庭教育。爱情是一个古老而常新的人生话题，人们不惜用最美丽的语言来描绘爱情的永恒与不朽。有人认为爱情能给人带来精神上的激励、情绪上的欢愉、生活上的充实，没有爱情的人生是苍白的、消沉的，甚至是没有意义的。相反，也有人只看到他人的不幸而对爱情持悲观的态度，认为美好的爱情只是文艺作品中的演绎，而生活中的爱情带给人更多的是痛苦和伤害。马克思主义的诞生为我们认识爱情的本质提供了科学的理论依据。马克思提出了一个有名的论断：“人和人之间直接的、自然的、必然的关系就是男女之间的关系，从这种关系可以判断人的整个教养程度。”恩格斯则对爱情做过明确的论述：爱情就是“人们彼此之间以相互倾慕为基础的关系”。他描述了这种关系的三个特征：第一，爱情以所爱者的互爱为前提，女子和男子处于平等的地位；第二，爱情是一种强烈持久的感情，如果双方不能彼此结合或彼此分离，就是一个很大的不幸，为了彼此的结合，双方甘愿冒很大的风险，甚至不惜以生命为代价孤注一掷；第三，爱情是评价两性关系的道德标准，即只有由爱情而发生的两性关系才是道德的。由此可见，恩格斯主张婚姻要以爱情为基础，但他更强调夫妻双方的责任和义务。基于这一思想，人们对爱情有了一个一致的科学的认识，爱情是指一对男女基于一定社会基础和共同的生活理想，在各自内心形成的相互倾慕，并渴望对方成为自己终身伴侣的一种强烈、纯真、专一的感情。性爱、理想、责任是构成爱情的基本要素。当代大学生只有在考虑实际的社会条件的制约、一定的文化传统、社会心理和风俗习惯的基础上，才能更好地去理解和把握爱情的真谛或本质。从一定意义上说，爱情活动本身是一种社会交际或交往，要对对方负责、对前代和后代负责、对社会负责。爱情的真谛在于奉献而不在于索取。责任是对性爱和理想的升华，是对爱情的起码要求也是最高要求，是爱情高尚性的重要基础。责任的担当使爱情不是自己占有了对方的感情，而是自觉自愿地为所爱的人付出感情和担当责任。爱情的责任丰富了爱情的内涵，提升了爱情的境界。恋爱是缔结婚姻、组成家庭的前提和基础，婚姻和家庭则是恋爱的结果，是爱情在内容和形式上的升华。所以，婚姻和家庭是两个既密切相关又具有明显区别的概念。婚姻是指由法律所确认的男女两性的结合以及由此而产生的夫妻关系。家庭是指在婚姻关系、血缘关系或收

养关系基础上产生的，由亲属之间所构成的社会生活单位。婚姻是家庭产生的重要前提，家庭又是缔结婚姻的必然结果，婚姻的成功体现为家庭的幸福，而家庭的美满却又彰显出婚姻的意义。所以我们要倡导家庭美德，把家庭美德作为家庭责任教育的重要内容之一。只有通过教育，才能让大学生更加认识到尊老爱幼是人类社会的永恒美德，是人类生命链条绵延不断地保证；男女平等是社会进步的重要标志。家庭成员要做到男女平等、互敬互爱，从本质意义上来说，首先要基于纯洁的真爱基础上的婚姻家庭，才能从根本上来确保。与此同时，我们也要看到，夫妻和睦的关键是共同承担家庭的责任和义务。生活富裕也不要忘记勤俭持家，妻子要相夫教子，丈夫要爱护妻子，勇于担起家庭的重担，子女要敬重长辈，长辈要关爱晚辈，做到父慈子孝，家庭和睦。有了这些基本的认识，才能增强大学生的家庭责任感，从而促使他们对家庭尽责。古人说："有妻与子的人已经向命运之神交了抵押品了；因为妻与子是大事的阻挠物，无论是大善举或大恶行。"今人也说："我是家庭的中坚，老父的依赖，妻子的依托，孩子的大山，我只想尽自己应尽的责任。"一份杂志社提供的 4800 份抽样调查报告显示，什么在维护婚姻中起着决定作用呢？ 90% 的人的回答是爱情。可是从法院民事法庭提供的 4800 对协议离婚案的结果来看，真正因感情彻底破裂而离婚的占了不到 10%。在两项调查的比较中我们发现，在婚姻上失败的人，并不是找错了对象，而是没有将家庭责任放在心上。

3. 创新大学生家庭责任教育的形式

传统的思想道德教育形式不可否认地具有合理性和继承性，如理论教育，包括课程教育和专题教育等；而现代社会中有关专家、学者、教育者倡导的思想道德教育形式也有其现实的针对性和有效性，如注重环境、细节和人文关怀，包括渲染社会环境和校园环境等。但是，随着社会的发展，人的思维、个性和地位的被尊重也越来越突出，这就从教育的有效性上要求我们对当代大学生家庭责任教育的形式必须有所创新。

（1）尊重学生的主体地位和个性，使教育形式个性化

在思想政治教育过程中，教育者是主体，受教育者是客体，即教育对象；教育主体在整个教学活动中起着主导的作用。也就是说，教育主体具有主体性的本质属性，这种主体性是指它在与教育客体的对象性关系中表现出来的自主性、能动性和创造性。但是，这不能让广大的教育者因此而忽略、甚至不尊重学生的主体地位和个性，相反，我们必须尊重学生的主体地位。因为受教育者也有主体性，这种主体性主要是指受教育者自觉主动认同教育目标

和教育要求，独立做出判断和选择，自主调节行为，并在实践中完善自身品德，丰富和发展社会道德规范的自主性、能动性和创造性。尊重学生的主体地位实际上是注重发挥受教育者的主体性，这种主体性的发挥是思想政治教育有效性的基础。在家庭责任教育过程中，大学生是具有主体性的存在，特别是处于当今社会经济条件下的大学生，他们具有较强的自主意识和独立意识，追求个性化；他们有很多机会去获得新知识、了解新信息和锻炼新思维，从而在某些方面与教育者处于同一层面甚至领先教育者。所以，教师在发挥自己的主导作用时还必须尊重学生的主体地位和个性，注重教育形式的个性化。

（2）借助网络等隐形手段建立学校、家庭和学生之间的沟通机制

随着信息技术的发展，使用网络已逐渐成为个人生存和发展的方式，人与人之间的距离缩短了。一根网线可以联通世界，实现零距离沟通，网络自身存在的隐匿性、无标识性、虚拟性等特点，让大学生的自主性、自由度、开放性、选择性、创造性在沟通交流中获得一定的发展，并且能促进学校、家庭和学生之间的沟通，促进学生平等观念的生成。因而在对大学生进行家庭责任教育过程中，教育者可以通过邮件、个人QQ聊天、班级群、家长QQ群等方式进行适时适度的沟通，这有利于解决一些面对面交流所不能解决的问题，而且也可以非常及时地获得学生的思想动态信息和家长的想法等，从而可以很好地选择相应的方式方法，以保证教育的有效性。

（3）借助各种形式的活动使教育更加贴近学生实际，促成自教自律

按照我国《宪法》的相关规定，18周岁标志着公民已经成年。成年人除了有《宪法》规定的基本义务外，还有《宪法》规定的夫妻双方有实行计划生育的义务，父母有抚养教育未成年子女的义务，成年子女有赡养扶助父母的义务。同时按照《民法通则》的规定，18周岁以上的公民是成年人，具有完全民事行为能力，可以独立进行民事活动，是完全民事行为能力人。对此，可以通过如成人宣誓仪式等活动来提示或者宣布他们已经成年，让他们意识到自己的生命已经成长到一个特定的阶段，这个特定阶段赋予了他们太多的意义，同时也承载了更多的责任，这些是每一个大学生在实际生活中可以亲身感受到的。通过这种贴近实际的活动方式，达到家庭责任教育的本真状态，其本真意义是促成自教自律。我国著名的教育家叶圣陶先生指出：“教育的目的就是为了达到不教育。”“任何理性教育，形象的感染，都是外部的客体，都只有通过主体的心理过程才能起到这样或那样的作用，如果没有主体内心的心理过程的发生，任何教育都等于零[①]。”因此，学生达到这种状态以后，

① 水天同译. 培根论说文集［M］. 北京：商务印书馆，1983：127.

他们就会把自身作为认识和改造的对象，从而进行自我构建，以求得自我发展、自我完善，最终达到家庭责任教育的目的。

（4）以《思想道德修养与法律基础》课程为平台，搭建从理论到实践的桥梁

《思想道德修养与法律基础》课程是“05 方案”确定的高校必修课，也是新生入学后对其必须进行的思想政治教育。本门课程是以适应大学新生活、开拓人生新境界为切入点，以学习和践行社会主义核心价值体系为主线，紧扣大学生成长过程中遇到的基本问题，特别是思想道德和法律方面的问题，有针对性地开展马克思主义人生观、价值观、道德观和法制观的教育，要求同学们在学习过程中注重知行统一。大学生在学习理论知识的基础上，要联系自己的思想、学习、生活实际，身体力行，把学习规范和遵守规范结合起来，努力把道德认知转化为内在素质。加强思想道德和法律修养是知、情、意、行的辩证统一的过程，只有通过个人的主观努力和亲身实践，才能增强自我教育、自我约束、自我激励的能力，慎独自守、防微杜渐，从而提高自己的家族责任认知和主动承担家族责任的能力。

（5）发挥家庭、学校、社会的教育合力作用

家庭是一个人的思想道德和行为习惯养成的第一场所和重要环境，因此，作为家庭核心人物的父母对良好家庭环境的营造和正确教育子女思想的养成具有义不容辞的责任。父母不可为了疼爱孩子而一味地迁就，如同《颜氏家训》认为的那样对待子女必须将爱子和教子紧密结合起来，要坚持严慈相结合的原则，《颜氏家训》还指出，爱子是人之常情，本无可厚非，但如果只爱子不教子，甚至将爱发展到娇惯和溺爱的地步，则是错误的。家庭作用的发挥也不是家庭成员单个人的力量，而是家庭的每个成员共同的责任，只是侧重点不同而已，正如培根在他的《论父母与子嗣》中引用所罗门的一句话：“智慧之子使父亲欢乐，愚昧之子使母亲蒙羞。”意思是说，当父亲的比当母亲的更喜爱自己的儿子贤良，因为他从儿子的贤良看出自己对儿子教导的功劳；当他们的儿子品行不良的时候，母亲的痛苦比父亲的要大，一方面因为母亲的心肠更慈爱，另一方面她觉得儿子的不良品德也许是她对儿子溺爱造成的结果。在经济发展、物质丰富的今天，家庭教育过程中有部分观念认为孩了乱花钱是思想和行为滑坡的第一步，因而对其经济实行严格的控制。这种教育管理思想有其自身的道理，但应该有一个度的把握，否则会适得其反，因为“父母在对给儿子的银钱上吝啬，是一种有害的行为，这使得他们卑贱，使他们学会取巧；使他们与下流人为伍，使他们到了富饶的时候容易贪欲无度。因此，为父母者若对他们的子嗣在管理上严密，而在钱包上宽松，

则其结果是最好的[①]。”虽然大学生进校时基本上都已经成年，但是他们的思想道德还有很大的可塑性，尤其是在这样一个特殊的环境和特别的认识阶段里，高校更应该高度关注并付诸行动。同时，高等学校本身也承担着对大学生进行思想道德素质教育的重大责任，所以，学校一方面要认清社会现实、社会矛盾和社会发展方向；另一方面，要进行主流价值的宣传，在教育实践上发挥学校教育的多种功能，从而有效地对大学生进行家庭责任教育。良好社会氛围的营造是学生家庭责任教育实现的有利条件之一。社会的诱惑实在是太多，拜金主义、享乐主义和极端个人主义等错误的思想观念极易侵蚀大学生的纯洁心灵，因此，利用现代大众传媒的优越性在全社会营造一种良好的氛围，“不要追求炫耀的财富，仅寻求你可以用正当手段得来，庄重地使用、愉快地施与、安然地遗留的那种财富。然而也不要有一种遁世的或乞僧式的对财富的轻视”。同时，利用社区的一些资源让大学生参与其中，如感化问题少年、敬老爱老等活动，让他们从社会实践过程中切实感知一个人所承担的家庭责任的重要性。总之，不管是家庭、学校还是社会，都要如毛泽东同志所说的：“我们对青年人，第一要爱，满腔热情地爱护他们；第二要严，对他们要热情帮助，要有批评。爱和严，都是为了促进他们将来更好地创造我们民族美好的未来。爱和严要结合起来。真正的爱必然体现在严格要求之中，只爱不严不是真正的爱，而是害。只有严格要求，青年一代才能挑起建设社会主义现代化的历史重担。”也只有整合家庭、学校、社会的资源，发挥三者的教育合力，齐抓共管，才能实现大学生家庭责任教育的目的。

（6）积极引导大学生自觉实践

“行万里路，读万卷书”，“纸上得来终觉浅，绝知此事要躬行”。大学生家庭责任意识的形成既要靠外在的教育引导，更要靠大学生自身的学习实践。结合当前高校开展大学生思想政治教育的实践和大学生思想的实际，我们应该着重从以下几个方面来引导大学生自觉践履家庭责任。

一方面，要积极引导大学生进行社区调研，让他们在参与中深刻领会作为家庭成员践履家庭责任的重要性。大学生绝大部分时间是在校园内学习，大多数学生远离家庭，要让他们在学校生活中深刻领悟家庭责任的重要性有一定的难度。加之有些家庭在这个问题上本身就有问题，比如有的家庭中父母自身就没有履行好家庭职责，这无疑给大学生在家庭中增强家庭责任认识增加了难度。高校思想政治工作要将家庭责任教育当作思想政治教育的重要内容，结合学校和学生实际，积极引导大学生在学校附近社区开展关于家庭

---

① 水天同译. 培根论说文集［M］. 北京：商务印书馆，1983：127.

责任方面的调研。通过让他们全程参与问卷制作和调查，参与座谈和讨论，让他们切身体会和感受家庭责任的重要性。

另一方面，家庭责任是一个既重要又容易被忽视的问题。虽然大学生本身作为“半社会人”，还没有组建自己的家庭，没有成为家庭的核心，但是，就自身生长的家庭而言，自觉履行家庭成员的一份责任也是义不容辞的。家庭责任教育如果没有家庭的配合和学生自己的实践，就始终难见实效。学校要借助寒暑假两个较长的时间段，要求学生自行开展履行家庭责任的专题实践活动。例如，开展“我为家里尽一份力”的主题活动，要求学生假期在家里分担家务，比如搬一次煤气罐；运用自己的知识和能力为家里做一件事情，比如修理一件问题家电；当一回家长，如何科学地计划家里的柴米油盐酱醋的购买、使用等。

参考文献

［1］李柏映．大学之道：大学生必修的六堂职业成长课［M］．北京：世界知识出版社，2018.

［2］王建平．公民安全、社会安全与国家安全［M］．成都：四川大学出版社，2018.

［3］李军霞．校园团体心理辅导理论与实务［M］．长春：东北师范大学出版社，2018.

［4］邢国徽．大学生思想政治体系构建与实践研究［M］．北京：中国水利水电出版社，2018.

［5］胡志鹏．一路走过的微笑与坚持："最坚强大学生"胡志鹏的日记［M］．湘潭：湘潭大学出版社，2018.

［6］刘庆华．普通高等学校军事理论教程［M］．北京：化学工业出版社，2018.

［7］魏洪茂．应用管理学［M］．上海：上海财经大学出版社，2018.

［8］张少飞，魏鹏．大学生创业指导［M］．济南：山东人民出版社，2018.

［9］田博文．年华似水水流东［M］．天津：天津人民出版社，2018.

［10］中国社会科学院中国廉政研究中心．反腐倡廉蓝皮书：中国反腐倡廉建设报告 No.7［M］．北京：社会科学文献出版社，2018.

［11］石鹏建．大学生征兵入伍典型人物事迹［M］．北京：知识产权出版社，2018.

［12］左向蕾，韦兴剑．创业路上：广西大学大学生创新创业榜样成长手札［M］．长春：东北师范大学出版社，2018.

［13］杨哲旗．创业基础［M］．北京：电子工业出版社，2018.

［14］李肖鸣，滑洁，李大庆，等．大学生创业基础［M］．4 版．北京：清华大学出版社，2018.

［15］唐丽．大学生创新创业基础［M］．北京：化学工业出版社，2018.

［16］马中全. 热血青春铸警魂：四川警察学院学生思政课集中实践教学活动优秀作品选第 1 辑［M］. 成都：西南交通大学出版社，2018.

［17］王晓裴. 信息化时代高校英语教学研究［M］. 北京：经济管理出版社，2018.

［18］龙新辉. 高职院校大学语文课堂教学研究［M］. 长春：吉林文史出版社，2019.

［19］刘桃良. 广告学视域下大学生形象塑造与创新思维开发训练［M］. 昆明：云南人民出版社，2019.

［20］章春苗. 创业基础［M］. 北京：中国人民大学出版社，2019.

［21］甲任. 藏羌民族地区高校大学生征信教育理论与实践研究［M］. 成都：四川民族出版社，2019.

［22］吴亚生，陈浩. 汇创青春［M］. 北京：中国建筑工业出版社，2019.

［23］李亚男. 高校艺术生思政课教学理论与实践研究［M］. 徐州：中国矿业大学出版社，2019.

［24］中央财经大学税收教育研究所，国家税收法律研究基地. 大学税法知识读本［M］. 北京：中国财政经济出版社，2019.